VERSUS

Roland Waibel · Urs Mauchle · Andreas Löhrer

Systemdenken für Führungspersonen

Komplexe Zusammenhänge verstehen und nachhaltig gestalten

Eine Metakompetenz für die Herausforderungen des 21. Jahrhunderts

Versus · Zürich

Bibliografische Information der Deutschen Nationalbibliothek
Die Deutsche Nationalbibliothek verzeichnet diese Publikation in der Deutschen Nationalbibliografie; detaillierte bibliografische Daten sind im Internet über http://dnb.dnb.de abrufbar.

Umschlagbild: Thomas Woodtli · Witterswil
Satz und Herstellung: Versus Verlag · Zürich
Fotografien/Grafiken: siehe Bildnachweis auf Seite 174
Druck: CPI books GmbH
Printed in Germany

ISBN 978-3-03909-359-5

Vorwort

«Bei wirtschaftlichen Problemstellungen erfassen wir oft nur einen Teil, die gesamte Wirkungsweise bleibt uns aber verborgen, weil wir das zugrunde liegende System zu wenig erkennen. (…) Tatsächlich werden auch nach unserer Erfahrung in der Ausbildung in spezifischen Disziplinen (wie Marketing oder Produktion, Mikroökonomie oder Aussenwirtschaft) eingegrenzte Problemstellungen meist analytisch angegangen und isoliert zerlegt. Während am Anfang der Bildungslaufbahn noch das grosse Ganze im Zentrum stand, wird das Wissen bei fortschreitender Bildungsbiografie immer stärker in Disziplinen und Fächer aufgeteilt. Die Synthese im Systemmodell bleibt in der Regel aus. Diese ist allerdings zunehmend nötig. Am Schluss werden die Absolventen ins Leben entlassen, um Probleme zu bewältigen, die meist so komplex sind, dass sie durch disziplinenspezifisches Wissen allein nicht zu lösen sind. Eine Förderung des Systemdenkens (…) zielt darauf ab, ‹Ganzheiten› zu erkennen.»

(Roland Waibel, 2012)

Systemdenken heisst, die Welt mit anderen Augen sehen, um Ganzheiten zu erkennen, die Erfolgslogik zu verstehen und mit diesem Verständnis Rahmenbedingungen als solche zu akzeptieren und die «richtigen» Hebel mit der grössten Hebelwirkung zielgerichtet zu betätigen. Wir verstehen Systemdenken als eine Metakompetenz, eine übergeordnete Fähigkeit, die es ermöglicht, komplexe Zusammenhänge zu erkennen, zu analysieren und strategisch zu gestalten. Systemdenken ist eine Metakompetenz, da es eine Grundlage für die Entwicklung und Anwendung vieler anderer Kompetenzen bietet. Es befähigt Menschen, interdisziplinär zu denken und innovative, nachhaltige Lösungen zu entwickeln. Es ist damit unserer Meinung nach eine Schlüsselkompetenz, um in Zeiten von künstlicher Intelligenz, nie dagewesener Innovationsgeschwindigkeit und grösster geopolitischer Unsicherheit handlungsfähig zu bleiben.

Gerne weisen wir auch auf das Buch «Das Ganze verstehen – Vernetztes Denken in BWL und VWL» hin. Darin finden sich konkrete Fallstudien und reale Praxisfälle, um das vernetzte Denken praktisch einzuüben. Dieses ergänzt damit das vorliegende Buch in bester Weise.

Das vorliegende Buch war ursprünglich als Teil eines grösseren Werkes geplant, initiiert durch Roland Waibel. Völlig überraschend ging Roland im Sommer 2021 für immer von uns. Da dieser Text zum damaligen Zeitpunkt bereits grösstenteils fertiggestellt war, freut es uns, diesen nun zu veröffentlichen. Dem Versus Verlag sind wir überaus dankbar für die kompetente, konstruktive und angenehme Zusammenarbeit. Ein besonderer Dank gilt Annett Waibel-Hauschild für das in uns gesetzte Vertrauen, Rolands Werk in seinem Sinne weiterzuführen.

Roland Waibel, Urs Mauchle, Andreas Löhrer

Inhaltsverzeichnis

Wie ist das Buch zu lesen? ... **9**

Kapitel 1
Warum ist es sinnvoll, komplexe Probleme aus systemischer Sicht anzugehen? ... **11**

1.1 Warum ein systemisch-ganzheitlicher Ansatz? ... 13
1.2 Wie unterscheiden sich komplizierte und komplexe Systeme? ... 22
1.3 Warum ist Systemdenken zuallererst «System-Umwelt-Differenz-Erkennung»? ... 24
1.4 Warum bedingt Systemdenken ein konstruktivistisches Verständnis der Welt? ... 29
1.5 Quintessenz: Systemdenken als «Future Skill» ... 35

Kapitel 2
Was zeichnet Systemdenkende aus? ... **39**

2.1 Warum ist das Denken in Kausalitätskreisen hilfreich? ... 41
2.2 Wie können Systeme grafisch modelliert werden? ... 43
2.3 Was zeichnet einen aufschaukelnden Kreislauf (Selbstverstärker) aus? ... 44
2.4 Was zeichnet einen ausgleichenden Kreislauf (Stabilisator) aus? ... 46
2.5 Wie können wichtige Systemvariablen – Rahmenbedingungen, Hebel, Indikatoren – interpretiert werden? ... 48
2.6 Warum sind Nicht-Linearitäten – wie exponentielles oder verzögertes Zeitverhalten – so herausfordernd? ... 52
2.7 Quintessenz: Welche Haltungen zeichnen Systemdenkende aus? ... 57

Kapitel 3
Auf welche systemischen Grundmuster (Systemarchetypen) stossen wir bei komplexen Problemen häufig? ... **61**

3.1 Warum gibt es auf der Makroebene wiederkehrende Systemarchetypen? ... 63
3.2 Welcher Unterschied besteht zwischen betriebs- und volkswirtschaftlichen Systemen? ... 86

3.3 Wie lässt sich die Bedeutung der Systemarchetypen für das 21. Jahrhundert aufzeigen? Eine kleine systemische Geschichte der Menschheit 88
3.4 Quintessenz: Archetypen sind Sehhilfen, der Schlüssel zur Erkenntnis von verbreiteten Grundmustern 99

Kapitel 4
Wie tickt das superkomplexe System Mensch? 101

4.1 Wie tickt der Mensch? 1. Homöostase, das grundlegendste Operationsprinzip von Lebewesen 105
4.2 Wie tickt der Mensch? 2. Autopoiesis, das Operationsprinzip des bewussten und unbewussten Handelns 108
4.3 Autopoiesis unter der Lupe: Wie wichtig sind Gefühle und Verstand für die Selbststeuerung? 112
4.4 Die dunkle Seite der Autopoiesis: Wie lassen sich zentrale menschliche Schattenseiten erklären? 125
4.5 Quintessenz: der Mensch, viel Gefühl und etwas Verstand 132

Kapitel 5
Warum macht es Sinn, soziale Systeme als Lebewesen zu sehen? 135

5.1 Warum macht für soziale Systeme die Metapher «Organisationen als Maschinen» wenig Sinn? 138
5.2 Warum macht für soziale Systeme eine neue Metapher (Organisation als lebendige Systeme) Sinn? 141
5.3 Welche Vorteile hat es konkret, Firmen als lebendige Organismen zu betrachten? ... 142
5.4 Quintessenz: Firmen als Organismen statt als Maschinen zu sehen ermöglicht vertieftes systemisches Verständnis 153

Kapitel 6
Welcher Problemlöseprozess ist für komplexe Probleme gut geeignet? 157

6.1 Wie sieht ein zweckmässiger systemischer Problemlöseprozess mit Problem- und Lösungsraum aus? 158
6.2 Quintessenz: ein systemischer Problemlöseprozess in vier Phasen 162

Kapitel 7
Fazit 165

Literaturverzeichnis 169

Bildnachweis 174

Die Autoren 175

Wie ist das Buch zu lesen?

Aufbau des Buches

Dieses Buch zeigt auf, wie wir die komplexen Probleme des 21. Jahrhunderts angehen können. Kapitel 1 erklärt, warum komplexe Probleme idealerweise aus einer systemischen Perspektive angegangen werden. Danach charakterisiert Kapitel 2, was Systemdenkende auszeichnet und über welche Instrumente sie verfügen. Aufbauend darauf führt Kapitel 3 die Systemarchetypen ein. Systemarchetypen helfen, komplexe Probleme schneller zu verstehen. Kapitel 4 zeigt dann, wie der Mensch als superkomplexes System grundsätzlich tickt. Darauf aufbauend verdeutlicht Kapitel 5, warum es sinnvoll ist, die zwischenmenschliche Dynamik, das heisst soziale Systeme, als lebende Organismen zu sehen. Das Wissen aus den Kapiteln 4 und 5 hilft beim Umgang mit komplexen Problemen, da deren Komplexität mitunter durch die Beteiligung von menschlichen Akteuren erst entsteht. Kapitel 6 entwickelt schliesslich einen Problemlöseprozess zur Lösung von komplexen Problemen. Damit bietet das Buch einen systemischen Ansatz, wie wir die grossen Herausforderungen des 21. Jahrhunderts (die allesamt komplexe Probleme sind) angehen können.

Aufbau der Kapitel – und ein Lesepfad für Eilige

Jedes Kapitel ist in drei Teile gegliedert. Die *Take-aways* zum Beginn jeden Kapitels fassen das Kapitel prägnant zusammen. Innerhalb der Take-aways werden die zentralen Konzepte und Zusammenhänge mit kursiver Schrift hervorgehoben. Danach folgt der *Hauptteil des Kapitels,* die inhaltliche Erarbeitung des Kapitels. Jedes Kapitel wird dann mit einer *Quintessenz* abgeschlossen. Die Quintessenz zieht die zentralen Schlussfolgerungen aus dem Kapitel im Hinblick auf das Ziel des Buches und leitet damit auf den Inhalt des nächsten Kapitels über. Die Quintessenz ist etwas länger als die Take-aways. Sehr eilige Leser können alternativ nur die Take-aways zu Beginn aller Kapitel lesen und allenfalls punktuell mit der Lektüre des ganzen Kapitels vertiefen. Leser mit Musse – aber doch nicht ganz so viel Musse – können beim Studium des gesamten Buches jeweils die Take-aways zu Beginn jedes Kapitels überspringen.

Aufbau des Textes

Der Text wird wo immer sinnvoll mit grafischen Darstellungen verdeutlicht. Der eigentliche Inhalt erfolgt immer in schwarzem Text. Beispiele zum Text erfolgen dann in lilafarbenem Text – wie beispielsweise dieser Satz. Mässig eilige Leser können daher solche Beispiele überspringen. Verweise auf andere Kapitel oder Abschnitte erfolgen immer in blauer Schrift (vgl. obigen Abschnitt zum Aufbau des Buches).

Kapitel 1

Warum ist es sinnvoll, komplexe Probleme aus systemischer Sicht anzugehen?

Take-aways

Seit vierhundert Jahren beherrscht das *analytische Vorgehen* unser *westliches, kartesianisches Denken* und damit unseren zentralen Wissenschaftsansatz: Herausfordernde Problemstellungen werden disziplinenorientiert, also mit spezifischem Fachwissen, aufgegliedert und untersucht.

Das *analytische Denken* steht am Beginn des immensen wissenschaftlichen und technischen Fortschritts. Es ist eine *zentrale Ursache* des im historischen Ablauf *beispiellosen Wohlstandsgewinns* insbesondere des letzten Jahrhunderts.

Seit einigen Jahrzehnten zeigt sich zunehmend, dass *anspruchsvolle Problemstellungen* nicht nur multidisziplinär und komplex sind, sondern meist auch *intransparent* und *dynamisch.* Man sieht nicht alles Wesentliche und das Problem verändert sich mit der Zeit. Die individuelle Wahrnehmung bestimmt die für Menschen relevante Wirklichkeit und das Ganze ist mehr als die Summe seiner Teile.

Wir leben in einer *VUKA-Welt,* die durch *Volatilität* (Dynamik), *Unsicherheit, Komplexität* (hohen Vernetzungsgrad) und *Ambiguität* (Mehrdeutigkeit, Unklarheit) gekennzeichnet ist.

Der Flügelschlag eines Schmetterlings kann tatsächlich einen Sturm auslösen. VUKA-Herausforderungen sind nicht mit simplen Rezepten zu lösen.

Unsere *Lebenswirklichkeit* wird heute massgeblich durch *komplexe* und *vernetzte Systeme* bestimmt. Ein *Synthese-Ansatz* fokussiert auf das Ganze, die Identität und die spezifischen Eigenschaften dieser Systeme.

Systeme können unterschiedlich anspruchsvoll sein. *Komplizierte Systeme,* wie eine Maschine, Budgets oder das U-Bahnnetz einer Grossstadt, weisen einerseits viele verbundene Komponenten auf, sind andererseits aber grundsätzlich vorhersagbar und berechenbar. In komplizierten Systemen ist *lineares Denken* oft *ausreichend:* Eine Ursache-Wirkungs-Kette (A bewirkt B, B bewirkt C, C bewirkt D usw.) genügt meist, um einzelne Zusammenhänge angemessen zu beschreiben.

Viele sogenannte *komplexe Systeme* weisen *VUKA-Charakteristika* auf. Sie sind stark vernetzt, schwierig zu verstehen und kaum zu prognostizieren. Deshalb warten sie immer mal wieder mit (unerfreulichen) Überraschungen auf. Komplexe Systeme beinhalten *kausale Feedbackschleifen* (A bewirkt B, B bewirkt C, C bewirkt A) und zeigen dadurch nicht nur, was passiert, sondern auch, welche zugrundeliegenden Zusammenhänge bestehen.

Systeme haben *Grenzen.* Wenn wir ein System grafisch darstellen, gehen wir davon aus, dass wir die Elemente innerhalb der Systemgrenze beeinflussen können. Im Gegensatz dazu stellen die Grössen ausserhalb *nicht-lenkbare Externalitäten (Rahmenbedingungen)* dar.

Ein System *«operiert»,* das heisst weist eine zentrale konstitutive Aktivität auf, mit der es sich selbst produziert und reproduziert: *Biologische Systeme leben, soziale Systeme interagieren.*

Ein System ist im Kern eine *Differenz zur Umwelt,* wobei die *Umwelt komplexer* ist als das System.

Systeme sind *operativ geschlossen:* Die Operation, die das System erzeugt und fortbestehen lässt, *kommt nur im System vor.* Das System *schafft seine Strukturen selbst.* Eine Familie, Firma, Volkswirtschaft oder ein Staat definiert selbst, *mit welchen Strukturen* und *nach welchen Regeln* sie intern funktionieren.

Systeme sind *strukturell an die Umwelt gekoppelt.* Das System baut nur Strukturen auf, die *mit der Umwelt kompatibel* sind. Systeme adaptieren und *lernen* aufgrund von *Impulsen aus ihrer Umgebung.* Sie *bestimmen individuell,* welche Teile ihrer Umwelt für sie *bedeutsam* sind (und *ignorieren den Rest).*

Menschen sind operativ geschlossene Systeme, *die aufgrund einzigartiger Innenstrukturen individuell ticken.* In jedem von uns wird zu jedem Zeitpunkt, weitgehend unbewusst, eine *persönliche Abbildung der Welt konstruiert.*

Das *menschliche Gehirn* bildet ein zu circa *90 % geschlossenes, selbstreferenzielles System,* das *keinen direkten Zugang zur Umwelt* hat, nicht einmal über seine Sinnesorgane.

Wir haben allerdings die *Illusion des direkten Umweltkontakts,* schliesslich sehen, hören, riechen, lesen und schmecken wir ja – und denken, dies sei bei den anderen gleich wie bei uns. Dennoch *konstruiert* jeder von uns, aufgrund der persönlichen operativen Geschlossenheit, eine *singuläre Sicht der Welt.*

Menschen sehnen sich nach *einfachen Lösungen,* was sie für Rattenfänger und Populisten empfänglich macht. Gemäss dem *Conant/Ashby-Theorem* kann die Effektivität einer Handlung aber nicht besser sein als das Modell, auf dem sie aufbaut. Das dürfte der Hauptgrund sein, warum *Populisten kaum jemals gute Politik machen.* Sie ist schlicht zu *unterkomplex.*

Systemdenkende versuchen, den Wald *und* die Bäume zu sehen. Ziel ist, in einer VUKA-Welt *komplexe Situationen* besser zu *verstehen* und Probleme *mit dem richtigen Werkzeugkasten* anzugehen. Systemdenken und Problemlösen sind (nebst Sozial- und Selbstkompetenzen) *«Future Meta-Skills»,* zentrale Schlüsselkompetenzbündel der Zukunft.

1.1 Warum ein systemisch-ganzheitlicher Ansatz?

Kinder (und ihre Eltern) kennen das: Wenn man ein Lego-Auto in seine einzelnen Komponenten zerlegt, ist es kein Auto mehr und kann zum Beispiel nicht mehr fahren. Dennoch hat dieses Vorgehen grosse Vorteile, um ein Auto und seine Funktionsweisen kennenzulernen.

▲ Abb. 1 Lego-Auto Ferrari

Quelle: https://www.lego.com/de-ch/product/ferrari-f8-tributo-76895 (29.11.2024); https://www.lego.com/de-ch/service/buildinginstructions/76895 (29.11.2024)

In der abendländischen Tradition wird deshalb seit vierhundert Jahren versucht, der Komplexität mittels gründlicher Analyse zu begegnen. Diese westliche Denktradition wurde von René Descartes im 17. Jahrhundert in seinem Werk «Discours de la méthode» begründet: Ein Problem kann dann begriffen und bewältigt werden, wenn man es in seine Komponenten und Faktoren zerteilt, um die Ursachen des Problems zu entdecken und zu untersuchen. Diese Vorgehensweise, bekannt als «kartesianisches» bzw. «analytisches» Denken, basiert auf linearer Kausalität und offensichtlichen Ursache-Wirkungs-Beziehungen. Herausfordernde Problemstellungen werden disziplinenorientiert, also auf der Grundlage von spezifischem Fachwissen, aufgegliedert, seziert und präpariert.

Die Idee dahinter ist, die Funktionsweise der einzelnen Teile zu verstehen, danach diese Einzelverständnisse zusammenzufügen und so das Ganze zu erhellen.

Dieses analytische Vorgehen hat sich in unserem Kulturkreis durchgesetzt und prägt unser Denken im Alltag und den Wissenschaften: Die Forschung gliedert ihr Wissen in Einzeldisziplinen, in denen die Probleme mit der analytischen Methode untersucht werden. Damit steht das analytische Denken am Beginn des immensen wissenschaftlichen, wirtschaftlichen und technischen Fortschritts der letzten zweihundert Jahre. Abendländisches Denken und Forschen ist eine zentrale Ursache des im historischen Ablauf beispiellosen Wohlstandsgewinns der westlichen Welt, insbesondere seit dem Jahr 1900, was in ▶ Abb. 2 klar ersichtlich wird. Dies stellt einen Vorgang von universalhistorisch einzigartiger Bedeutung dar (Siegenthaler, 2019): In keiner anderen Epoche der Menschheitsgeschichte kam es zu einem ähnlich dramatischen wohlstandsvergrössernden Wandel der Arbeits- und Lebenswelt, wie sie unsere Vorfahren seit den Anfängen der industriellen Revolution erlebt haben (Harari, 2015). Der analytische Denkansatz war also hochgradig erfolgreich.

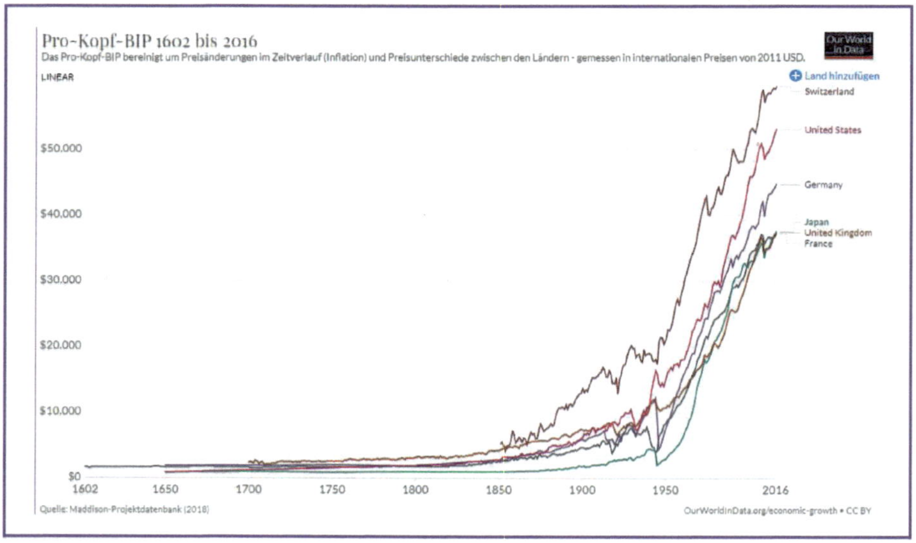

▲ Abb. 2 BIP-Entwicklung über 400 Jahre, 1602–2016
Quelle: unverändert aus Our World in Data (2018)

Seine Grenzen und Nachteile zeigten sich allerdings in den letzten Jahrzehnten zunehmend deutlicher: Mit wachsendem Wissensstand wurde offensichtlich, dass komplexe Probleme kaum mehr mit einer einzigen Disziplin zu untersuchen sind (Elias, 1993). Dörner (2004) arbeitete in seinen Forschungen heraus, dass anspruchsvolle Problemstellungen nicht nur komplex sind, sondern meist auch intransparent und dynamisch. Man sieht nicht alles Wesentliche und das

Problem verändert sich mit der Zeit. Wenn sich komplexe Problemstellungen dynamisch entwickeln, stellt sich die Frage, wie man sich überhaupt ein Bild machen kann. Mit Sicherheit lässt sich sagen, dass eine analytische Betrachtungsweise – indem man das Ganze in seine Teile zerlegt und diese untersucht – nicht funktionieren kann, denn es gilt: «Das Ganze ist mehr als die Summe der Teile», bzw. noch konkreter: «Das Ganze ist etwas anderes als die Summe seiner Teile» (Gomez, Lambertz & Meynhardt, 2019).

Wenn wir die Herausforderungen der Zukunft anschauen wollen, müssen wir zuerst etwas zur aktuellen Welt sagen. Wie kann man unsere heutige Lage ganzheitlich charakterisieren? Heute wird oft davon gesprochen, dass wir in einer VUKA-Welt leben, die durch **V**olatilität, **U**nsicherheit, **K**omplexität und **A**mbiguität gekennzeichnet ist (▶ Abb. 3).

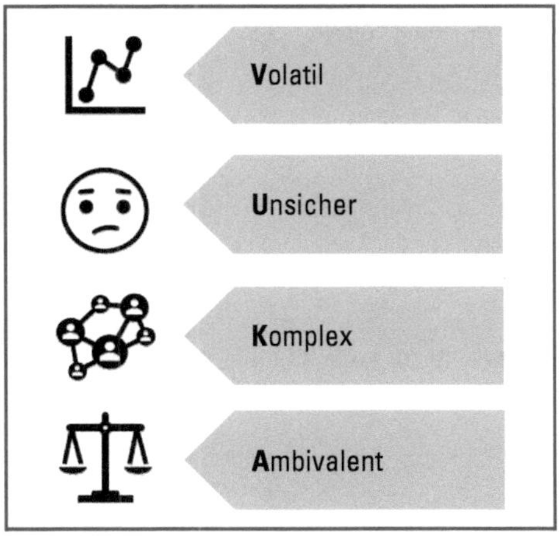

▲ Abb. 3 «VUKA»-Welt
Quelle: eigene Darstellung

Volatilität bezieht sich auf die zunehmende Häufigkeit, Geschwindigkeit und das Ausmass von (meist ungeplanten) Veränderungen. Ein Beispiel dafür sind die aussergewöhnlich volatilen Schwankungen der Aktienmärkte im Zuge der Corona-Krise im Frühling 2020.

Unsicherheit bedeutet das generell abnehmende Mass an Vorhersagbarkeit von Ereignissen in unserem privaten und beruflichen Leben.[1]

Komplexität meint die steigende Anzahl von unterschiedlichen Verknüpfungen und Abhängigkeiten von Unternehmen.

Ambiguität beschreibt die Mehrdeutigkeit («ambo» bedeutet im Latein «beide») und damit Unklarheit der Faktenlage, die falsche Interpretationen und Entscheidungen wahrscheinlicher macht. Beispielsweise wimmelt es im unternehmerischen Um-

1 Joachim Ringelnatz formulierte das so: «Sicher ist, dass nichts sicher ist. Selbst das nicht.»

feld von Ambiguitäten: Man sollte gleichzeitig das eine tun und das andere nicht lassen, obwohl beide sich eigentlich widersprechen. So werden ganz grundsätzlich hochwertige und günstige Produkte erwartet, obwohl dies einen klassischen Zielkonflikt darstellt. Gleiches gilt für hohe Effizienz und Innovationskraft, die je eine sehr unterschiedliche Kultur voraussetzen. Viele fordern heute kraftvolle Leader und erwarten ebenso ausgeprägte Freiheitsgrade von Mitarbeitenden, was sich durchaus beissen kann. Was heisst gute Unternehmensführung? Die Antwort darauf kann je nach Situation sehr unterschiedlich ausfallen. Sprenger (2020, S. 32) betont, gute Unternehmensführung bestehe darin, Multirationalität zu balancieren: Firmen seien «Widerspruchsverarbeiter», ein Unternehmen ein «organisierter Konflikt».

	VUKA-Welt
	**Volatilität** bezieht sich auf die zunehmende Häufigkeit, Geschwindigkeit und das Ausmass von Veränderungen.
	**Unsicherheit** bedeutet das abnehmende Mass an Vorhersagbarkeit von Ereignissen.
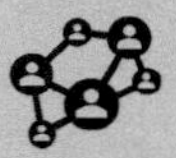	**Komplexität** meint die steigende Anzahl von unterschiedlichen Verknüpfungen und Abhängigkeiten von Unternehmen.
	**Ambiguität** beschreibt die Mehrdeutigkeit und damit Unklarheit der Faktenlage, die falsche Interpretationen und Entscheidungen wahrscheinlicher macht.

▲ Abb. 4 VUKA-Welt
Quelle: eigene Darstellung

Diese letzte VUKA-Charakteristik der heutigen Zeit, Ambiguität, ist vielleicht sogar die anspruchsvollste der vier, eine echte Diva, geheimnisvoll, undurchschaubar und potenziell gefährlich. Sie wirft viele Fragen zur Qualität der vorliegenden Information auf und lässt uns mit der Beantwortung allein (und oft ratlos) zurück: Was ist festes Wissensfundament und was Spekulation? Liegt wissenschaftliche Evidenz vor oder handelt es sich um blosse Behauptungen, geschickt zurechtgedrechselt und aufgehübscht serviert? Wie glaubwürdig ist die Quelle der Information? Kennen wir sie überhaupt? Wie manipulativ werden die Informationen präsentiert? Welche Motive verfolgen die Autoren? Weisen diese anerkannte Expertise im Thema auf oder sind es Universallösungsanbieter[1] («One size fits all»)? Man muss sich nicht wundern, dass heute von «postfaktischen» Zeiten gesprochen wird und Verschwörungstheorien boomen.

1 Beziehungsweise Populisten, Schalmeienflöter, Symptombekämpfer, Schnellschiesser, Rattenfänger, Volksverhetzer, Sirenensänger, Wunderheiler (oder eine der vielen weiteren Kategorien unterkomplexer Simplifizierer).

Menschen haben von Natur aus eine Abneigung gegen Unklarheit. Sie vermeiden mehrdeutige und widersprüchliche Informationen, obwohl – oder gerade weil – das moderne Leben diese immer mehr mit sich bringt. Bauer (2018) nennt diese Abneigung «Ambiguitäts-Intoleranz». Vielfalt, Komplexität und Pluralität würden häufig nicht mehr als Bereicherung empfunden. In vielen Lebensbereichen erscheine als attraktiv, was Erlösung von der unvermeidbaren Ambiguität der Welt verspreche. Dass Verschwörungstheorien wuchern, darf nicht überraschen. Einfache Ursachen, die grundsätzlich schuldige Elite und klare Schwarz-Weiss-Zeichnungen der Welt üben eine fast schon magische Anziehungskraft auf viele Menschen aus. Endlich sind Ross und Reiter beim Namen genannt und die Dinge damit – mindestens erkenntnisseitig – wieder im Lot. Die Sehnsucht nach Sicherheit und dem Ende der Widersprüche ist der Boden, aus dem Fake-News spriessen. Verschwörungstheorien kompensieren die Ohnmacht vieler Personen angesichts der zunehmenden VUKA-isierung der Welt und geben einen Teil von Kontrolle über das eigene Leben zurück. Zudem lassen die Selbstbestätigungsmilieus von Filterblasen-Communities plötzlich auch radikale Positionen mehrheitstauglich erscheinen. Gemäss einer MIT-Studie braucht eine faktisch korrekte Nachricht auf Twitter sechs Mal so lange wie eine Falschmeldung, bis sie 1500 Nutzende erreicht hat (Vosoughi, Roy & Aral, 2018).

Entsprechend Pinkers (2018) Werk – «Aufklärung jetzt. Für Vernunft, Wissenschaft, Humanismus und Fortschritt. Eine Verteidigung» – sind wir der Meinung, dass gesichertes Wissen und empirische Evidenz die wahren Grundlagen nutzenstiftender Informationen sind und damit auch die einzig legitimen Quellen des vorliegenden Buches. Wir hoffen, damit einen Beitrag zum klugen, zukunftsgerichteten Umgang mit den grossen Herausforderungen unserer Zeit leisten zu können.

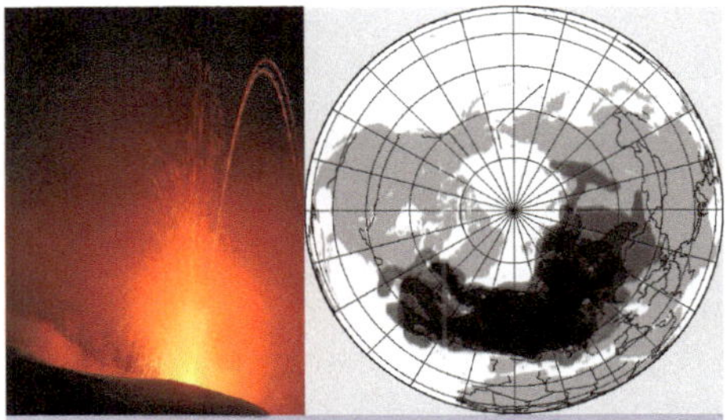

Der Ausbruch des Eyjafjallajökull und die Aschewolke als Symbol für unsere VUKA-Welt.

Angesichts der VUKA-Welt wird das bekannte Bild aus der Chaostheorie immer wahrscheinlicher: Der Flügelschlag eines Schmetterlings kann tatsächlich einen Sturm auslösen. Wir haben beispielsweise erlebt, dass ein Vulkanausbruch in Island den Flugverkehr über Europa für Tage lahmgelegt hat. Nachdem der Eyjafjallajökull am 14. April 2010 ausbrach und eine gigantische Aschewolke erzeugte, mussten in den folgenden Tagen zwanzig Länder ihren Flugverkehr einstellen. Davon waren zehn Millionen Flugpassagiere betroffen. Es handelte sich um den grössten Flugunterbruch seit dem Zweiten Weltkrieg.

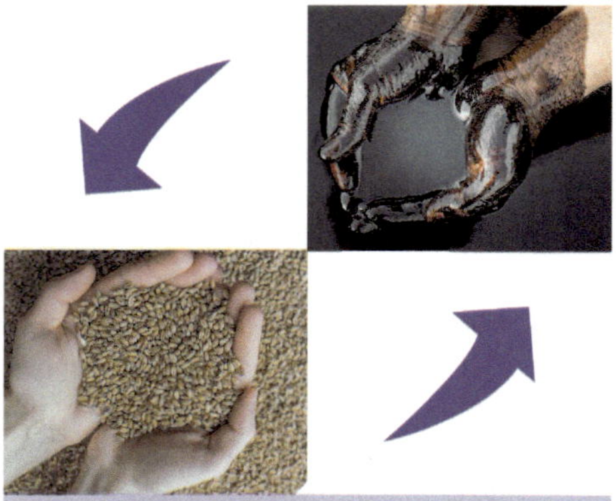

Getreide und Rohöl.

Ein weiteres Beispiel mag die VUKA-Charakteristik der heutigen Welt illustrieren: Niemand hätte erwartet, dass eine Hitzewelle 2010 in Russland, einem der grössten Weizenexporteure der Welt, zur schlimmsten Dürre seit hundert Jahren führen würde, was in Ägypten, dem grössten Weizenimporteur der Welt, die Brotpreise in die Höhe schiessen liess. Die anschliessende Krise mündete in den Aufstand, der das Mubarak-Regime zu Fall brachte. Die Ereignisse in Ägypten strahlten auf weitere Nachbarländer aus und stehen am Anfang einer Serie von Aufständen in Nordafrika, die als «arabischer Frühling» bekannt wurden. In Libyen führte der Ausbruch des Bürgerkriegs etwa zur Intervention der Nato, was den fast vollständigen Ausfall der libyschen Ölproduktion von täglich 1,4 Millionen Barrel zur Folge hatte. Das liess den Preis für Rohöl auf bis zu 125 Dollar pro Barrel ansteigen, was wiederum eine neue Spekulationswelle auf den Nahrungsmittelmärkten auslöste, die den Getreidepreis weiter in die Höhe trieb. Zwischen Juni 2010 und Juni 2011 verdoppelte sich der Weltmarktpreis für Getreide nahezu, was für viele Regionen der Erde eine Katastrophe darstellte. Im selben Zeitraum wurden mehrere Regierungen gestürzt und es kam in vielen Hauptstädten – von Bischkek bis Nairobi – zu gewaltsamen Protesten und in mehreren Ländern wie Libyen, Jemen, Syrien und Sudan zu neuen Bürgerkriegen. (Waibel & Mauchle, 2023)

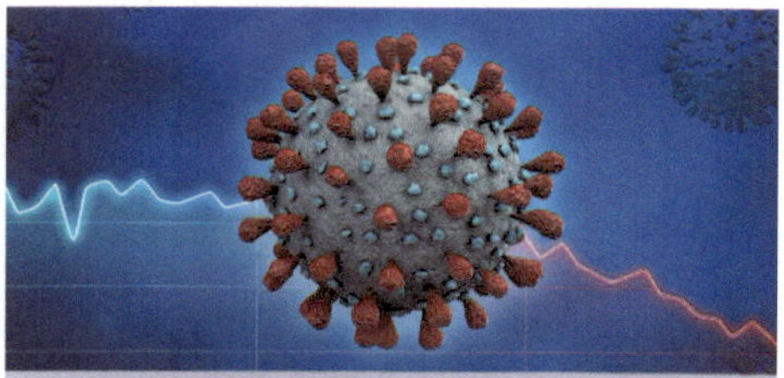

Die Corona-Pandemie von 2020 ist der grösste globale Schock seit dem Zweiten Weltkrieg.

In jüngster Zeit war es die Coronakrise von 2020, die, einer Naturkatastrophe gleich, die gesamte Welt gleichzeitig erfasst hat. Auch die Schweiz, seit der Spanischen Grippe vor hundert Jahren quasi als Insel der Glückseligen von Pandemien verschont, wurde massiv getroffen. Corona ist der grösste globale Schock seit dem Zweiten Weltkrieg.

Ein Schmetterling kann einen Sturm auslösen.

Noch nie wurde so deutlich, dass wir in einer VUKA-Welt von komplexen, ineinander verschachtelten Systemen leben. Was mit dem partiellen bis totalen Corona-Lockdown im März 2020 in den meisten Ländern der Erde passiert ist und wie stark diese *Volatilität* unser aller Leben – vom Lockdown über Home Office, Social Distancing bis zu Einkommenseinbussen oder Arbeitslosigkeit – verändert hat, hätte zu Beginn des Jahres niemand für möglich gehalten. In den USA haben sich innert vier Wochen 22 Millionen Menschen arbeitslos gemeldet. In einem Monat wurden in den Vereinigten Staaten die Anzahl Jobs ausradiert, die seit der letzten globalen Krise innert zehn Jahren mühsam aufgebaut wurden. In keiner Rezession seit der Grossen Depression der 1930er-Jahre ist Vergleichbares passiert. Wie sich das Leben privat, im Job wie in der Gesellschaft in den dem Pandemieausbruch folgenden Wochen und Monaten entwickeln würde, war höchst unsicher. An einer Mitgliederumfrage, die im April 2020 vom Branchenverband Schweizer KMU-Exporteure durchgeführt wurde, stufte jedes sechste KMU das Risiko eines Konkurses in den nächsten zwölf Monaten als «gross» oder «sehr gross» ein (Swiss export, 2020). Die Sache ist *hyperkomplex:* Von der Gesundheit über die Wirtschaft bis zum Staat hängt in der global vernetzten Corona-Krise alles mit allem zusammen. Zudem wimmelt es nur so von *Ambiguitäten:* Man sollte gleichzeitig das eine tun (die Wirtschaft nicht zu stark drosseln) und das andere nicht lassen (die Gesundheit schützen), obwohl beides nicht gleichzeitig zu haben ist. Als die Corona-Neuansteckungen zurückgingen: Wann kann die Wirtschaft in welchem Mass wieder geöffnet werden? Wie viel Normalität verträgt die fragile Gesundheitslage? Auch als sehr viele Zahlen und Daten auf dem Tisch lagen, waren die Entscheidungsgrundlagen mehrdeutig, ein Gleichungssystem mit vielen Unbekannten. Insgesamt zeigte die Corona-Krise überdeutlich auf, wie dynamisch, vernetzt, unberechenbar und vieldeutig unsere Lebensrealität geworden ist, wie VUKA die Welt heute ist. Der Flügelschlag eines Schmetterlings kann tatsächlich einen Sturm auslösen, ein Virus von einem Markt in China den halben Globus lahmlegen.

Eine VUKA-Welt bedingt also eine deutlich erhöhte Wandlungsbereitschaft sozialer Systeme. Diese Risiko-, Komplexitäts- sowie Ambiguitätsbeschleunigung wurde durch das Internet, die Globalisierung und die daraus resultierende zunehmende Vernetzung individueller und gesellschaftlicher Lebenswelten auf eine ganz neue Ebene gehoben (Schuldt, 2017).

Folge ist, dass in allen Gesellschaftsbereichen neue soziale Systeme entstehen, in denen sich aktuelle soziale, kulturelle und technologische Phänomene kristallisieren. Im Wirtschaftssystem ist das zum Beispiel die Start-up-Kultur: Kleine, wendige Organisationen erschliessen neue Knotenpunkte im Netzwerk, docken an die neuen Schnittstellen an, brechen starre Strukturen auf und setzen mit neuen Geschäftsmodellen disruptive Potenziale frei, die etablierten Unternehmen das Leben schwer machen.[1]

Doch nicht nur in der Wirtschaft, überall in der Gesellschaft und der Politik werden traditionelle Grenzen, Strukturen und Hierarchien fluide und lassen die soziale Komplexität rapide ansteigen. In der heutigen Netzwerkgesellschaft ist eigentlich nur eines gewiss: die andauernde Ungewissheit. Komplexitätsbewältigung wird für alle Akteurinnen bzw. Akteure zum zentralen Problem (Schuldt, 2017).

---

1 Während es früher in der Wirtschaft hiess: «Die Grossen fressen die Kleinen», hört man heute: «Die Schnellen fressen die Langsamen».

Deshalb: Wir leben in einer sehr vernetzten, komplexen und dynamischen Welt. Sicherheit und Vorhersehbarkeit war gestern. Insbesondere die beiden Haupttreiber Globalisierung und Digitalisierung sorgen für mehr VUKA. Selbst die kompetentesten und professionellsten Institutionen liegen mit ihren Voraussagen häufig daneben, wie beispielsweise Notenbanken, Konjunkturforschungsstellen oder der internationale Währungsfonds, wenn es um Wirtschaftsprognosen geht (Straumann, 2019). Die VUKA-Systeme überfordern uns oft. Scheinbar häufen sich die Beispiele von «systemischen Krisen»: Probleme wie die globale Erwärmung, die Vertrauenskrise der Regierungen, der teilweise daraus resultierende Populismus in vielen Staaten und die Verschuldung der Industrieländer stellen Herausforderungen dar, die keine simplen, lokal begrenzten Ursachen haben und nicht mittels einfachen Rezepten gelöst werden können (▶ Abb. 5).

Globale Erwärmung	Vertrauenskrise der Regierungen	Populismus	Verschuldung der Industrieländer

▲ Abb. 5 Beispiele für systemische Krisen
Quelle: eigene Darstellung, basierend auf Schrader (20.02.2017)

Bei der differenzierten Analyse in einem VUKA-Kontext kann der Gesamtzusammenhang verloren gehen. Die Physiker Heisenberg und Einstein zeigten mit ihren Arbeiten über die Unschärfe und die Relativität, dass das Ganze weder in seinen Teilen begriffen noch durch sie erklärt werden kann (Hug, 2013).

Man kann dies auch aus einer anderen, künstlerischen Perspektive illustrieren: «Ceci n'est pas une pipe», steht unter einem berühmten Bild von René Magritte mit dem Titel: «La trahison des images», «Der Verrat der Bilder». Das Werk, auf dem steht: «Ceci n'est pas une pipe», zeigt eine Pfeife. Magritte wollte damit zeigen, dass selbst die realistischste Abbildung eines Objekts nicht mit dem Gegenstand selbst identisch ist. Kurz: Das Ganze ist mehr als die Summe seiner (sichtbaren) Einzelteile, und «Perception is Reality». Es gibt keine Objektivität (schon gar nicht in sozialen Systemen[1], um die es in diesem Buch mehrheitlich geht), stattdessen ist es die individuelle Wahrnehmung, welche die relevante

1 Luhmann hat dies (und vieles weitere) ebenso umfassend wie einzigartig herausgearbeitet. Leider ist der Vater der modernen Systemtheorie schwierig zu lesen und noch schwieriger zu verstehen – oder in seinen eigenen Worten: *«Diese Theorieanlage erzwingt eine Darstellung in ungewöhnlicher Abstraktionslage. Der Flug muss über den Wolken stattfinden, und es ist mit einer ziemlich geschlossenen Wolkendecke zu rechnen. (…) Die Theorieanlage gleicht also eher einem Labyrinth als einer Schnellstrasse zum frohen Ende»* (Luhmann, 1987). Dennoch gehört sein epochales Werk einer weltumspannenden Systemtheorie zum Hauptfundament des vorliegenden Buches.

Wirklichkeit schafft. Eine solche konstruktivistische Perspektive ist alternativlos[1] für ein Buch über Systemdenken und wir werden an verschiedenen Orten wieder auf diese Kernprämisse zu sprechen kommen. Wir haben hier die gleiche zentrale Herausforderung wie andere Autoren zu einem Systemansatz: Weil der Anspruch besteht, die Welt und ihre komplexesten Phänomene nutzenstiftend zu beleuchten, braucht ein solcher ganzheitlicher Blickwinkel einige Erkenntnisgrundlagen. Wir können aber nicht alle gleichzeitig erklären, sondern müssen schrittweise vorgehen (so ist Kapitel 1 gegliedert). Etwas Geduld ist gefordert (die süssesten Früchte hängen meist nicht an den untersten Ästen).

Wenn ein (einziger) analytischer Denkansatz nicht mehr genügt, um den grossen Problemen unserer Zeit adäquat zu begegnen, kann eine *synthetische Vorgehensweise* helfen. Die Welt setzt sich bekanntlich nicht nur aus unzähligen Einzelelementen zusammen, deren Ursachen und Wirkungen isoliert für sich ablaufen. Unsere Lebenswirklichkeit wird vielmehr durch mannigfaltig miteinander vernetzte Systeme bestimmt. Diese weisen konkrete Eigenschaften auf, die sich aus den Wirkungsbeziehungen ihrer Elemente und deren dynamischer Entwicklung ergeben. Selten können Wirkungen auf einzelne Ursachen allein reduziert werden. Deshalb ist Analyse notwendig, aber nicht hinreichend. Wenn man ein System zerlegt und die Teile differenziert untersucht, sind weder die Identität noch die spezifischen Eigenschaften zu erkennen. Es braucht zusätzlich die Synthese, den Blick aufs dynamische Gesamte (Hug, 2013).

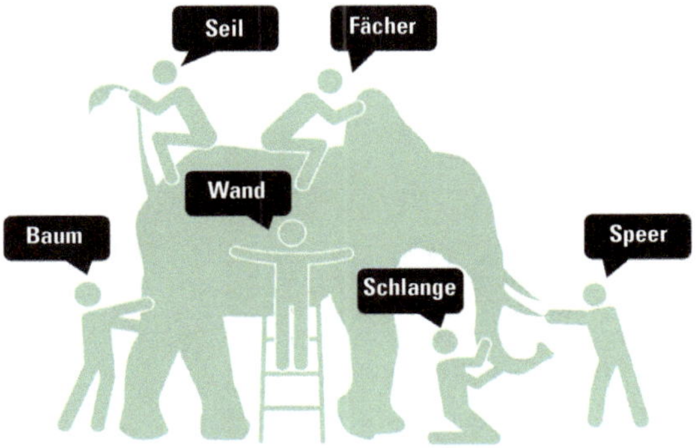

Sechs blinde Männer kommen zu unterschiedlichen Ergebnissen, was ein Elefant ist.

Der Unterschied zwischen Analyse und Synthese lässt sich anschaulich am Gedicht «The blind men and the elephant» von John Godfrey Saxe zeigen: Sechs blinde Männer wollen verstehen, was ein Elefant ist. Alle betasten das Tier, kommen aber zu ganz unterschiedlichen Ergebnissen: Der Erste berührt die Seite und meint, eine Wand vor sich zu haben. Der Zweite befühlt den Stosszahn und glaubt, es handle sich um einen Speer. Der Dritte hält das unbekannte Tier wegen seines Rüssels für eine Schlange, der Vierte aufgrund seines stämmigen Beins für einen Baum. Der Fünfte, der ein Ohr ertastet, für einen Fächer und der Sechste, der den Schwanz erwischt, vermutet

1 Das ist ein sehr gefährliches Wort, weil – gerade in einer ganzheitlichen, systemischen Sichtweise – eigentlich nichts ohne Alternativen ist. Wir verwenden es hier dennoch bewusst, da Systemdenken nicht bedingungslos zu haben ist. Wahrscheinlich die wichtigste Voraussetzung ist es, zu akzeptieren, dass es keine objektive Wirklichkeit gibt. Wir werden dies so schnell wie möglich zu erklären versuchen.

darin ein Seil. Jeder der sechs Blinden hat auf seine Weise Recht und dennoch erfasst keiner von ihnen die Gesamtheit des Elefanten. Bei komplexen Problemstellungen ergeht es uns oft auch so: Wir erfassen einen Teil, die gesamte Wirkungsweise bleibt uns aber verborgen, weil wir das zugrundeliegende System zu wenig erkennen. Notwendig ist deshalb eine Helikopterperspektive, um das Ganze sehen zu können.

1.2 Wie unterscheiden sich komplizierte und komplexe Systeme?

Systeme können unterschiedlich anspruchsvoll sein. Dazu hat sich die Unterscheidung in komplizierte und komplexe Systeme bewährt, wobei es unterschiedliche Definitionen gibt. Eine zweckmässige Differenzierung lautet wie folgt: *Komplizierte Systeme* weisen zwar viele verbundene Komponenten auf, sind aber grundsätzlich vorhersagbar und berechenbar (determiniert).

Ein gutes Beispiel sind ausgedehnte Dominoketten: Bereits mit dem umfallenden ersten Stein ist die Wirkung auch für den letzten Stein festgelegt. Das Budgetsystem einer Grossfirma ist kompliziert, ebenfalls der Fahrplan einer nationalen Eisenbahngesellschaft. Ein Flugzeug hat vielleicht zehntausende Teile, aber sie folgen alle einer linearen Logik. Wenn man ein beliebiges Teil herausnimmt, dann kann eine spezialisierte Ingenieurin bzw. ein spezialisierter Ingenieur genau erklären, wann und wie das Flugzeug davon beeinflusst wird. In komplizierten Systemen ist lineares Denken oft ausreichend: Eine Ursache-Wirkungs-Kette (A bewirkt B, B bewirkt C, C bewirkt D usw.) genügt meist, um einzelne kausale Zusammenhänge angemessen zu beschreiben.

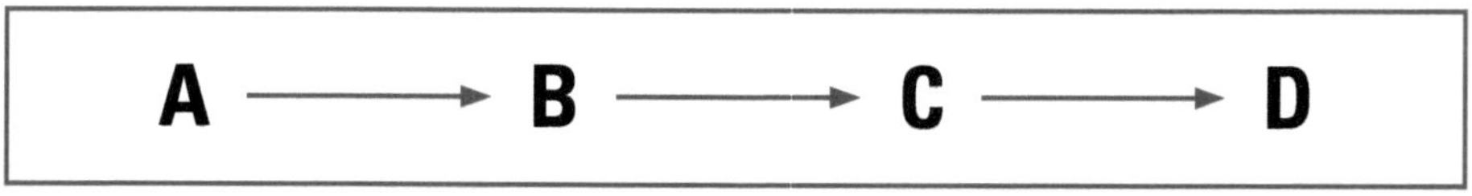

▲ Abb. 6 In komplizierten Systemen ist lineares Denken meist ausreichend.

Unglücklicherweise gehen selbst sehr intelligente Menschen in sozialen Systemen (zu) oft vom mentalen Modell eines komplizierten linearen Systems[1] aus:

1 Wahrscheinlich trägt der lineare Charakter unserer Sprache zu diesen häufigen Fehleinschätzungen bei: Ein typischer Satz, etwa «Sie modelliert ein System», ist linear und transitiv in der Struktur «Subjekt → Verb → Objekt». Was möglicherweise auch passiert, dass nämlich das modellierte, grafisch dargestellte System wiederum die Wahrnehmung der Person im Zentrum verändert (zum Beispiel durch Lern- und Erkenntnisgewinne), wird sprachlich nicht ausgedrückt. Die wahrscheinliche Feedbackschlaufe bleibt semantisch meist unerwähnt. Und worüber wir nicht sprechen, denken wir in der Regel auch nicht nach: Mit Wittgenstein gesprochen, sind die Grenzen der Sprache tatsächlich die Grenzen der (wahrnehmbaren) Welt.

Mit gründlicher Analyse und präziser Planung kann man demnach die Veränderungen der kommenden (etwa zwei bis fünf) Jahre ziemlich gut abschätzen. Wäre dies nicht die vorherrschende Meinung, würde es keinen Sinn machen, so viel Zeit und Energie in Planungs- und Vorhersagemittel (wie Budgets, Zielvereinbarungen, Bonussysteme, Abweichungsanalysen, Controllingkaskaden, Fünf-Jahres-Strategien oder Zehn-Jahres-Visionen) zu investieren, wie dies in den meisten grösseren Unternehmen immer noch der Fall ist. Weil diese mechanische, komplizierte Sicht so verbreitet ist, schlagen auch so viele (komplexe!) Systemeingriffe – wie beispielsweise Veränderungsvorhaben, Akquisitionen oder Fusionen[1] – fehl.

Es wäre weiser, die Augen für die VUKA-Charakteristik von vielen komplexen Systemen zu öffnen. Ein *komplexes System* ist angesichts solcher Eigenschaften hochgradig verschlungen, schwierig zu verstehen und kaum zu prognostizieren (jedenfalls nicht über die nahe Zukunft hinaus).

Bereits ein Teller Spaghetti ist ein komplexes Gebilde[2]: Es hat nur ein paar Dutzend Bestandteile, aber wenn man an einer Spaghetti zieht, dann kann selbst der leistungsfähigste Computer der Welt nicht vorhersagen, was geschehen wird.

Komplexe Systeme zeigen immer wieder kontraintuitive Ergebnisse und sind nicht einfach beherrschbar (wie komplizierte Systeme), sonst gäbe es weniger unangenehme Überraschungen wie etwa Flugverspätungen, Borkenkäferinvasionen, Korallensterben oder Weltwirtschaftskrisen.

Diese Beispiele zeigen, dass komplexe Probleme nicht wie komplizierte Probleme zu behandeln sind. Es braucht für angemessenere Lösungen

- die Wahrnehmung von Wechselbeziehungen (Feedback-Loops) statt linearer Ursache-Wirkungs-Ketten und
- die Wahrnehmung von Veränderungsprozessen statt von Momentaufnahmen.

Dies erfordert den Einsatz von systemischem Denken. Systemisches, vernetztes Denken ermöglicht eine Perspektive, die Welt ganzheitlich zu sehen und Lenkbarkeiten in komplexen Situationen erkennen zu können (Waibel & Mauchle, 2023). Im Unterschied zu linearen Abfolgen ist in komplexen Systemen in der Regel schon zu Beginn – und spätestens nach der visuellen Modellierung – klar, dass das System kausale Feedbackschleifen aufweist (zum Beispiel A bewirkt B, B bewirkt C, C bewirkt A usw.) (▶ Abb. 7).

1 Mehrere Studien beziffern die Misserfolgsquote von wirtschaftlichen Fusionen (Mergers & Acquisitions) auf rund zwei Drittel (Böning, 2010).

2 Wir werden nachfolgend sehen, dass zu einem «echten» System die Autopoiesis fehlt. Dennoch ist das Beispiel einleuchtend, weil ein Teller Spaghetti nachvollziehbar ziemlich komplex ist.

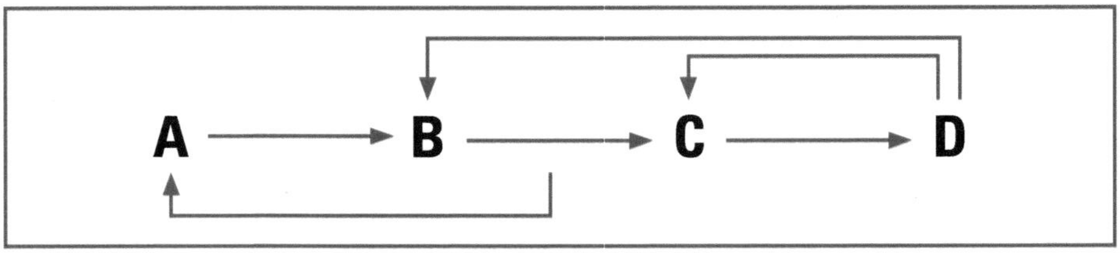

▲ Abb. 7 In komplexen Systemen mit Rückkoppelungen reicht lineares Denken in der Regel nicht aus.

C wird also nicht nur via B durch A beeinflusst, sondern wirkt via Rückkopplung wiederum auf A zurück. Der Vorteil von einem Modell mit Feedback-Loops liegt darin, dass nicht nur abgebildet wird, was passiert, sondern auch, welche zugrundeliegenden Zusammenhänge bestehen. Damit wird das Systemverhalten durchschaubar, was gerade für den klugen Umgang mit komplexen Systemen zentral ist.

1.3 Warum ist Systemdenken zuallererst «System-Umwelt-Differenz-Erkennung»?

Im Alltagsverständnis besteht ein System aus verschiedenen Teilen (Systemelementen). Das trifft das konstituierende Merkmal aber nicht: Mit Luhmanns Worten ist ein System «organisierte Komplexität, die durch die Selektion einer Ordnung operiert» (Berghaus, 2011). Systeme sind keine statischen Gebilde mit bestimmten Zusammenhängen, sondern dynamische Komplexe, die aus Operationen bestehen. «Operation» ist der Begriff für die entscheidenden Aktivitäten von Systemen. Luhmann (1995) bezeichnet damit die für ein System konstitutive Aktivität, das heisst jene Aktivität, «mit der das System sich selbst produziert und reproduziert».

Beispielsweise weisen biologische und soziale Systeme unterschiedliche Operationen aus: Biologische Systeme leben, während soziale Systeme interagieren[1]. Leben führt zur dynamischen Entwicklung eines Menschen oder eines Tieres, Interagieren auf der Basis von Kommunizieren ermöglicht das Funktionieren eines sozialen Systems. Gibt es keine Interaktion mehr in einem sozialen System – zum Beispiel weil Zufallsbekannte in den Ferien sich wieder verabschieden –, hört das soziale System (die Zufallsbekanntschaft) für beide Personen auf zu existieren.

1 Luhmann hat das in seiner Begriffswelt als «Kommunikation» bezeichnet.

Obschon die beiden Operationen «leben» und «interagieren» unterschiedlich sind, folgen die Systeme denselben zwei Leitprinzipien. Diese sind die *System-Umwelt-Differenz* (vgl. nachfolgend) und die *Autopoiesis* (vgl. Kapitel 4). Autopoiesis heisst: Selbstreproduktion des Systems auf der Basis seiner eigenen Elemente. Nach Luhmann (1995) ist alles ein System, das auf diese Weise operiert. Oder umgekehrt: Alles, was nicht über eine System-Umwelt-Differenz verfügt und auf Autopoiesis setzt, ist kein System. Die Betonung der System-Umwelt-Differenz ersetzt die veraltete Auffassung früherer Systemtheoretiker, dass ein System ein Ganzes sei, zusammengesetzt aus Elementen. Diese Auffassung ist zu statisch und konzentriert den Blick fälschlicherweise auf das Systeminnere anstatt auf die Systemgrenze (Berghaus, 2011).

Besonders bedeutsam – und eine zentrale Aufgabe der Modellierung – ist die Abgrenzung von Systemen. Systeme habe Grenzen, sie lassen sich voneinander unterscheiden (wobei die Grenzziehung vom Betrachtenden bzw. der Perspektive abhängt). Ein System ist die Differenz zur Umwelt. Die Umwelt ist die Aussenseite des Systems. Die Umwelt ist «systemrelativ», also für jedes System unterschiedlich, sie ist das Externe aus der Sicht des Systems selbst. Ein System operiert und erzeugt dadurch eine Differenz zur Umwelt, auch wenn es von Voraussetzungen der Umwelt abhängig ist, wie zum Beispiel ein lebender Embryo von der Umwelt des mütterlichen Körpers. Bei lebenden Systemen (zum Beispiel einem Mensch oder Tier) ist die Abgrenzung meist ziemlich klar, bei sozialen Systemen (wie einem Unternehmen oder einer Familie) ist diese nicht immer offensichtlich. Gehören Fremdkapitalgebende noch zum Unternehmen und das Au-pair zur Familie? Je nach Fragestellung wird die Antwort unterschiedlich ausfallen. Wir werden gleich darauf eingehen, dass aus Sicht eines Systems, zum Beispiel einer Person, nicht einfach alles über die eigene Existenz hinaus zur Umwelt zählt, sondern nur das, was die Person wahrnimmt. Der Mensch, das System, bestimmt die Umwelt, nicht etwa umgekehrt.

An der Grenze zwischen System und Umwelt herrscht grundsätzlich ein Komplexitätsgefälle: Die Umwelt ist immer komplexer als das System, und das System ist stets «geordneter» als seine Umwelt (Schmidt, 2017). Warum ist das so? Selbst bei sehr komplexen Systemen – wie einem See, einem Menschen oder einem Unternehmen – liegt ausserhalb die Welt mit ihren unzähligen weiteren Systemen, die in der Summe immer noch viel komplexer sind (selbst wenn das System nur wenig davon wahrnimmt). Systemdenkende brauchen das Wort «immer» sehr selten (man sollte sich nie zu sicher sein), aber hier trifft es zu: Selbst ein unglaublich komplexes System, wie etwa das Weltklima, ist in eine noch komplexere Umwelt eingebettet. Dies hat Konsequenzen, auf die wir gleich eingehen werden.

Warum ist diese Abgrenzung zwischen System und Umwelt so fundamental für das Systemdenken? Wir gehen von der Annahme aus, dass wir (sofern wir Teil des Systems sind) die Elemente *innerhalb* der Systemgrenze beeinflussen können, während die Komponenten *ausserhalb* nicht-lenkbare Rahmenbedingungen darstellen. Systemhandeln, die logische Folge von Systemdenken, bedingt deshalb, dass Klarheit darüber besteht, was die Systeminnenwelt alles umfasst. Nur in diesem Innenraum bestehen potenzielle Lenkbarkeiten. Alle Faktoren, die ausserhalb der Systemgrenze liegen, sind aus der Innensicht Rahmenbedingungen. Diese üben allenfalls Einfluss auf das System aus, aber die Systemakteurinnen und Systemakteure können nicht aktiv auf die Umwelt einwirken (▶ Abb. 8).

Aus Sicht einer Firma A beispielsweise beeinflussen die Aktionen von Umweltgrössen wie Konkurrenten (Firmen B, C, usw.), Kundinnen bzw. Kunden, Medien oder Staaten das eigene System, ohne dass die Firma A im Gegenzug direkte Handlungsmöglichkeiten auf diese hätte. Dies ändert sich, wenn wir die Perspektive wechseln: Betrachten wir den Hauptkonkurrenten Firma B als System, dann gehört die Firma A als Konkurrenz zur Aussenwelt von B und die Aktionen von Firma A haben einen Einfluss auf dieses System B.

Oder wenn wir eine Paarbeziehung anschauen: Aus der Systemsicht von Sandra gehört ihr Freund Stefan zur Umwelt, da er als autonome Person eigenständig handelt (und sich von seiner Freundin nicht wie eine Marionette steuern lässt). Aus dem Blickwinkel von Stefan ist Sandra Teil des Umfelds, welches auf ihn einwirkt, ohne dass er direkte Kontrolle auf sie ausüben könnte (und sie so zu einer Lenkbarkeit und damit zu einem Teil des Innensystems würde). Die Unterscheidung von System und Umwelt ist deshalb so wichtig, weil sie den Fokus darauf richtet, wo Handlungsoptionen bestehen und wo nicht.

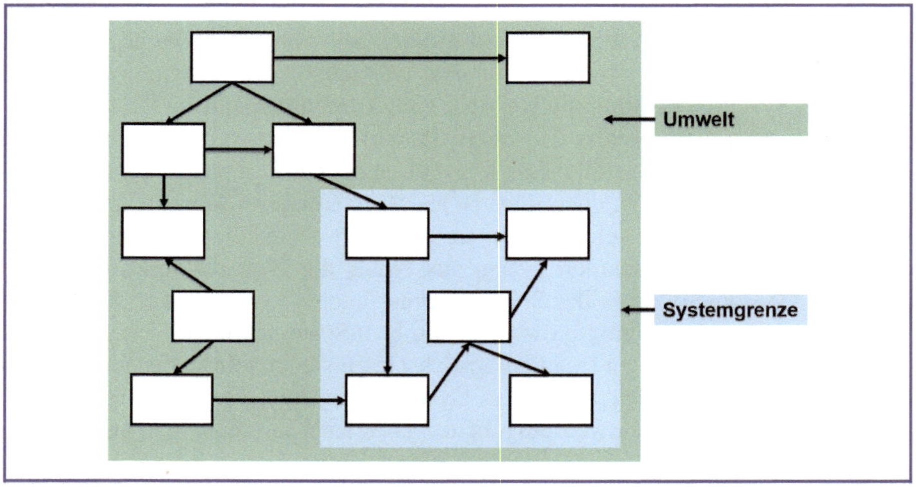

▲ Abb. 8 System, Systemgrenze und komplexere Umwelt
Quelle: eigene Darstellung, basierend auf Lewrick, Link & Leifer (2018)

Luhmann hat Systeme grundsätzlich als «Differenz» zur Umwelt bezeichnet (Luhmann & Baecker, 2002).[1] Wenn man es genauer betrachtet, nimmt der Mensch ebenfalls primär Unterschiede wahr. Das merken alle, die zum Beispiel beim Skifahren in stockdickem Nebel oder in einem Schneesturm unterwegs sind: Wenn man nur noch eine weisse Umgebung und gar keine Konturen mehr sieht, verliert man völlig die Orientierung. Teils kann man nicht einmal mehr sagen, wo oben oder unten ist. Die menschliche Wahrnehmung basiert auf Deltas, das heisst auf erkennbaren Differenzen. Wir werden in Kapitel 3 sehen, dass alle systemischen Grundmuster darauf basieren. Zusätzlich werden wir eine Abweichung feststellen, entweder eine Chance oder eine Gefahr. Deshalb fokussieren sich Systemdenkende auf Veränderungen und versuchen, angemessen darauf zu reagieren,[2] getreu dem – dem wohl berühmtesten Ökonomen John Maynard Keynes zugeschriebenen – Bonmot: «When the facts change, I change my mind. What do you do?»

Systeme sind nach Luhmann und Baecker (2002) «operativ geschlossen». Gemeint ist, dass diejenige identitätsstiftende Operation, die das System erzeugt und fortbestehen lässt (zum Beispiel ein Lebewesen lebt), nur im System vorkommt und es nicht mit der Umwelt verbindet. Das heisst, dass sich das System seine Strukturen selbst schafft (Selbstorganisation), es bezieht sie nicht von aussen. Systeme sind also selbstbestimmt (dies nennt sich «Autopoiesis»; wir gehen in Abschnitt 4.2 genauer darauf ein). Eine Familie, Firma, Volkswirtschaft oder ein Staat definiert selbst, wie genau (mit welchen Strukturen, nach welchen Regeln) sie intern funktionieren. Ein System ist sein eigenes Werk, etwa die biochemische Struktur einer Zelle, die Enzyme herstellt, welche wiederum die Zelle regenerieren. Oder das System «Sprache», die das Sprechen ermöglicht, welches wiederum die Sprache am Leben erhält. Die Zelle kann nicht plötzlich kommunikativ werden und die Sprache nicht biochemisch. Die Selbsterhaltung eines Systems ist demnach etwas Zirkuläres und zugleich etwas Autonomes oder eben: etwas «operativ Geschlossenes».

---

1 Luhmanns Systemtheorie, eine umfassende fachuniversale Metatheorie, ist eigentlich, präzise bezeichnet, eine «System-Umwelt-Differenz-Theorie» (Schuldt, 2017).

2 Gutes Management wird häufig mit «pro-aktivem» Verhalten gleichgesetzt. Systemisch ist das kaum möglich, weil eine Anpassung des Verhaltens erst dann Sinn macht, wenn sich etwas Wesentliches verändert hat. «Pro-aktiv» klingt zwar gut, ist aber vor allem «Managerslang» und geschickte Selbstvermarktung. Systemisch ist jede Verhaltensänderung «re-aktiv». Analoges lässt sich zum Buzzword «Agilität» sagen: Die meisten Unternehmen möchten heute agil sein. Systemisch würde man einfach von schnell beziehungsweise flexibel sprechen. Das Geheimnis «agiler» Unternehmen liegt in ihrem Kern: Firmen sind umso mehr dazu fähig, sich schnell zu verändern, wenn ihre innere Struktur stabilisierende Elemente wie eine berechenbare Führung, klare Firmenidentität (Mission und Vision) und eine Vertrauenskultur aufweist. Generell gilt: Der systemische Schlüssel von äusserlich wahrgenommenen Eigenschaften – schnell, innovativ, mutig – wird durch die innere Struktur generiert.

Auch wenn Systeme gegen innen selbstorganisierend sind, sind sie strukturell an ihre Umwelt gekoppelt (Luhmann & Baecker, 2002). Dies beeinträchtigt die Systemautonomie nicht. Sie bedeutet aber, dass das System nur solche Strukturen aufbaut, die mit der Umwelt irgendwie kompatibel sind. Systeme adaptieren und lernen aufgrund von Impulsen aus ihrer Umgebung.[1] Dieser Umweltkontakt wird eigenmächtig durch das System gesteuert. Dies führt zu der paradoxen Erkenntnis, dass erst Geschlossenheit Offenheit ermöglicht.

Der oberste Bezugspunkt systemischen Denkens ist bekanntlich unsere Welt mit ihren VUKA-Eigenschaften: Vieles in unserem Leben ist volatil, ungewiss, sehr komplex und alles andere als eindeutig. In der Summe ist das schwierig zu durchschauen, und es ist noch schwieriger, damit klug umzugehen. Diese Feststellung war folglich auch der Startpunkt dieses Buches. Die VUKA-Umwelt bedeutet nun etwas sehr Zentrales für das Verständnis von Systemen, nämlich: Damit komplexe Systeme überhaupt mit ihrer noch komplexeren Umwelt umgehen können, lassen sie nur einen Bruchteil dieser Umwelt an sich herankommen. Die Kopplung zur Systemumwelt ist sehr selektiv, das heisst, dass die meisten Elemente der Umwelt das System nicht beeinflussen: «Jedes selbstreferenzielle System hat nur den Umweltkontakt, den es sich selbst ermöglicht, und keine Umwelt an sich» (Luhmann, 1987). Damit kann das System Komplexität reduzieren, was für das eigene Funktionieren sehr wichtig ist. Wir werden gleich sehen, warum.

Für den Moment können wir festhalten: Das System macht die Umwelt (und nicht umgekehrt). Das System bestimmt selbst, was relevante Umweltfaktoren sind, welche Aussenkomplexität es zulassen will. Diese vielleicht etwas rätselhafte Erkenntnis kann unseres Erachtens gut am Beispiel der menschlichen Entwicklung aufgezeigt werden: Für einen neugeborenen Säugling ist die Mutter in der Regel die einzig relevante Umwelt. Er will gefüttert und umsorgt werden sowie die Geborgenheit der Mutter spüren. Werden diese existenziellen Bedürfnisse befriedigt, interessieren Babys sich darüber hinaus kaum für die weitere Umwelt.

Es fehlen ihnen schlicht die Werkzeuge, mit der zusätzlichen Komplexität umzugehen. Diese müssen sie erst noch erlernen. Wenn sie grösser werden, entdecken sie im Rahmen der eigenen Kompetenzentwicklung zunehmend weitere Facetten ihres Umfelds. Ihr Weltradius nimmt laufend zu. Erwachsen ist man in den Augen der meisten Menschen dann, wenn man gelernt hat, mit der Komplexität der gesamten Welt umzugehen.

---

1 Die These sei gewagt, dass nur schon aus einer systemischen Perspektive eine antiautoritäre Erziehung nicht funktionieren kann: Der Glaube, Kinder könnten alles Wesentliche aus sich selber schöpfen und müssten deshalb nicht von aussen, von den Eltern oder anderen Bezugspersonen, angeleitet werden, führt in der Regel zu einem weitgehenden «Laissez-faire» in der Erziehung. Systemisch fehlen damit allerdings in einer komplexen Welt wesentliche Impulse («Lernangebote»), um adäquate innere Strukturen für den Umgang mit dieser Welt aufbauen zu können. Die Innenorganisation ist zu wenig kompatibel mit der Umwelt.

Um Komplexität reduzieren zu können, müssen Systeme zunächst einmal selbst über Komplexität verfügen. Erst ein gewisses Mass an Eigenkomplexität ermöglicht es ihnen, auf Veränderungen ihrer Umwelt zu reagieren und den eigenen Fortbestand dynamisch zu sichern. Je komplexer das System, desto mehr Reaktionsmöglichkeiten hat es.[1]

Wie kombinieren nun Systeme ihre Geschlossenheit mit der Umweltoffenheit? Indem sie «Sinn» verwenden, das heisst, jene Umwelt zulassen, welche für sie eine Bedeutung hat. Sinn ist im systemischen Kontext also sehr wertneutral und systemspezifisch zu verstehen. Was sinnvoll und bedeutend für ein bestimmtes System X ist, kann in der Aussensicht (für System Y oder Z) vollkommen «sinnlos» erscheinen. Um dies erklären zu können, müssen wir nun in das Systemdenken ein eigenes konstruktivistisches Weltverständnis einführen.

1.4 Warum bedingt Systemdenken ein konstruktivistisches Verständnis der Welt?

Unser Gehirn ist via unsere Sinne an unsere Umwelt gekoppelt, wobei die meisten Informationen unserer Umgebung (zum Glück) gar nie wahrgenommen werden. Wäre unsere Wahrnehmung nicht selektiv, würden wir verzweifeln, weil wir in jedem Augenblick von der unfassbaren Fülle an Informationen schlichtweg völlig überfordert wären. Die Sinneswahrnehmungen, die durch unsere Augen, Ohren, Nase und Haut ins Gehirn gelangen, stellen eine riesige Datenflut dar, die permanent selektiert, bewertet und verarbeitet werden muss, bevor einzelne Informationen zur Grundlage von Entscheidungen werden. Damit das überhaupt funktionieren kann, ist die Wahrnehmung in unserem Gehirn hierarchisch organisiert und besteht aus etwa fünf bis acht Leveln, wobei auf der obersten unsere zentralsten Weltbildvorstellungen sind, unsere Werte und höchsten Ziele, die oft selbst durch die besten Argumente bzw. stärksten Fakten nicht oder nur sehr schwer zu ändern sind (Peters, 2018).

Auf der untersten Ebene der Wahrnehmungshierarchie unseres Gehirns werden Details erfasst und gesammelt. Im Falle des Sehsinns etwa Farben, Muster, Strukturen, Umrisse usw. Diese unterste Ebene liegt in der Netzhaut und ist permanent offen für neue Eindrücke. Bereits auf der untersten Ebene arbeitet das Gehirn mit Erwartungen mit dem Ziel, die Flut der Daten und Eindrücke möglichst schnell sowie effizient zu einem sinnvollen Bild zusammenzufügen.

1 Wer hingegen – wie einige Populisten mit einfachen Patentrezepten den Anschein machen – in seinem Instrumentenkoffer nur einen Hammer hat, für den stellen alle Probleme der Welt Nägel dar.

Die Erwartungen unseres Gehirns sehen wir zum Beispiel am Werk, wenn wir in der Nacht beim Autofahren vor uns im Lichtkegel zwei, drei diffuse Dinge auf der Strasse erspähen. Während sie näherkommen, glauben wir erst ein totes Tier (Reh?) und zwei Schachteln auf dem Boden zu erkennen. Erst kurz vor den Objekten können wir erkennen, dass es sich um zwei grosse Ziegel und etwas Ausgestreutes handelt (vielleicht von einem Lastwagen verloren?). Bis zu dieser Gewissheit hat uns unser Gehirn laufend mit plausiblen Erwartungen versorgt.

«Sehen» ist kein objektiver Prozess, sondern eine aktive Konstruktion unseres Gehirns

Das, was wir als «Sehen» bezeichnen und von dem wir glauben, dass es auf nichts anderem als unserer Wahrnehmung beruht, ist in Tat und Wahrheit ein Zusammenspiel aus generierten Erwartungen des Gehirns und den Abweichungen durch unsere fortlaufenden Sinneseindrücke. «Sehen» ist nicht ein objektiver Prozess, sondern eine aktive, selektive Konstruktion unseres Gehirns. Diese Konstruktion auf der Grundlage von Erwartung und Abweichung ist äusserst energieeffizient, weil es auf der Basis komprimierter Informationen stattfindet (ohne dass uns hier die weiteren hochkomplexen Details interessieren müssen). Wir werden noch dazu kommen, dass Effizienz für unser Gehirn, den grössten Energiefresser aller Zeiten, einen dominanten Imperativ darstellt.

Weil die aktive Konstruktion vermeintlich objektiver Sinneseindrücke durch unser Gehirn wahrscheinlich für viele einen überraschenden, neuen Blickwinkel auf unser Sehen (Hören, Fühlen usw.) eröffnet, hier noch ein weiteres Beispiel, welches dies illustrieren kann:

Sehen ist ein aktiver, komplexer Prozess.

Lesen sie bitte den Text im nebenstehenden Bild. Sofern Sie *«I love London in the Springtime»* gelesen haben, lesen Sie nochmals. Tatsächlich hat Ihr Gehirn aufgrund plausibler Erwartungen das zweite «the» weggelassen. Es macht einfach keinen Sinn und wird deshalb visuell unterdrückt. Das ist ebenso überraschend wie spannend und lässt uns – im wahrsten Sinne des Wortes – mit neuen Augen auf unser Sehen blicken, nicht wahr?

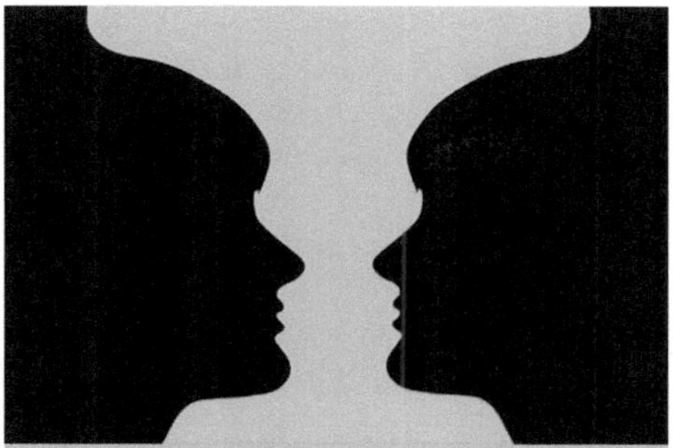

Unsere Bilderfassung lässt Raum für individuelle Deutungen.

Dass unsere Bilderfassung Raum für Interpretationen lässt, verdeutlichen die optischen Täuschungen der sogenannten Kippbilder. Hier konkurrieren verschiedene Annahmen um die Deutungshoheit. So werden einige in der Grafik links zuerst einen Kelch sehen, andere zwei Gesichter.

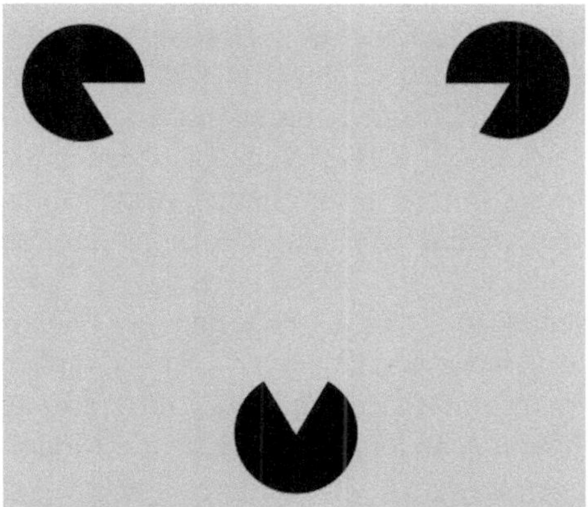

Manchmal sehen wir Dinge, die es nicht gibt (hier z. B. ein Dreieck)

Dass uns das Gehirn aufgrund der Erwartungen Dinge sehen lässt, die gar nicht sind, zeigt das nebenstehende Bild. Wir «sehen» ein Dreieck (das heisst wahrnehmbar unterschiedliche Schattierungen innerhalb und ausserhalb des Dreiecks), obwohl es diese in Tat und Wahrheit gar nicht gibt. Das einzige, was wirklich auf dem Bild sichtbar ist, sind drei Pacmans. Unser Gehirn macht daraus allerdings das Muster eines Dreiecks, weil diese Konstruktion die plausibelste Erwartung darstellt. Fazit: Nicht unsere Augen sehen, sondern unser Gehirn konstruiert aktiv das «gesehene» Bild und zwar sehr subjektiv für jeden von uns. Es gibt viele Situationen, in denen wir auf das Gleiche blicken, aber etwas ziemlich anderes sehen.

Die Hirnforschung zeigt entsprechend: Das menschliche Gehirn bildet ein zu circa 90 % geschlossenes, selbstreferenzielles System, das keinen *direkten* Zugang zu seiner Umwelt hat, nicht einmal über seine Sinnesorgane. Alles, was das Auge sieht, wird nicht vom Auge, sondern vom Gehirn definiert.[1] Die Sinnesorgane transportieren Aussenereignisse lediglich als neuronale, biochemische Aktivitäten, wobei das Gehirn die Bezüge erstellt. An sich sind alle eingehenden Nervenimpulse gleichförmig, erst das Gehirn macht daraus dann die Wahrnehmung als Sehen, Hören und Riechen (Schuldt, 2017). Diese ist subjektiver, als uns meist bewusst ist:

1 Deshalb ist Sehen ein hochkomplexer Vorgang im Zusammenspiel verschiedener Hirnareale. Dieser – vermeintlich einfache – Prozess macht einen beträchtlichen Anteil unserer Gehirnaktivitäten aus.

Welche Farbe hat der Bergsee: blau oder grün (oder …)?

Das wird zum Beispiel offensichtlich, wenn die Farbe eines Bergsees von einer Person als eindeutig grün, von einer anderen Person als zweifellos blau bezeichnet wird. Wahrnehmung ist also keine blosse Widerspiegelung der Aussenwelt, sondern die *systeminterne* Konstruktion einer *systemexternen* Welt. Jeder von uns zimmert sich ein vollkommen individuelles Abbild der Welt.

Wenn schon das sinnesorganbasierte Sehen subjektiv konstruiert ist, wie viel stärker individuell werden erst Interpretation von Informationen, Verständnis und Einordnung in die eigenen Sinndimensionen ausfallen! Tatsächlich ist die interne Organisation, die «operative Geschlossenheit», viel aufwändiger als die «strukturelle Koppelung» zur Umwelt: Das Verhältnis der Nervenzellen, die rein systemintern tätig sind, zu denjenigen mit Aussenkontakt zur Umwelt, beträgt 100 000 zu 1 (Schuldt, 2017)! Jede bzw. jeder hat schon erlebt, dass der Bericht von einzelnen Personen zu einem gemeinsamen Ereignis ziemlich unterschiedlich ausfallen kann: Die subjektiv konstruierten Realitäten können ausserordentlich divergieren.

Eine *konstruktivistische Weltsicht* bedeutet nun, dass es kein einziges, richtiges, objektives Abbild eines bestimmten Systems und seiner Umwelt geben kann. Je nachdem wird die Modellierung bzw. die Beschreibung und grafische Abbildung eines Systems X durch eine Person A anders ausfallen als die Modellierung des gleichen Systems X durch eine Person B. Von weiteren Personen C und D (nehmen wir an, diese seien langjährige Sachexperten) kann nicht «objektiv» beurteilt werden, welche Darstellung nun «korrekt» ist. Dies gilt auch für die Abbildungen der Expertinnen bzw. Experten C und D.[1] Wir müssen akzeptieren, dass System X aus Sicht von A, B, C, D und weiteren Personen immer wieder subjektiv anders und damit individuell ausfallen wird.

Dies gilt umso mehr, wenn soziale Systeme im Fokus stehen. Möglicherweise sind sich verschiedene Personen beim Modellieren eines naturwissenschaftlichen Systems schneller einig. Dennoch darf selbst bei der Abbildung von sogenannten Naturgesetzen nicht davon ausgegangen werden, dass es eine objektiv richtige und einzige Lösung gibt.[2] Unsere Ausführungen zur operativen Geschlossenheit haben hoffentlich deutlich gemacht, dass etwa die Frage zur re-

1 Es gibt ja das Bonmot unter Juristen, dass man von zehn Rechtsexperten zu einem konkreten Fall im Minimum elf Ansichten bekommt. Das Gleiche kann sicherlich für jedes andere Fachgebiet auch gesagt werden.

2 Die Physiker Heisenberg und Einstein wiesen nach, dass auch in der Physik der Wahrnehmungsstandpunkt der Forscher von entscheidender Bedeutung ist (Hug, 2013).

levanten Umwelt je nach Perspektive verschiedene Antworten hervorbringen kann. Auch wenn wir es gerne hätten und es die Sache auch deutlich erleichtern würde: Könnten wir immer von einer einzigen, von allen akzeptierten Sicht eines Systems ausgehen, wäre dies zu unterkomplex und damit zu kurz gesprungen. Die (anfangs vielleicht versteckten) Kosten der Simplifizierung würden im Laufe der Systemanalyse früher oder später offensichtlich und auf uns zurückfallen. Leider gibt es für Systemdenkende keine genial einfachen Lösungen. «Perception is Reality», die individuelle Wahrnehmung ist für bare Münze zu nehmen. Jeder von uns konstruiert aufgrund der persönlichen operativen Geschlossenheit unserer biologischen Systeme (Person A, Person B usw.) eine singuläre Sicht der Welt. Systemdenken kann uns dabei helfen, unsere gegenseitigen Blickwinkel transparenter, nachvollziehbarer und verständlicher zu machen, was die Wahrscheinlichkeit einer breit getragenen Problemanalyse und Lösungssynthese erhöht. Für eine systemische Problembehandlung ist ein konstruktivistisches Weltverständnis allerdings tatsächlich alternativlos.

Gleichzeitig sehnen sich Menschen nach einfachen Lösungen, was sie nicht nur für unterkomplexe Modelle (wie beispielsweise jenes, dass Unternehmen ähnlich wie Maschinen funktionieren), sondern auch für Rattenfänger, Verführer und Populisten sehr empfänglich macht. Der Sog des Simplen, die Anmutungsqualität der finalen Reduktion auf einen einfachen Punkt, der Charme des Universellen: Ein Quick Fix ist für viele unwiderstehlich attraktiv. Allerdings besagt das Conant/Ashby-Theorem (Conant & Ashby, 1970), dass die Effektivität einer Handlung nicht besser sein kann als das Modell, auf dem sie aufbaut – denn das Modell bestimmt, welche Fakten und Daten bewusst wahrgenommen werden und welche nicht. Einstein[1] hat ebenfalls darauf hingewiesen, dass zweckmässige Lösungen die gleiche Komplexität wie die zugrundeliegenden Probleme aufweisen müssen. So attraktiv ein einziger Streich durch jeden gordischen Knoten erscheint: Nachhaltig sind simple Lösungen selten. Fast immer sind sie schlicht zu unterkomplex. Das dürfte der Hauptgrund sein, warum Populistinnen bzw. Populisten kaum jemals gute Politik machen. Einer Herausforderung gerecht zu werden heisst, ihre Komplexität zu berücksichtigen. Gerade Probleme in sozialen Systemen können nicht handstreichartig mittels eines genialen Kniffs aus der Welt geschafft werden. Das konstruktivistische Verständnis, dass komplexe Probleme auch einer komplexen Analyse und Lösungssuche bedürfen, ebnet den Weg zu tragfähigen, nachhaltigen Ergebnissen.

Ein erstes Fazit könnte demnach sein: Menschen sind operativ geschlossene Systeme, die aufgrund ihrer einzigartigen Innenstrukturen individuell ticken. In jedem von uns wird zu jedem Zeitpunkt, weitgehend unbewusst, eine persönliche Abbildung der Welt konstruiert. Viel stärker als durch äussere Faktoren ist

1 Ihm zugeschrieben wird der Satz: «Mach die Dinge so einfach wie möglich. Aber nicht einfacher.»

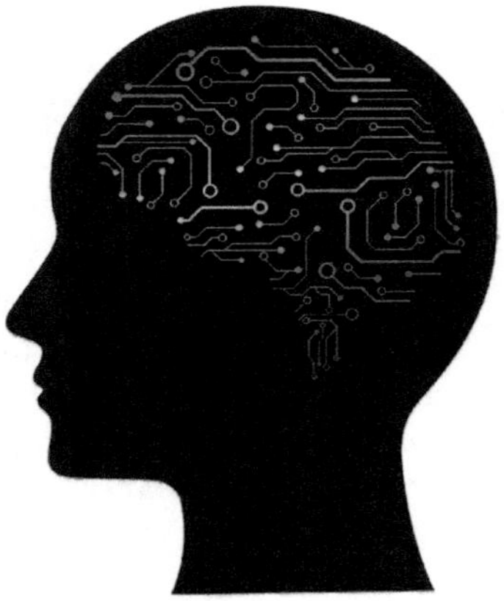

Menschen sind operativ geschlossene Systeme, die singulär ticken

diese Konstruktion durch unsere innere Verfasstheit geprägt, also unsere Innenwelt als Produkt unserer persönlichen Lebensgeschichte. Unsere operative Geschlossenheit bestimmt, welche Elemente unserer Umwelt wir zulassen.[1] Dies gilt nicht nur für menschliche Systeme, sondern genauso für jedes andere System.

Wer erkannt hat, dass Systeme auf der Grundlage der individuellen, operativen Geschlossenheit an die Umwelt gekoppelt sind und deshalb unter Umständen völlig andere Aussensignale aufnehmen, wird wohl nie mehr davon ausgehen, dass es beispielsweise einfach ist, eine andere Person zu verstehen. Selbst wenn diese nur sehr wenige, vermeintlich einfache Worte verwendet hat, kann die gehörte Botschaft je nach Person dramatisch differieren.[2] Vor diesem Hintergrund ist vielleicht besser zu verstehen, warum im Alltag immer wieder so viele Kommunikationsmissverständnisse auftreten, selbst wenn vertraute Personen (wie Ehepaare oder langjährige Mitarbeitende) beteiligt sind. Von der Welt dringen bloss Irritationen, Rauschen, Reizungen, Störungen zum einzelnen System vor, das einen Teil davon – höchst individuell und selektiv – berücksichtigt und «Order from Noise» macht (Berghaus, 2011).

1 Wenn wir aufgrund unserer Innenstruktur gewisse Elemente der Umwelt nicht zulassen, können wir dies in der Regel nicht erkennen. Etwas überspitzt könnte man sagen, dass wir für unsere Blindheit blind sind. Luhmann bringt das in seiner unnachahmlichen Art wie folgt auf den Punkt: «Ein Beobachter kann nicht sehen, was er nicht sehen kann. Er kann auch nicht sehen, dass er nicht sehen kann, was er nicht sehen kann» (Luhmann & Fuchs, 1989). Allerdings ist es dennoch möglich, über den Rückschluss aus der Beobachtung anderer für die eigenen blinden Flecken sensibilisiert zu werden. Dann nämlich, wenn die Erkenntnis abgeleitet werden kann: «Ich sehe, dass ich selbst nicht alles sehen kann, wenn ich sehe, was du nicht siehst» (Schuldt, 2017).

2 Ein Klassiker von Schulz von Thun (1981) ist, wenn der Mann auf dem Beifahrersitz im Auto zu seiner Frau sagt: «Da vorne ist grün.» Schulz von Thun hat schön aufgezeigt, dass die Interpretation dieses einfachen Satzes, je nachdem, ob eher die Sachbotschaft, die Selbstoffenbarungs-, Beziehungs- oder Appellbotschaft gehört wird, ausgeprägt unterschiedliche Reaktionen auslösen kann. Es entspricht einem sehr konstruktivistischen Verständnis, dass Kommunikation beim Empfänger definiert wird, nicht beim Sender. Was auch immer der Sender auszudrücken beabsichtigte: Entscheidend ist, welche Botschaften beim Empfänger ankommen.

1.5 Quintessenz: Systemdenken als «Future Skill»

Die bisherigen Ausführungen können wie folgt zusammengefasst werden (Berghaus, 2011; Frischknecht, Kunz & Nagel, 2008; Luhmann, 1987):

- Systeme operieren, das heisst, sie haben eine konstitutive Aktivität, mit der das System sich selbst produziert und reproduziert. Lebewesen leben, soziale Systeme interagieren. Systeme sind in sich operativ geschlossen, aber mit der komplexeren Umwelt gekoppelt.
- Unterschiedliche Systeme haben verschiedene Operationen, Identitäten und Systemgrenzen. Von der Welt dringen Rauschen, Irritationen und Störungen zum einzelnen System vor, das einen Teil davon – höchst individuell und selektiv – berücksichtigt.
- Wir haben allerdings die Illusion des direkten Umweltkontakts, schliesslich sehen, hören, riechen, lesen und schmecken wir ja. Dennoch konstruiert jeder von uns aufgrund der persönlichen operativen Geschlossenheit eine singuläre Sicht der Welt. Was für Hänschen gilt, muss für Hans überhaupt nicht gelten.
- Die Systeminnenstrukturen bzw. -elemente stehen miteinander in Beziehung. Sie sind voneinander abhängig, wobei die Beeinflussung nicht linear sein muss.
- Die Vernetzungen (Innenstrukturen, Identitäten) bewirken, dass das System sich dynamisch verhält.
- Komplizierte Systeme sind grundsätzlich vorhersagbar und berechenbar, komplexe dagegen aufgrund von Rückkopplungseffekten schwierig zu verstehen und kaum zu prognostizieren.

Systemdenken begreift die Welt als Zusammenspiel der Teile und Erscheinungen in einem Ganzen. Es ist der Versuch, sowohl den Wald als auch die Bäume zu sehen, gegenseitige Abhängigkeiten und Wechselwirkungen zu identifizieren sowie Muster aufzudecken, statt sich auf isolierte Strukturen zu konzentrieren (▶ Abb. 9).

▲ Abb. 9 Der Wald ist mehr als die Summe aller Bäume.

Ziel ist, komplexe Situationen besser zu verstehen und Probleme mit dem richtigen Werkzeugkasten anzugehen. Dazu braucht es die Fähigkeit zum vernetzten Denken und Handeln (oder, meist synonym gebraucht, zum systemorientierten Denken bzw. komplexen Problemlösen). Immer wieder zeigen Management-Befragungen weltweit, dass diese Fähigkeit zu den zentralen Schlüsselkompetenzen der Zukunft zählt. Oft wird sie sogar als die wichtigste Kompetenz eingeschätzt, um für die künftigen globalen Probleme gerüstet zu sein. Aktuell werden beispielsweise unter dem Stichwort «Future Skills» die Fähigkeiten von morgen skizziert – zum Beispiel listete das WEF (2016) die folgenden zehn Kompetenzen als zentral auf:

1. Komplexes Problemlösen
2. Kritisches Denken
3. Kreativität
4. Umgang mit Menschen
5. Zusammenarbeit
6. Emotionale Intelligenz
7. Entscheidungsfähigkeiten
8. Dienstleistungsorientierung
9. Verhandlungsgeschick
10. Geistige Flexibilität

Die zehn Zukunftsfähigkeiten lassen sich – mit Ausnahme von 8. Dienstleistungsorientierung – zu zwei zentralen Kompetenzbündeln zusammenfassen:

- Selbst- und Sozialkompetenzen (4. Umgang mit Menschen, 5. Zusammenarbeit, 6. Emotionale Intelligenz, 9. Verhandlungsgeschick)
- Systemkompetenzen (1. Komplexes Problemlösen, 2. Kritisches Denken, 3. Kreativität, 7. Entscheidungsfähigkeiten, 10. Geistige Flexibilität)

Es lässt sich also festhalten, dass künftige Kompetenzen vor allem zwei Schlüsselfähigkeiten umfassen: Sozialkompetenzen (die Selbstkompetenzen voraussetzen) sowie die Fähigkeiten, mit dem grossen Ganzen umzugehen. Diese beiden stellen «Future Meta-Skills» dar.

Auch wenn die geforderten Fähigkeiten in den verschiedenen Future-Skills-Indizes (zum Beispiel WEF (2016), McKinsey (2017), OECD (2018)) immer wieder etwas anders bezeichnet sind, so werden doch «Lösen komplexer Probleme», «Vernetztes Denken», «Systems Thinking», «Kritisches Denken», «Urteils- und Entscheidungsfähigkeit» häufig als künftige Schlüsselkompetenzen bezeichnet. Eine aussagekräftige Definition für den Future Skill «Systemdenken» liefert die schweizerisch-deutsche Forschergruppe SYSDENE (Systemisches Denken für eine nachhaltige Entwicklung) (Bollmann & Kunz, 2008):

«Systemisches Denken ist die Fähigkeit, komplexe Wirklichkeitsbereiche als Systeme zu beschreiben, zu rekonstruieren und zu modellieren und auf der Basis

der Modellierung Erklärungen zu geben, Prognosen (...) zu treffen und Handlungsmöglichkeiten zu entwerfen und zu beurteilen.»

Systemdenken umfasst also vier Kompetenzbereiche (▶ Abb. 10): Modell beschreiben, Dynamik erfassen, Prognosen treffen, Handlungsmöglichkeiten beurteilen.

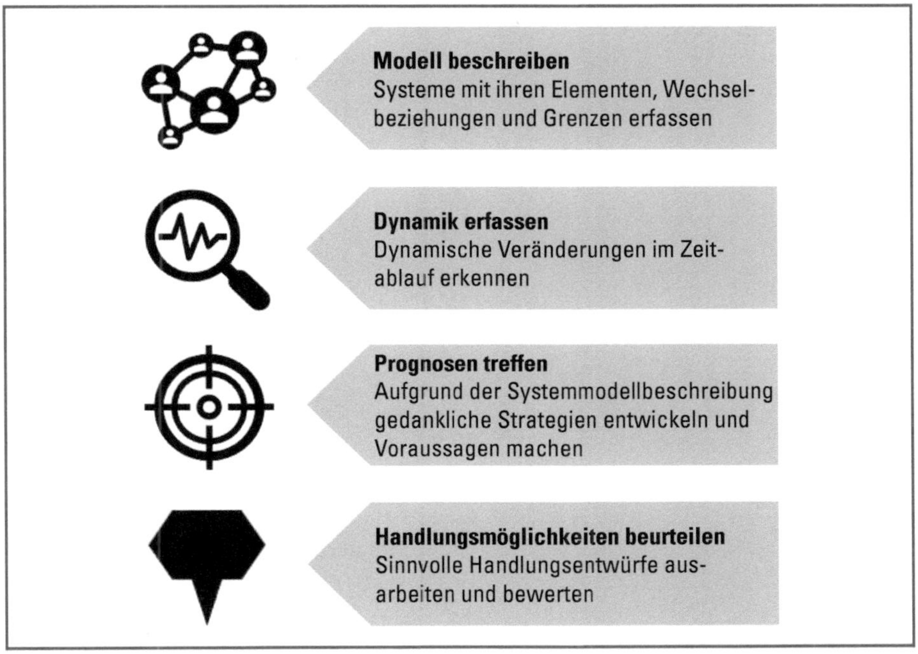

▲ Abb. 10 Die vier Kompetenzbereiche von Systemdenken.
Quelle: eigene Darstellung, basierend auf Bollmann & Kunz (2008)

Die ersten beiden Fähigkeiten beziehen sich auf das dynamische Verständnis des Systems im abgebildeten Modell. Wichtig ist allerdings, dass systemorientiertes Denken auch als handlungsleitende Kompetenz begriffen wird. Systeme weisen die Fähigkeit auf, sich mittels Rückkopplungen in einem mehr oder weniger stabilen Zustand zu erhalten bzw. durch Eingriffe reguliert zu werden. In einem handlungsorientierten Verständnis ist deshalb die Weiterentwicklung von bestehenden Fähigkeiten wichtig, komplexe Probleme zu lösen und damit in Systeme gezielt einzugreifen und sie reflektiert zu beeinflussen. Bei komplexen Fragestellungen bestehen Zielkonflikte und das System ist nicht vollständig beherrschbar. Es gibt keine berechenbare beste Lösung. Aber: Weil das Verhalten des Systems nicht berechenbar ist, bedeutet dies nicht, dass es «unberechenbar» im Sinne eines völlig willkürlichen Verhaltens wäre. Wir können das System durch gezielte Eingriffe in der gewünschten Richtung beeinflussen.

Was braucht es, um die Welt mit weitem Blick zu sehen? Beim systemischen Denken handelt es sich um einen Ansatz, welcher sich bemüht, komplexe Zusammenhänge ganzheitlich zu erklären. Dabei helfen Konzepte und Werkzeuge bei der konkreten Umsetzung des vernetzten Denkens. Im kommenden Abschnitt wird aufgezeigt, wie und womit das Potenzial der Schlüsselkompetenz «Systemdenken» zum Tragen gebracht werden kann.

Kapitel 2

Was zeichnet Systemdenkende aus?

Take-aways

Feedback-Loops schliessen kausale Kreise und wirken auf das System zurück. Oft haben solche Rückkopplungen einen stabilisierenden Effekt. Dies ist gerade bei lebendigen biologischen (zum Beispiel Mensch, Tier) oder ökologischen Systemen (zum Beispiel Teich, Wald, Klima) erwünscht.

Unsere *Sprache,* die unsere Wahrnehmung prägt, begünstigt mit ihrer Subjekt-Prädikat-Objekt-Struktur eine *lineare Denkweise.* Wir sehen uns selbst dadurch gerne als Zentrum der Aktivität, neigen zu Kontrollillusion und Selbstüberschätzung.

Aus der Systemperspektive ist der *menschliche Akteur* (nur) ein *Teil des integrierten Feedbackprozesses.* Dieser Blickwinkel öffnet uns die Augen dafür, wie wir kontinuierlich von unserer Realität beeinflusst werden, so wie wir kontinuierlich unsere Realität beeinflussen.

Systemdenkende wissen um diese wechselseitigen Systemabhängigkeiten. «Wer ist schuld?» ist bei komplexen Problemen meist keine sinnvolle Frage, stattdessen: *«Wie lässt sich das System (wieder) auf Zielkurs bringen?»*

In einem Netzwerk werden kausale Beziehungen mit Pfeilen dargestellt. Gleichgerichtete Beziehungen vom Typ *«je grösser Variable 1, desto grösser Variable 2»* bzw. *«je kleiner Variable 1, desto kleiner Variable 2»* werden mit einem Pluszeichen (+) bezeichnet (bzw., um das Netzwerk so einfach wie möglich zu halten, in diesem Buch weggelassen).

Entgegengerichtete Beziehungen vom Typ *«je grösser Variable 1, desto kleiner Variable 2»* bzw. *«je kleiner Variable 1, desto grösser Variable 2»* werden mit einem Minuszeichen (–) bezeichnet.

Das *Mapping,* also die *grafische Modellierung* von Systemen, hilft uns, die richtigen *Fragen* stellen zu können, zum Beispiel: Welches sind die Zielgrössen? Welche Lenkbarkeiten bestehen? Wie gross dürften Aufwand und Zeitbedarf sein, bis die Ziele erreicht sind?

Ergibt die Multiplikation der Vorzeichen in einem Loop ein (+), bedeutet dies, dass sich der Kreislauf auf- oder abschaukelt. Die Grunddynamik eines solchen *Selbstverstärkers* ist «Mehr desselben», also Wachstum oder Schrumpfung. Der Prozess geht in eine Richtung und verstärkt sich oft noch zusätzlich. Ohne Stabilisatoren mündet diese Eskalation in einen *Engels- oder Teufelskreis.*

Ergibt die Multiplikation der Vorzeichen in einem Loop ein (–), bedeutet dies, dass sich der Kreislauf stabilisiert. Ist der Grundkreislauf, der das Ganze («das Kernproblem») antreibt, ausgleichend, befindet man sich in einem System, das nach *Stabilität* strebt.

Ein *stabilisierendes System* korrigiert sich selbst, um ein *bestimmtes Ziel* oder *Ergebnis* aufrechtzuerhalten. Stabilisierende Feedbackprozesse sind (zum Glück) allgegenwärtig – sonst wäre unsere Welt noch viel mehr VUKA und hochgradig lebensgefährlich.

Komplexe Organismen (wie etwa der menschliche Körper) umfassen eine Vielzahl von *ausgleichenden* Rückkopplungs-*Loops.* Würden diese fehlen, wären wir alle schon längst tot: Unser Gesamtsystem würde selbst bei unspektakulären Störungen (wie nach einer durchzechten Nacht oder einer kleineren Blutvergiftung) kollabieren.

Gerade komplexe Systeme weisen auch ein *komplexes Umfeld* mit vielfältigen Impulsen auf. Bei einer Systemanalyse richtet man deshalb häufig zuerst den Blick nach *aussen* (Opportunities-Threats-Perspektive der SWOT-Analyse) und erst danach nach innen (Strengths-Weaknesses-Perspektive). Es ist wichtig, die Umgebung eines Systems gut zu verstehen – schliesslich stellen die externen Variablen *Chancen* oder *Gefahren* dar. Für wichtige Umweltbedingungen werden *Szenarien* erstellt.

Sind die externen Rahmenbedingungen bestimmt, können einige der nicht direkt lenkbaren Grössen als Indikatoren (Zielgrössen) zur Früherkennung ausgewählt werden. Diese *Indikatoren* zeigen den *Zielerreichungsgrad* an. Es sind dies also Variablen, welche sich für die Überprüfung der Strategieimplementation eignen, etwa mittels Cockpit zur Anzeige der *zentralen Erfolgsmessgrössen* in einer *Balanced Scorecard (BSC).* Oft werden solche Indikatoren als *Key Performance Indicators (KPI)* bezeichnet.

Die *Hebel* sind die Ansatzpunkte für *Strategien und Massnahmen,* wobei sich *direkt lenkbare* Grössen (wie zum Beispiel *Investitionen*) *besser* für Eingriffe eignen als *beeinflussbare* Grössen (wie zum Beispiel die *Leistungsqualität).*

Die Forschung zeigt, dass Menschen den *Einfluss sowohl von sich selbst* als auch von *weiteren Personen* systematisch *überschätzen* und die Wirkung von *Rahmenbedingungen unterschätzen,* besonders bei negativen Ereignissen. *Bescheidenheit* und realistisches Urteil über die persönlichen Gestaltungsmöglichkeiten ist deshalb ein typisches Merkmal von fähigen Systemdenkenden.

Systemdenkende *«verstehen ihr Geschäft»,* begreifen das System und seine Dynamik und üben sinnvoll Einfluss darauf aus. Dies setzt voraus, dass die Systemdenkenden die effektiven und effizienten Lenkbarkeiten kennen. Gute Führungspersonen bzw. Managerinnen und Manager sind eigentliche *Hebelexperten, Dilemmakünstler* und *Entscheidungsmagier* – das Führen von Firmen und Menschen ist immer ein Führen im Dilemma.

Eingriffe in Systeme sind grundsätzlich *nicht trivial.* Besonders *schwierig* wird es, wenn zur Komplexität *zeitliche Nicht-Linearitäten* dazukommen, wie zum Beispiel *exponentielle*

Veränderungen: Diese werden fast immer (massiv) *unterschätzt,* zum Beispiel wenn die Kritik am konkreten Verhalten einer Firma via soziale Medien viral geht.

Ebenfalls sehr anspruchsvoll ist der systemische Umgang mit *Time Lags,* beispielsweise bei Investitionen: *Verzögerungen* zwischen Ursachen und Wirkungen können dazu verleiten, weit *übers Ziel hinauszuschiessen* oder aber *nichts zu tun,* bis es zu spät ist.

Systemdenken ist ein *interdisziplinärer Ansatz* mit dem primären Ziel, komplexe Probleme zu lösen. Systemdenkende behalten den *Blick aufs Ganze,* betrachten die Dinge *aus verschiedenen Blickwinkeln,* berücksichtigen relevante Wirkungskreisläufe und *nutzen Rückkopplungsmöglichkeiten.* Sie suchen nach Wegen, wie das *System besser funktionieren* kann, überprüfen die Wirkungen und reflektieren ihr eigenes Vorgehen.

Systemdenkende nehmen sich *ausreichend Zeit* für die *Problemanalyse* und die *grafische Darstellung des Netzwerks vor* dem Entscheid, sind danach aber mutig, entscheidungsfreudig und schnell. Systemdenkende sind zeitnahe *«Entscheidungsfäller»,* keine verzögernden «Entscheidungsträger».

2.1 Warum ist das Denken in Kausalitätskreisen hilfreich?

Eine erste Herausforderung für den Systemdenkenden in uns ist die Neigung zum linearen Ursache-Wirkungs-Denken: Die Realität besteht aus Kreisen, wir aber sehen gerade Linien.

Senge (2017) illustriert die Kreislaufrealität am Beispiel, wenn ein Glas Wasser gefüllt wird. Entgegen dem ersten Eindruck handelt es sich dabei um ein «Wasserregulierungs-System» (▶ Abb. 11) mit fünf Variablen: der gewünschte Wasserpegel, der aktuelle Wasserstand im Glas, die Lücke zwischen beiden, die Stellung des Wasserhahns und der Wasserfluss. Diese Variablen sind in einem Kreis von Ursache-Wirkungs-Beziehungen angeordnet. Das ist der sogenannte «Feedbackprozess». Der Prozess läuft kontinuierlich weiter, um den Wasserpegel auf den gewünschten Stand zu bringen.

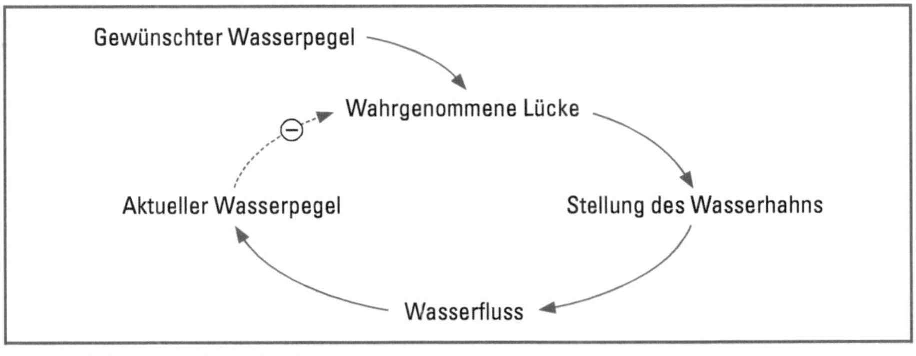

▲ Abb. 11 Ein Glas Wasser zu füllen, ist ein Regulierungssystem.
Quelle: eigene Darstellung, basierend auf Senge (2017)

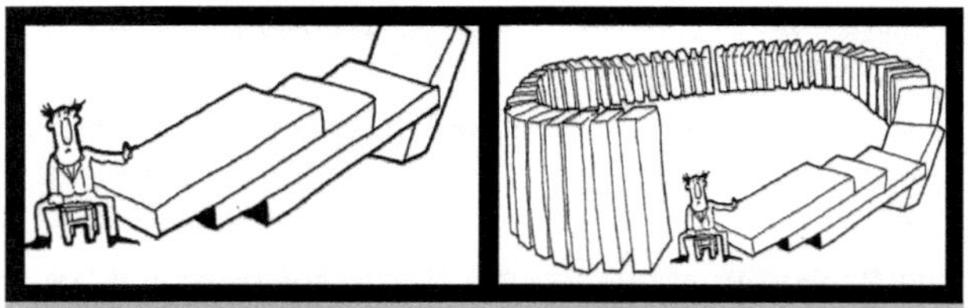

Vom linearen Denken zum Denken in Kreisläufen.
(Quelle: eigene Darstellung, basierend auf Weick 1995).

So einfach das Konzept der Feedbackschleife ist, stellt es doch tiefverwurzelte Vorstellungen auf den Kopf, zum Beispiel die Vorstellung von Kausalität. Im Alltag sagen wir: «Ich fülle ein Glas mit Wasser», ohne lange über die wirkliche Bedeutung dieser Aussage nachzudenken. Tatsächlich meint sie eine lineare Einweg-Kausalität: «Ich bin die Ursache dafür, dass der Wasserstand steigt.» Allerdings beschreibt diese Aussage nur die Hälfte des Rückkopplungsprozesses, nämlich die Verbindung zwischen «Stellung des Wasserhahns», «Wasserfluss» und «Wasserpegel». Die andere, nicht minder wichtige Hälfte des Prozesses bezieht sich auf: «Der Wasserpegel im Glas steuert meine Hand.» Erst jetzt ist das einfache System korrekt beschrieben.

Was lässt sich an diesem Beispiel erkennen? Unsere Sprache, die die Wahrnehmung prägt, begünstigt mit ihrer Subjekt-Prädikat-Objekt-Struktur eine lineare Denkweise. Gleichzeitig sehen wir uns selbst als Zentrum der Aktivität. «Ich fülle ein Glas mit Wasser» suggeriert eine Welt, in der die eigene Person im Mittelpunkt des Geschehens steht.[1]

Empirisch gut abgesichert ist, dass Menschen tendenziell einer Kontrollillusion unterliegen: Sie sind der Überzeugung, deutlich mehr Hebel zur Verfügung zu haben, als dies tatsächlich der Fall ist (Langer, 1975). Insbesondere bei Managern ist die Kontrollillusion ausgeprägt: Zwei Drittel weisen ein insgesamt hohes Niveau auf. Kontrollillusionen heben das Selbstwertgefühl: Wie Bandura (1989) gezeigt hat, können optimistische Selbsteinschätzungen, die nicht unangemessen von dem abweichen, was möglich ist, Vorteile bringen, während wahrheitsgetreue Beurteilungen selbstbegrenzend wirken.

Zurück zum Beispiel: Wie wir wissen, stellt das Aufdrehen des Wasserhahns erst die Hälfte der Realität dar. Aus der Systemperspektive ist der menschliche Akteur ein Teil des Feedbackprozesses und nicht davon getrennt. Dies ist mit einem grundlegenden Bewusstseinswandel verbunden: «Ich bin (nur) Teil des Ganzen und stehe (meist) nicht im Zentrum»[2]. Diese neue Perspektive öffnet uns die Augen dafür, wie wir kontinuierlich von unserer Realität beeinflusst werden, so wie wir kontinuierlich unsere Realität beeinflussen. Diese systemische Einsicht könnte der Grund sein, warum Führungspersonen mit geringerem Ausmass an Kontrollillusion erfolgreicher agieren: Ihre realistischere Sicht führt zu einer höheren Rendite von 7 % (Collins, 2011).

Wie das Beispiel zeigt, stellen Feedback-Loops Impulse für das System dar. Weil das Ziel ist, ein Glas Wasser zu füllen, wirkt die Rückkopplung stabilisie-

1 In Videospielen heisst diese Sicht «Ego-Perspective».

2 In Videospielen spricht man dann von einer «Third-Person-Perspective».

rend. Wäre dies nicht der Fall, würde der Hahn weiter aufgedreht, selbst wenn das Wasser bereits überläuft. Die stabilisierende Wirkung ist in vielen komplexen Systemen erwünscht, zum Beispiel bei biologischen Prozessen wie der Regelung der Körpertemperatur, der Herzfrequenz oder der Insulinproduktion.

Die Feedbackperspektive sensibilisiert dafür, dass alle Beteiligten für die Probleme verantwortlich sind, die von einem System erzeugt werden. Dies bedeutet nicht, dass alle dieselben Lenkbarkeiten ausüben können, um das System zu ändern. Aber es bedeutet, dass die Suche nach Sündenböcken, wie sie gerade von Populisten gerne betrieben wird, eine Sackgasse ist. «Wer ist schuld?» ist in einer systemischen Sichtweise meist keine sinnvolle Frage. Deutlich lösungsorientierter ist: «Wie lässt sich das System (wieder) auf Zielkurs bringen?» Um hier den Optionsraum plastisch aufzuzeigen, hilft eine grafische Modellierung.

2.2 Wie können Systeme grafisch modelliert werden?

Systemisches Denken ist eine Herausforderung für unsere zu Linearität neigende Sprache. Wenn wir versuchen, selbst das einfachste System einigermassen präzise mit Worten zu beschreiben, klingt dies ziemlich umständlich: «Wenn ich ein Wasserglas fülle, gibt es einen Feedbackprozess, der mich dazu bringt, am Wasserhahn zu drehen, was den Wasserfluss reguliert, was wiederum den Wasserstand im Glas verändert. Ziel des Vorgangs ist es, dass der Wasserpegel auf den von mir gewünschten Stand ansteigt.» Wenn es bereits schwierig ist, ein sehr einfaches System in Worte zu fassen, dürfte dies für die vielfältigen Feedbackprozesse beispielsweise in einem Unternehmen praktisch unmöglich sein.

Um Systeme möglichst einfach lesbar und nachvollziehbar darzustellen – als Modellieren oder Mapping bezeichnet –, wird in der Regel eine grafische Form gewählt, für die unterschiedliche Begriffe geläufig sind. In diesem Buch wird synonym von Feedbackdiagrammen, Wirkungsdiagrammen oder Netzwerken gesprochen. Dabei werden die Beziehungen zwischen den relevanten Elementen eines Systems mit Pfeilen dargestellt. Ein Pfeil steht für eine kausale Verbindung. Die Variablen werden sprachlich so bezeichnet, dass eine Veränderung möglich ist, das heisst, die einzelne Grösse zu- bzw. abnehmen kann (also zum Beispiel «Wachstum» statt «grosse Zunahme»).

Gleichgerichtete Beziehungen vom Typ *«je grösser Variable 1, desto grösser Variable 2»* bzw. *«je kleiner Variable 1, desto kleiner Variable 2»* werden in der Regel mit einem (+) bezeichnet. Um die grafischen Darstellungen so einfach und übersichtlich wie möglich zu halten, wird das (+) im vorliegenden Buch weggelassen. Alle Beziehungen, welche gleichgerichtet sind, werden entsprechend «nur» mit einem Pfeil gekennzeichnet.

Entgegengerichtete Beziehungen vom Typ «*je grösser Variable 1, desto kleiner Variable 2*» bzw. «*je kleiner Variable 1, desto grösser Variable 2*» werden in der Regel mit einem (–) bezeichnet. Dies entspricht keiner Wertung, eine solche Beziehung ist also nicht etwa negativ. Das (–) besagt einzig, dass der Einfluss in die andere Richtung weist.

Das nachfolgende Beispiel eines sehr einfachen Modells zur Erklärung des menschlichen Körperumfangs zeigt eine konkrete grafische Darstellung in einem Netzwerk auf (▶ Abb. 12).

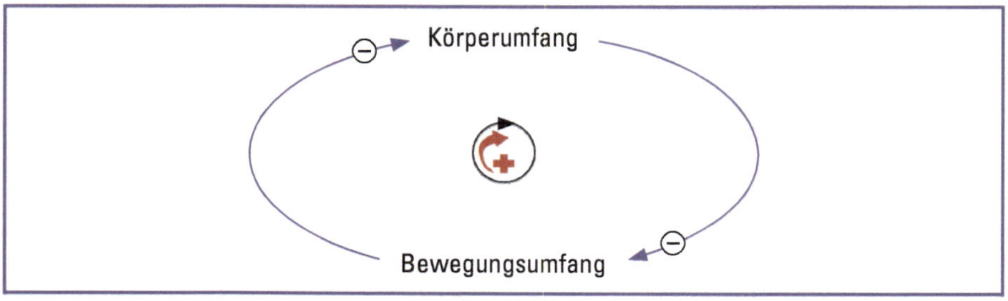

▲ Abb. 12 Grafische Darstellung eines Netzwerks.

«Couch Potato»: Mensch, der viel Zeit mit Snacks vor dem Fernseher verbringt und immer dicker und bewegungsfauler wird.

Das Systemmodell besagt also, dass der Bewegungsumfang abnimmt, wenn der Körperumfang zunimmt und dieser wiederum bei sinkendem Bewegungsumfang weiterwächst. Dieses Zwei-Variablen-Modell hat selbstredend seine Grenzen hinsichtlich Erklärungskraft: Beispielsweise stimmt die Aussage bei sinkendem Körperumfang und steigendem Bewegungsumfang nur bis zu einer «Fitnessschwelle»: Mehr Bewegung führt danach nicht mehr automatisch zu geringerem Körpergewicht. Dennoch hat dieses einfache Modell gerade im umgekehrten Fall eine hohe empirische Voraussagekraft: Es beschreibt die Logik der «Couch Potatoes», also von Menschen, die einen grossen Teil ihrer Freizeit vor dem Fernseher verbringen und dabei immer dicker und bewegungsfauler werden.

2.3 Was zeichnet einen aufschaukelnden Kreislauf (Selbstverstärker) aus?

Im Zentrum von Systemdarstellungen stehen durch Feedback-Loops geschlossene Kreisläufe. Sie sind es, die in der Regel die Dynamik des Systems prägen. Um ein Wirkungsdiagramms richtig zu verstehen, muss man vor allem die «Geschichte» erkennen, die das Bild erzählt. Wie erzeugt die dargestellte Struktur ein bestimmtes Verhaltensmuster? Wie könnte man dieses Muster beeinflussen? Wenn man die Vorzeichen der Wirkungsbeziehungen in einem Kreislauf mathematisch multipliziert, resultiert die Grunddynamik der Feedbackschleife: Im obigen Beispiel führen zwei Minus multipliziert zu einem Plus, was bedeutet, dass der Kreislauf selbstverstärkend ist und als «Selbstverstärker» bezeichnet wird. Multipliziert man alle Vorzeichen der Pfeile, ergibt sich bei einem Selbstverstärker ein Plus. Dies bedeutet, dass der Kreislauf sich auf- oder abschaukelt. Die Grunddynamik eines solchen Selbstverstärkers ist «Mehr desselben», also Wachstum oder Schrumpfung. Der Prozess geht in eine Richtung und verstärkt sich oft noch zusätzlich.

Beispiele sind etwa die Entwicklung der Geldabflüsse bei einer Bank, wenn das Vertrauen der Kundschaft einen Grenzwert unterschreitet, oder das Wachstum von Krebszellen, wenn die Selbstheilungskräfte geschwächt sind (und in der Folge noch weiter dezimiert werden).

Die Darstellung ausgewählter Grössen in einem verstärkenden Rückkopplungsprozess über die Zeit macht dies deutlich. Die Variable «Körperumfang» des obigen Modells entwickelt sich im Laufe der Zeit wie folgt (▶ Abb. 13): Der Verlauf der Variable eskaliert im Zeitablauf, das heisst, wenn der Bewegungsumfang tatsächlich immer geringer wird, wird der Bauch dicker und dicker (und damit die Hürde für Bewegung grösser und grösser). Damit ist der Teufelskreislauf perfekt. Unterhalb einer gewissen Schwelle kann sich auch ein Engelskreislauf etablieren. Dies ist der Fall, wenn ein sinkender Körperumfang zu mehr Bewegung führt und diese positive Dynamik fortgesetzt wird.

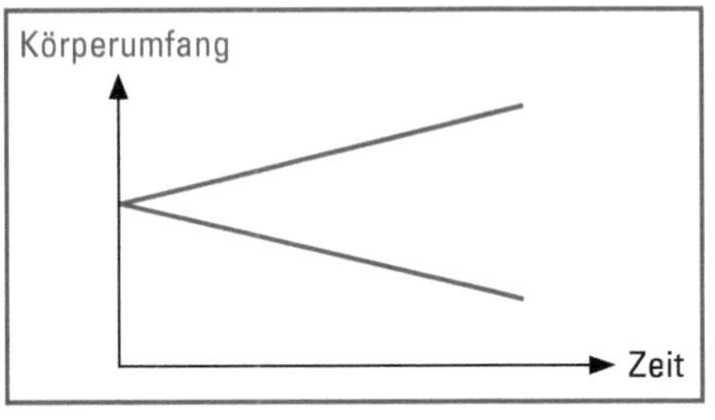

▲ Abb. 13 Rückkoppelungsprozess, Selbstverstärker

Selbstverstärkende Feedbackprozesse sind die Ursachen von Eskalationen. Beispiele sind das Wettrüsten zwischen den USA und der UdSSR im kalten Krieg, eine Preisunterbietung, die einen für beide Seiten ruinösen Preiskampf auslöst, oder die Abwanderung aus Bergregionen, welche weitere Abwanderung nach sich zieht. Jeder «Teufelskreis» ist letztlich nichts anderes als ein sich selbstverstärkender

Ursache-Wirkungs-Kreislauf, wie zum Beispiel eine selbsterfüllende Prophezeiung (Jan ist in der Schule schüchtern und zeigt schlechte Schulleistungen, was die Lehrperson als Unmotiviertheit interpretiert; Jan bekommt weniger Aufmerksamkeit, erbringt noch schlechtere Leistungen und zieht sich weiter zurück usw.).

Wie wir noch zeigen werden (vgl. Abschnitt 3.2), stellen betriebswirtschaftliche Ziel-Kreisläufe meist Selbstverstärker dar: Die Beteiligten hätten gerne ewiges Wachstum. Natürlich ist es nicht ganz einfach, dies in die Realität umzusetzen. Unsere späteren Beispiele werden diese betriebswirtschaftliche Grundproblematik aus verschiedenen Blickwinkeln thematisieren.

2.4 Was zeichnet einen ausgleichenden Kreislauf (Stabilisator) aus?

Systemdenken heisst «Denken in Kreisläufen». Bei Systemen stellt sich zu Beginn die zentrale Frage: Welches ist der Grundkreislauf, der das Ganze (die Problemsituation) antreibt?

Ergibt die Multiplikation der Vorzeichen in einem Loop ein (–), bedeutet dies, dass sich der Kreislauf stabilisiert. Ist der Grundkreislauf, der das Ganze («das Kernproblem») antreibt, ausgleichend, befindet man sich in einem System, das nach *Stabilität* strebt. Wem das gefällt, wird sich wohlfühlen. Wem nicht, wird sich wahrscheinlich lange vergeblich bemühen, die Situation zu ändern. Sind die Stabilisatoren stark, kann dies systemisch kaum gelingen.

Die Natur strebt nach Gleichgewicht, aber menschliche Entscheidungsträger in sozialen Systemen wie Unternehmen verstossen häufig gegen das Prinzip der Ausgewogenheit – und zahlen dafür den Preis. Müssen Kosten eingespart werden, reduzieren Managerinnen und Manager häufig das Personal. Oft muss später festgestellt werden, dass sich die verbliebenen Mitarbeitenden überarbeitet haben und die Kosten zurückgegangen sind, weil die übrig gebliebene Arbeit an Berater ausgegliedert wurde oder durch Überstunden kompensiert werden musste. Die Kosten können nicht dauerhaft gesenkt werden, weil das System seinen eigenen Plan verfolgt. Dieses implizite Ziel ist sehr real, nämlich die Arbeitsmenge, die bewältigt werden muss. Die neuere Forschung zeigt auf, dass Entlassungen aus Kostengründen in Unternehmen meist zu kurz gedacht sind (Zorn, Norman, Butler & Bhussar, 2017).

Ein stabilisierendes System korrigiert sich selbst, um ein bestimmtes Ziel oder Ergebnis aufrechtzuerhalten. Stabilisierende Feedbackprozesse sind allgegenwärtig. Zum Glück ist das so – sonst wäre unsere Welt noch viel mehr VUKA und hochgradig lebensgefährlich! Komplexe Organismen, wie der menschliche Körper, umfassen Tausende von kompensatorischen Rückkopplungsprozessen, die die Temperatur und das Gleichgewicht bewahren, Wunden heilen, unsere Augen an die Lichtverhältnisse anpassen und uns vor Gefahren warnen. Der menschliche Körper ist ein komplexes System, welches von einem sehr effektiven Feedback-Kontroll-System reguliert wird – dem Zentralnervensystem. Die Sinneseindrücke werden dabei mit den dazu passenden Informationen (Erfahrungen) aus dem Gedächtnis kombiniert, um der Person eine passende Zukunftsvorhersage als Handlungsvorschlag für die aktuelle Situation zu liefern. Damit können wir auf jede Situation schnell und angemessen reagieren. Der Vorschlag des Gehirns wird immer an die aktuelle Situation angepasst. Beispielsweise steuert das Gehirn beim Gehen auf der Basis der optischen Informationen über die Beschaffenheit des Weges, wie man den Fuss aufsetzen muss. Das Feedback-System kann zum Beispiel durch Drogen (wie etwa Alkohol) gestört werden; dann torkelt man oder stürzt.

Biologisch heisst dieses Prinzip «Homöostase». Das ist die Fähigkeit, die Überlebensbedingungen in einer veränderlichen Umwelt zu bewahren. Die ausgleichenden Rückkopplungen sorgen dafür, dass wir essen, wenn wir hungrig sind, schlafen, wenn wir müde sind und einen Pullover anziehen, wenn uns kalt ist. Zudem bewahren sie uns davor, nach zu viel Alkohol, einer mittleren Verletzung oder anderen Widrigkeiten des Lebens, die nicht ganz selten passieren, an einem Systemkollaps zu sterben. In Kapitel 5 werden wir dieses zentrale Prinzip für soziale Systeme näher beleuchten.

Dünnere Tiere sind schneller, fressen mehr und werden wieder langsamer.

Wenn wir als Beispiel das Modell des «Couch Potato» auf die Tierwelt übertragen und die Auswirkungen des Körperumfangs eines Raubtiers auf den Beuteerfolg betrachten, zeigt sich folgender einfacher Zusammenhang: Ist der Wolf dünner, kann er schneller rennen und erwischt seine Beutetiere eher.

Dies führt dazu, dass er sich vollfressen kann, was nicht nur sein Körpergewicht erhöht, sondern auch seine Geschwindigkeit mindert. Weniger Beute führt nun wieder zu weniger Gewicht und höherer Geschwindigkeit (usw.). Die dazugehörige Grafik zeigt ▶ Abb. 14.

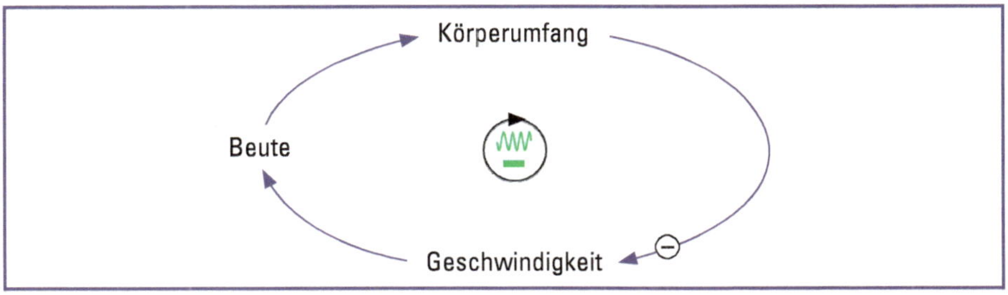

▲ Abb. 14 Zentraler Kreislauf – Stabilisator

Ein Stabilisator liegt vor, wenn die Multiplikation der Vorzeichen ein Minus ergibt. Die zentralen Kreislaufgrössen schwanken im Zeitablauf um ein Gleichgewicht, wie im genannten Beispiel der Körperumfang des Wolfs (▶ Abb. 15).

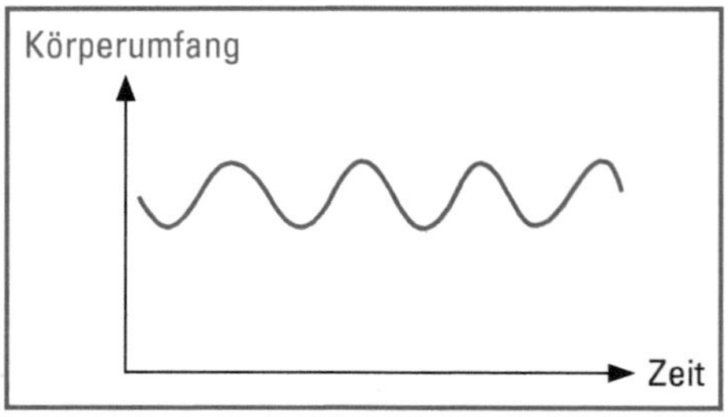

▲ Abb. 15 Stabilisatoren schwanken um einen Mittelwert

2.5 Wie können wichtige Systemvariablen – Rahmenbedingungen, Hebel, Indikatoren – interpretiert werden?

Gerade in sozialen Systemen stellt sich die Frage der Beeinflussbarkeit durch menschliches Handeln. Wichtig ist dafür eine aktive Interpretation der Systemzusammenhänge in dreierlei Hinsicht:

1. *Welche der Grössen sind Rahmenbedingungen, die nicht zu ändern sind?* Rahmenbedingungen sind Einflussfaktoren ausserhalb der Systemgrenze. Gerade komplexe Systeme haben meist auch ein komplexes Umfeld mit vielfältigen Impulsen. Viel zu oft wird, beispielsweise in sozialen Systemen (wie einer Familie, Firma oder einem Land), über Rahmenbedingungen und damit über Faktoren diskutiert, auf die man keinen Einfluss hat. Natürlich ist es wichtig, die Umgebung eines Systems gut zu kennen – schliesslich stellen die externen Variablen Chancen oder Gefahren dar. Sinnvoll ist, für die wichtigsten unter ihnen Szenarien zu erstellen. Bei einer Systemanalyse richtet man deshalb häufig zuerst den Blick nach aussen (OT-Perspektive der SWOT-Analyse[1]) und erst danach nach innen (SW-Perspektive). Diese internen Grössen sind es dann, auf denen die eigene Strategie primär aufgebaut werden sollte. Die nachfolgend beschriebenen Indikatoren und Hebel können als Stärken oder Schwächen beurteilt werden.

1 SWOT steht für S = Strengths/Stärken, W = Weaknesses/Schwächen, O = Opportunities/Chancen, T = Threats/Gefahren.

2. *Welche der Grössen eignen sich als Indikatoren?* Jedes System hat einen Zweck bzw. ein Ziel. Welche Systemvariablen eignen sich als Zielsetzungen bzw. Früherkennungsgrössen? Anhand welcher Erfolgsindikatoren lässt sich der Erfolg der gewählten Strategien und der eingeleiteten Massnahmen ableiten? Einige der nicht direkt lenk- oder beeinflussbaren Grössen können als Zielgrössen ausgewählt werden. Diese zeigen den Zielerreichungsgrad an. Eine Zielvariable, wie beispielsweise die Kundenzufriedenheit, kann dabei als Frühindikator für den Erfolg dienen. Im Rahmen der Überprüfung der Strategieimplementation, etwa mittels Cockpit oder Dashboard zur Anzeige der zentralen Erfolgsmessgrössen in einer Balanced Scorecard (BSC), werden sogenannte Key Performance Indicators (KPI) verwendet. Dazu werden strategische Messgrössen definiert bzw. operationalisiert.

   Beispielsweise lässt sich in einer Firma der Umsatz als Wachstumsanzeiger direkt als KPI messen, während die Kundenzufriedenheit über die KPI «Prozentsatz wiederkehrender Kunden» und «Reklamationsquote» operationalisiert werden könnte.

3. *Welche der Grössen eignen sich als Hebel?* Unter den veränderbaren Grössen werden die lenk- bzw. regulierbaren Hebel (Steuer- oder Stellgrössen) bestimmt. Ein Schlüsselfaktor ist lenk- oder regulierbar, wenn er direkt verändert werden kann. Beeinflussbare Schlüsselfaktoren sind nur indirekt veränderbar. Bei der Beurteilung der Schlüsselfaktoren ist es sinnvoll, genau zwischen direkter Lenkbarkeit und blosser Beeinflussbarkeit zu unterscheiden.

Beim Segeln kann man Segel und Ruder lenken, nicht aber den Kurs.

Folgendes Beispiel macht den Unterschied deutlich: Bei einem Schiff kann man die Position der Segel und des Steuerruders lenken, nicht aber den Kurs des Schiffes. Diesen kann man über Segel und Ruder nur beeinflussen, er wird auch durch Wind und Strömung bestimmt.

In einem Unternehmen beispielsweise stellen Investitionen lenkbare Hebel dar, während sich Innovationen nur durch andere Variablen (wie Forschungsausstattung oder Unternehmenskultur) beeinflussen lassen.

Die Hebel sind die Ansatzpunkte für Strategien und Massnahmen, wobei sich direkt lenkbare Grössen besser für Eingriffe eignen als beeinflussbare Grössen. Allerdings sind die bloss beeinflussbaren Grössen oft in der Mehrzahl, insbesondere in sozialen Systemen. ▶ Abb. 16 zeigt die Ansatzpunkte des systemischen Denkens und Handelns im Überblick.

Symbol und Darstellung	Ansatzpunkt	Handlungsfeld
	Rahmenbedingung	zum Beispiel Szenarien
	Indikator (Mess- und Zielgrösse, KPI)	zum Beispiel Erfolgsmessung und Früherkennung
	Hebel	zum Beispiel Strategien und Massnahmen

▲ Abb. 16 Ansatzpunkte und Handlungsfelder systemischen Denkens und Handelns.
Quelle: eigene Darstellung, basierend auf Gomez, Lambertz & Meynhardt (2019)

Die Forschung zeigt zudem, dass Menschen den Einfluss von Personen systematisch überschätzen und die Wirkung äusserer, situativer Faktoren (Rahmenbedingungen) unterschätzen, besonders bei negativen Ereignissen (vgl. dazu die vertiefenden Ausführungen zu Autopoiesis in Abschnitt 4.2).

Selbstüberschätzung gehört zu den stärksten Wahrnehmungsverzerrungen überhaupt.

Diese kognitive Verzerrung ist als «fundamentaler Attributionsfehler» bekannt (Ross, 1977). Wenn nun in einem komplexen System mächtige Rahmenbedingungen am Werk sind und dann die Systemlenkenden auch noch diese äusseren Einflüsse unterschätzen (was in der Regel einhergeht mit der Überschätzung der eigenen Möglichkeiten), wird eine effektive und effiziente Regelung zu einer grossen Herausforderung. Bescheidenheit und realistisches Urteil über die persönlichen Gestaltungsmöglichkeiten sind deshalb typische Merkmale von fähigen Systemdenkenden. Dies bestätigt auch die Forschung (Collins, 2011; Prahalad, 2010). Die Evidenz eines substanziellen Überschätzungseffekts (Overconfidence-Bias) ist breit und eindrücklich (zum Beispiel Ehrlinger, Johnson, Banner, Dunning & Kruger, 2008; Ehrlinger, Mitchum & Dweck, 2016; Kruger & Dunning, 1999).

Kürzlich zeigte eine grosse internationale Studie, dass es keinerlei (!) Korrelation zwischen der Selbsteinschätzung von Führungspersonen und ihrer tatsächlichen Leistung gibt (Sadun, Bloom & van Reenen, 2017). Dieser erstaunliche Befund mahnt Managerinnen und Manager zu bewusster Selbstreflexion und zurückhaltenden Selbstbeurteilungen.

Die drei Kategorien von Systemvariablen lassen sich anschaulich anhand eines Flugzeugcockpits darstellen (▶ Abb. 17).

▲ Abb. 17 Cockpitanalogie wichtiger Systemvariablen.
Quelle: eigene Darstellung; Shutterstock.

Ein Beispiel mag systemisches Verhalten im Management von Unternehmen illustrieren: Eine systemische Sicht von Unternehmensführung bedeutet, in einem unternehmerischen Gesamtsystem Ziele mit den verfügbaren Hebeln unter Beachtung der nicht veränderbaren Rahmenbedingungen zu erreichen. Management hat dann eine systemische Qualität, wenn Führungspersonen dank fundiertem Verständnis für die Zusammenhänge ihre Ziele zur gewünschten Zeit, wirksam (effektiv) und mit geringem Aufwand (effizient) erreichen. Dies ist möglich, wenn die Führungspersonen die Wirkungen ihrer Handlungen (bzw. die Impulse von Rahmenbedingungen) auf die Ziel- und Messgrössen des Unternehmens richtig abschätzen können. Voraussetzung ist, dass sie «ihr Geschäft verstehen», das heisst, das System und seine Dynamik begreifen und sinnvoll Einfluss ausüben (vgl. Waibel, Käppeli, Hauser, Metzger, Minder Hochreutener, Tietz & Willi, 2019). Die Hauptaufgabe von Managerinnen und Managern ist, wie der Wortsinn besagt (Manager leitet sich vom lateinischen «per manum agere» ab, «mit der Hand machen»), zu «handeln»: Führungspersonen sollten bekanntlich «Unternehmer» sein, keine «Unterlasser». Kluge Entscheidungen treffen und das Unternehmen zweckmässig führen zu können, setzt allerdings voraus, dass man die effektiven und effizienten Lenkbarkeiten kennt. Gute Führungspersonen sind eigentliche Hebelexpertinnen, Dilemmakünstler oder Entscheidungsmagierinnen – magisch sind solche Entscheidungen vor allem deshalb, weil sie in einem komplexen System Zielkonflikte verursachen. Selbst die optimalste Entscheidung hat gewisse Nachteile – die besten Beschlüsse sind jene, bei denen es gelingt, diese Nachteile so gering wie möglich zu halten. Das Führen von Firmen und Menschen ist, wie es Sprenger (2007) pointiert ausdrückt, immer ein Führen im Dilemma (deshalb gibt es auch so viele Führungskurse, Managementlehrgänge und Leadership-Seminare).

2.6 Warum sind Nicht-Linearitäten – wie exponentielles oder verzögertes Zeitverhalten – so herausfordernd?

Eingriffe in Systeme sind grundsätzlich nicht trivial. Besonders schwierig wird es, wenn zur Komplexität zeitliche Nicht-Linearitäten dazukommen. Nicht alle zeitlichen Veränderungen sind gleichmässig. Oft ergeben sich *exponentielle Veränderungen:* am Anfang sind sie nur schwach und nehmen dann im Laufe der Zeit rasant zu. Exponentielle Veränderungen, gerade im Zusammenhang mit sich verstärkender Rückkopplung, werden oft unterschätzt.

Ein einleuchtendes Beispiel ist die Entwicklung der Geldabflüsse bei einer Bank, wenn die Sicherheitsüberzeugungen der Kundinnen und Kunden einen Grenzwert unterschreiten: Kippt das Vertrauen, wird der Umfang der Geldabhebungen in kurzer Zeit dramatisch zunehmen. Wird dies sichtbar, zum Beispiel wenn sich vor dem Bankschalter Kolonnen bilden, akzeleriert sich der Prozess noch mehr. Das Vertrauen fällt ins Bodenlose und die Kundschaft wird die Bank belagern, bis diese zahlungsunfähig ist.

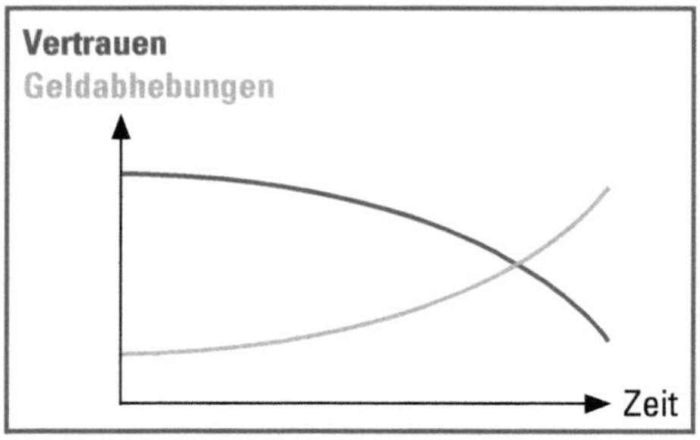

▲ Abb. 18 Nichtlinearität: exponentielles Verhalten.
Quelle: eigene Darstellung

Iteration, also Wiederholung und Rückkopplung, ist stets mit der Gefahr der Eskalation und Katastrophe verbunden. Da menschliche Organisationen ebenso wie Unternehmen in ihrem Kern auf Wiederholung und Rückkopplung aufbauen, stellen diese unter iterativen Bedingungen sehr instabile Systeme dar, sind grundsätzlich immer irgendwie am Rande des Chaos. Bereits einzelne Fehleinschätzungen können dramatische Folgen haben.

Gerade selbstverstärkende Kreisläufe sind in ihrem zeitlichen Verhalten sehr anspruchsvoll: Die aufschaukelnde Wirkung ist nicht linear und diese Nicht-Linearitäten stellen uns vor grösste Herausforderungen. Der Mensch ist evolutiv auf Proportionalität getrimmt, alles andere überfordert uns massiv.

Wenn sich in einem Teich die Seerosen jeden Tag verdoppeln, nimmt lange niemand davon Notiz.

Wenn sich in einem Teich jeden Tag die Zahl der Seerosen verdoppelt und dieser Vorgang dreissig Tage dauert, dann wird bis zum 27. Tag kaum jemand vom Prozess Notiz nehmen. Am 28. Tag werden einzelne Personen unruhig, weil ein Viertel des Teichs überwuchert ist. Am 29. Tag ist der Teich zur Hälfte mit Seerosen bedeckt. Nun werden viele schnelle Entscheide fordern, aber es ist deutlich zu spät, um die Entwicklung noch aufhalten zu können.

Deshalb sind Umweltgefahren so besorgniserregend, wenn sie Verstärkungsmustern folgen: Bis viele vom Ausmass des Artensterbens oder der Klimaerwärmung tatsächlich beunruhigt sind, könnte es bereits zu spät für wirksame Gegenmassnahmen sein. Glücklicherweise laufen in der Natur schnelle Wachstums- und Schrumpfungsprozesse selten unkontrolliert weiter, weil im Gesamtsystem meist auch stabilisierende Prozesse auftreten.

Leider mussten wir allerdings 2020 in der Corona-Pandemie feststellen, wie existenziell uns ein exponentielles Wachstum der Infektionen und, im Schlepptau davon, der Todesfälle betrifft.

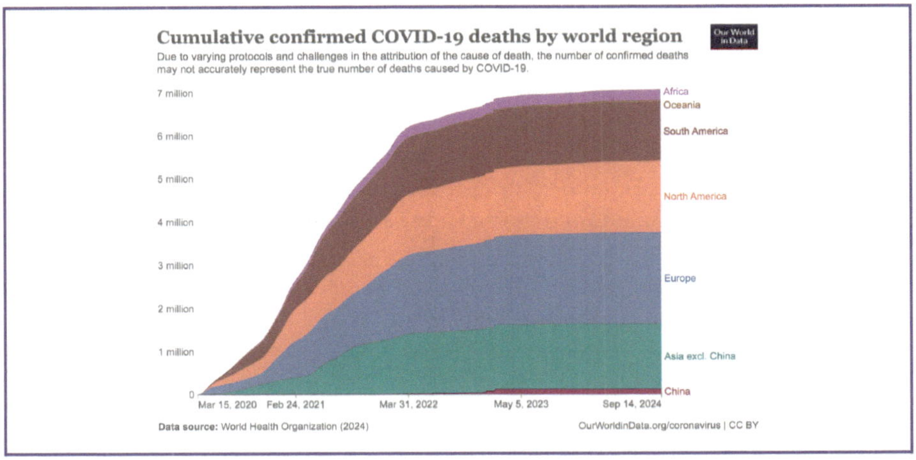

▲ Abb. 19 Exponentielles Verhalten – Todesfälle der Corona-Pandemie.
Quelle: unverändert aus Our World in Data (2024).

Wir mussten lernen, dass eine lineare Skala wie in ◀ Abb. 19 kaum geeignet ist, exponentielle Wachstumsprozesse angemessen abzubilden: Die Wachstumsraten sind auf einer logarithmischen Skala (vgl. ▶ Abb. 20) viel besser zu vergleichen.[1]

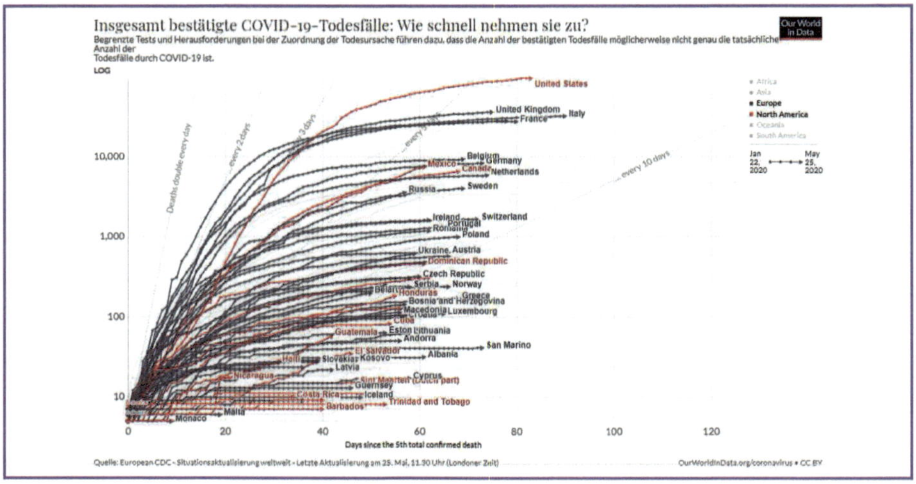

▲ Abb. 20 Logarithmische Skala zeigt exponentielles Verhalten besser – Todesfälle der Corona-Pandemie 2020.
Quelle: unverändert aus Our World in Data (2020).

Nebst exponentiellem Verhalten stellen *Verzögerungen* eine weitere anspruchsvolle Form des Zeitverhaltens dar. Verzögerungen sind nichts anderes als Unterbrechungen zwischen den Handlungen und ihren Konsequenzen. Dies kann dazu verleiten, weit übers Ziel hinauszuschiessen oder aber nichts zu tun, bis es zu spät ist. In sozialen Systemen spielen Zeitverzögerungen (bzw. «Time Lags») eine wichtige Rolle. Investitionen brauchen in aller Regel Zeit, bis sie positive Rückflüsse generieren. Bei Mitarbeitenden, die heute eingestellt werden, kann es Monate, ja sogar Jahre dauern, bis sie tatsächlich produktiv sind. Nur wenige Handlungsmöglichkeiten in sozialen Systemen reagieren unmittelbar. Entsprechend schwierig ist es, ein Unter- oder Übersteuern zu verhindern.

Gibt man Investitionen oder Mitarbeitenden zu wenig Zeit, ihre Wirkung zu entfalten, kann es sein, dass man richtige Entscheide vorzeitig rückgängig macht, weil zu wenig passiert. Erhöht man mangels unmittelbaren Erfolgs die Dosis, kann die Wirkung unerwünscht hoch ausfallen, zum Beispiel wenn eine Pflanze überdüngt wird oder

1 Dazu ist es aber wichtig, sie richtig lesen zu können: vgl. den Video-Explainer zum Lesen der berühmten Coronavirus-Flugbahn: https://ourworldindata.org/how-to-read-the-famous-coronavirus-trajectory-chart-video-explainer

die Haut an den ersten sonnigen Frühlingstagen zu viel Sonne abbekommt. Werden Sparanstrengungen in einem überschuldeten Land erhöht, weil der anfängliche Effekt zu gering ausgefallen ist, kann daraus eine Deflationsspirale resultieren. So ist es möglich, in der besten Absicht ein Land zu Tode zu sparen.

Ein klassisches Beispiel für die Wirkung von Zeitverzögerungen ist der in der Volkswirtschaftslehre wohlbekannte Schweinezyklus. Danach wurde oft beobachtet, dass Landwirtinnen und Landwirte bei einem steigenden Schweinepreis vermehrt Schweine züchteten.

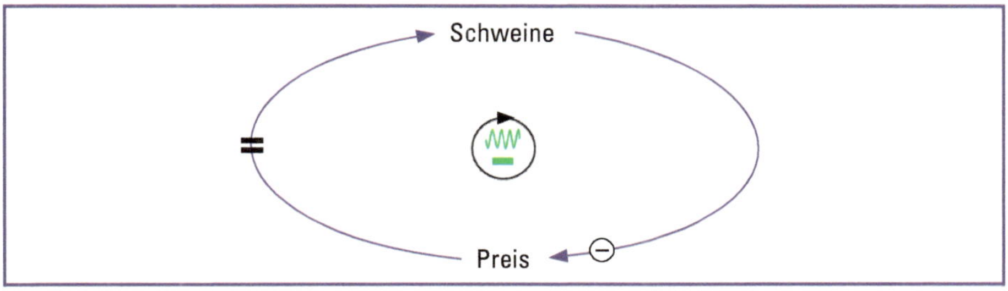

▲ Abb. 21 Schweinezyklus

Die Erhöhung der Produktion wirkte sich allerdings erst mit einer Zeitverzögerung von einigen Monaten auf das Angebot an Schlachtschweinen aus. Zu diesem Zeitpunkt mussten die Landwirtinnen und Landwirte überrascht feststellen, dass viele andere Anbietende auf die gleiche Idee gekommen waren. Das plötzliche Überangebot an Schweinen zog einen Preiszerfall nach sich, worauf viele Landwirtinnen und Landwirte der Schweinezucht frustriert den Rücken kehrten. Das Spiel begann aufs Neue …

Schweinezyklen lassen sich in der Praxis immer wieder finden, zum Beispiel bei Anmeldungen für den Lehrberuf. Oft folgen auf Lehrerschwemmen Jahre der Lehrerknappheit[1] und umgekehrt. Auch auf Märkten für Rohstoffe oder industrielle Güter (wie etwa PC-Prozessoren) lassen sich Schweinezyklen beobachten.

Zeitverzögerungen können dazu führen, dass Gegenmassnahmen zu spät erkannt und ergriffen werden. ▶ Abb. 22 zeigt einen Systemausschnitt des weltweiten Problems der Überfischung. Danach wirkt sich die globale Fischereimenge erst mit einer Zeitverzögerung auf die Erschöpfung der Fischbestände aus. Wird mehr gefischt, wird dies erst mit einiger Verspätung in den Restbeständen sichtbar. Nur wenn der Restbestand eine kritische Menge übersteigt, besteht eine

1 In der Schweiz ist dies das aktuelle Szenario für die kommenden Jahre. Gemäss dem Schweizer Bildungsbericht (SKBF, 2018) werden bis 2025 in der obligatorischen Schule knapp 120 000 zusätzliche Schülerinnen und Schüler in den Klassenzimmern sitzen. Hochrechnungen gehen davon aus, dass die Schweizer Volksschule jährlich über 10 000 neue Pädagogen braucht. Es klafft eine grosse Lücke zur Anzahl Lehrpersonen, die in den Arbeitsmarkt eintreten.

quasi «automatische» Regenerationsfähigkeit, das heisst, die Reproduktionsrate ist hoch genug, dass der Bestand gesichert werden kann.

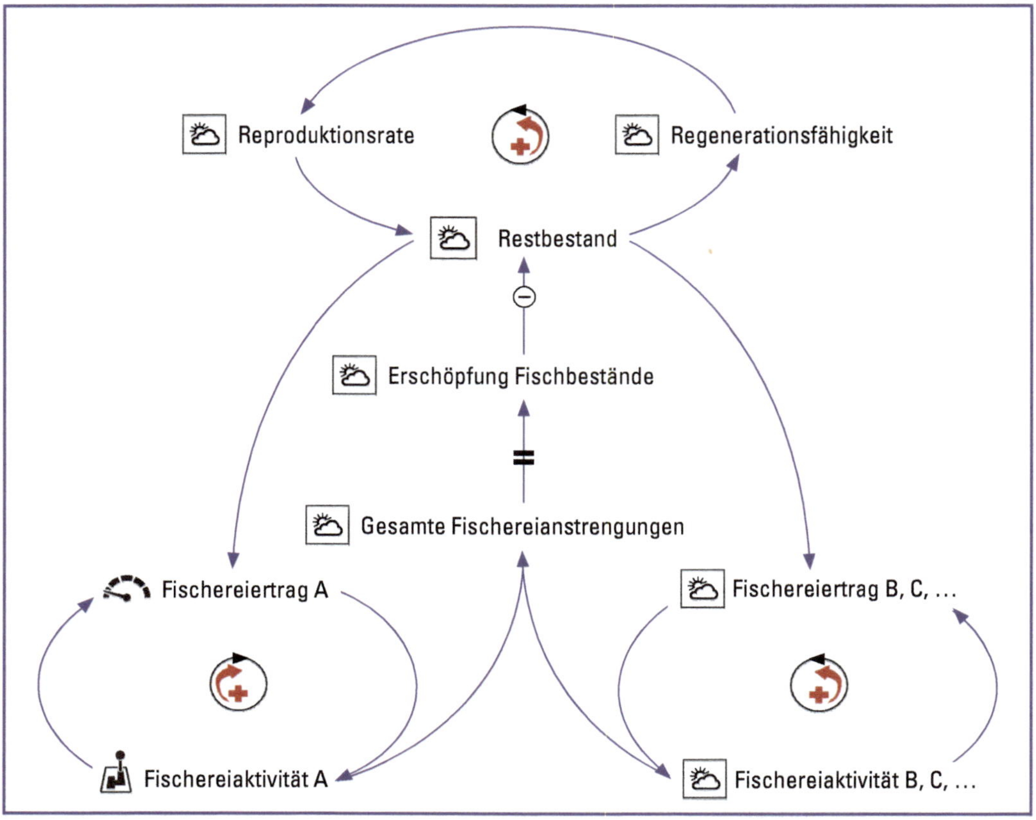

▲ Abb. 22 Exponentielles Verhalten: Zeitverzögerungen (Time Lags) bei Überfischung.
Quelle: eigene Darstellung, basierend auf Waibel & Mauchle (2023)

Wir stellen Time Lags in allen Netzwerken als || (parallele Linien auf dem zeitverzögerten Zusammenhang) dar.

Schwierig ist, dass die Überfischung erst mit einer Zeitverzögerung als hochgradig problematisch wahrgenommen wird. Wird erst mit Verspätung erkannt, dass das Fischen nicht nachhaltig ist, werden auch Gegenmassnahmen erst verspätet erfolgen (wenn überhaupt). Bis dahin kann es schon zu spät sein: Wurde die kritische Menge für den Fortbestand unterschritten, kann es sein, dass die betroffene Art ausstirbt. ▶ Abb. 23 zeigt dies für den Kabeljau vor der Ostküste Kanadas auf.

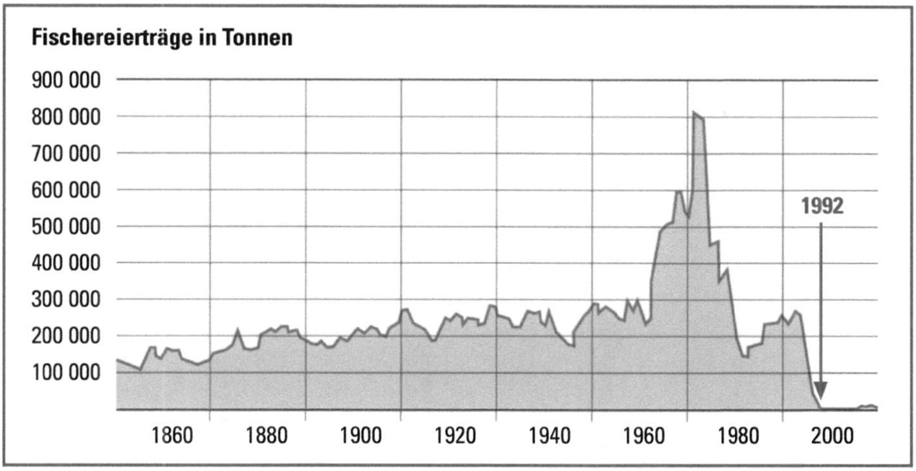

▲ Abb. 23 Exponentielles Verhalten – Zeitverzögerungen am Beispiel des Kollapses der Kabeljaufischerei vor der Ostküste Neufundlands (Kanada).
Quelle: eigene Darstellung, basierend auf iconomix (2018)

Grundsätzlich gilt: Je grösser die Zeitverzögerungen in einem System, desto schwieriger ist eine gezielte und effektive Beeinflussung. Bei der Wirkung von Klimagasen auf die Erderwärmung gehen Experten von einer Zeitverzögerung von bis zu mehreren Jahrzehnten aus. Sollte die Latenzzeit einzelner Massnahmen tatsächlich so lange dauern, dürfte eine gezielte Beeinflussung des Systems äusserst anspruchsvoll in der Ausgestaltung sein.

2.7 Quintessenz: Welche Haltungen zeichnen Systemdenkende aus?

Systemdenken ist kein Selbstzweck. Letztlich soll das Verständnis von komplexen Zusammenhängen dazu dienen, zielorientiert handeln zu können. Systemdenkende zeichnen sich denn auch durch Sichtweisen und Neigungen aus, die für das Entwickeln des Systemverständnisses charakteristisch und notwendig sind (Frischknecht, Kunz & Nagel, 2008):

- Sie behalten den (konstruktivistischen) Blick aufs Ganze.
- Sie achten darauf, was zusammengehört, und erkennen Zusammenhänge.
- Sie betrachten die Dinge aus verschiedenen Blickwinkeln.
- Sie finden heraus, wie Dinge und Beziehungen sich mit der Zeit ändern.
- Sie berücksichtigen relevante Wirkungskreisläufe und nutzen Rückkopplungsmöglichkeiten.

- Sie untersuchen, was Handlungen bewirken können.
- Sie können Unsicherheiten aushalten und sind auf Überraschungen vorbereitet.
- Sie denken nach über Wirkungen, die kurz, und solche, die länger andauern.
- Sie suchen nach Wegen, wie das System besser funktionieren kann.
- Sie überprüfen die Wirkungen und passen wenn nötig die Handlungen an.

Systemdenken ist ein interdisziplinärer Ansatz mit dem primären Ziel, komplexe Probleme zu lösen. Lewrick, Link und Leifer (2018) haben das Mindset eines Systemdenkendens wie in ▶ Abb. 24 illustriert.

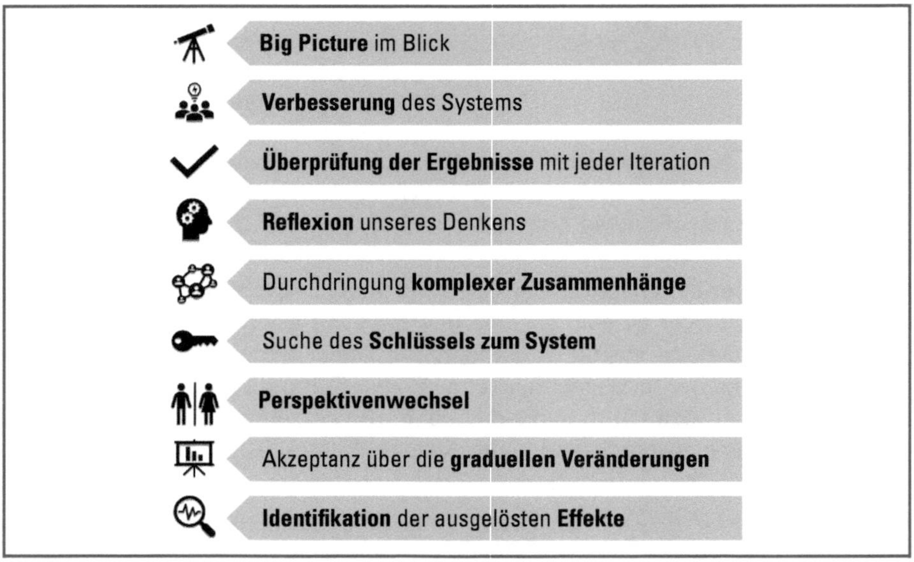

▲ Abb. 24 Mindset eines Systemdenkendens
Quelle: eigene Darstellung, basierend auf Lewrick, Link & Leifer (2018)

Zwei Aspekte dieser Übersicht – «Durchdringung komplexer Zusammenhänge» und «Überprüfung der Ergebnisse mit jeder Iteration» – möchten wir besonders aufgreifen (die anderen haben wir bereits angesprochen). Beide haben mit dem Zeitverhalten zu tun. Systemdenkende nehmen sich die Zeit, auch komplexe Zusammenhänge zu durchdringen. «Aus-der-Hüfte-Schiesser»[1] können nicht systemisch unterwegs sein, dafür fehlt ihnen die Zeit zu einer umfassenden Situationsanalyse. Wer immer sofort entscheidet, hat hoffentlich einen kompetenten Beraterstab um sich herum. Andernfalls dürfte die Entscheidungsqualität überschaubar sein.

---

1 Dabei sollte längst klar sein, dass nur Lucky Luke schneller als sein Schatten schiessen kann.

Der umgekehrte Fall lässt sich unseres Erachtens heute häufiger finden. Verantwortliche Personen und Gruppen leiden oft eher unter Entscheidungsverschleppung als unter Entscheidungsverkürzung. Dass viele aktuelle Probleme komplex sind, wird an den meisten Orten erkannt. Das berechtigt allerdings weder dazu, dem verbreiteten Laster der Prokrastination[1] zu frönen, noch ungebührlich viel Zeit für die Entscheidungsfindung zu verwenden (▶ Abb. 25).

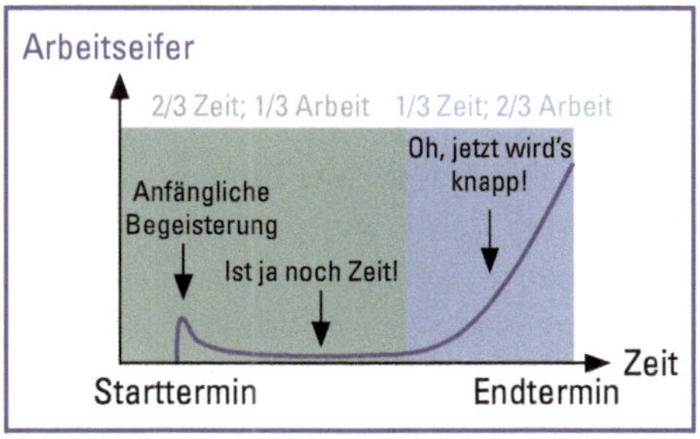

▲ Abb. 25 Das Studentensyndrom, ein typischer Fall von Prokrastination
Quelle: eigene Darstellung, basierend auf Leach (2004)

Systemisches Denken meint ja gerade, nicht zu lange auf die optimale Lösung (die es sowieso nicht gibt) zu verwenden, sondern zügig auf ein gutes Resultat hinzuarbeiten. «Wir überprüfen die Ergebnisse und verbessern das Ergebnis mit jeder Iteration», heisst es in der Übersicht von Lewrick, Link und Leifer (2018). Systemisch gedacht gibt es keine «endgültige» Lösung, sondern immer nur das Streben, die Lösung(en) entsprechend dem (sich häufig verändernden) Problem zu entwickeln. Systemdenkende sind deshalb auch keine Perfektionisten, sondern behalten nebst der Lösungseffektivität auch die Lösungseffizienz im Auge.[2]

Zudem werden heute zeitnahe Ergebnisse gefordert. In unserer Hochgeschwindigkeitsgesellschaft sind mutige Entscheidende gefragt. Ein vielgehörtes Bonmot lautet: «Heute fressen nicht die Grossen und Kleinen, sondern die Schnellen die Langsamen.» Wer sich zu träge bewegt, wird von der Konkurrenz überholt. Die praktische Erfahrung suggeriert allerdings oft das Gegenteil. Es scheint immer mehr Leute zu geben, die sich vor zügigen Entscheiden und klaren Ansagen drücken. Möglicherweise fürchten sie sich davor, Fehler zu machen und zu scheitern. Frick (2016) verwendet dafür eine treffende Wortspielerei: Er spricht in diesem Falle von «Entscheidungsträgern»: Entscheidungen werden getragen und getragen und getragen, bis sie verschleppt und nicht mehr aufzufinden sind. Keine Entscheidung zu treffen heisst: Alles bleibt beim Alten – wir haben es schliesslich schon immer so gemacht. Der Vorteil dabei ist: Man macht

1 Aufschieben (gerne auf den Sankt-Nimmerleins-Tag), Bummeln, Trödeln, Verschleppen, Drückebergertum.

2 Dies ist eine Eigenschaft, die sie mit Ökonomen teilen (vgl. Eisenhut, 2020).

(vorerst) keine Fehler. Allerdings gibt es auch gewichtige Nachteile: Man bringt sich um potenzielle Erfolge und wird möglicherweise bald überholt.

Systemdenkende sind entscheidungsfreudig, sie sind in den Worten von Frick «Entscheidungsfäller»: Entscheidungen werden gründlich vorbereitet, dann aber zeitnah getroffen, eingehalten und umgesetzt. Der Vorteil ist: Der Impuls liegt bei dynamischen Personen, Entscheidungskraft wird vorgelebt und die Früchte der effizienten Abwicklung können geerntet werden. Der Nachteil ist selbstredend: Man kann auch einmal falsch liegen. Das freut dann (heimlich) zwar die mutlosen Entscheidungsträger. In einer systemischen Unternehmenskultur, die Fehlentscheidungen nicht nur duldet, sondern sogar als Chance akzeptiert, ist dies kein Problem. Werden Fehler schnell und nur einmal gemacht, kann das Unternehmen potentiell von einer steilen Lernkurve profitieren.

Zusammenfassend: Systemdenkende nehmen sich ausreichend Zeit für die Problemanalyse und das Mapping (das heisst die grafische Darstellung des Netzwerks; vgl. Kapitel 6) *vor* dem Entscheid. Danach handeln sie mutig, entscheidungsfreudig und schnell. Wichtige Entscheide zu verzögern, zu verschleppen oder zu delegieren, entspricht nicht dem Mindset eines Systemdenkenden.

Das folgende Kapitel zeigt auf, welche typischen Systemmuster komplexe Problemstellungen oft aufweisen.

Kapitel 3

Auf welche systemischen Grundmuster (Systemarchetypen) stossen wir bei komplexen Problemen häufig?

Take-aways

Nicht alle anspruchsvollen Probleme sind einzigartig. In ihrem typischen Verhalten lassen sich *wiederkehrende Muster* identifizieren, sogenannte *Systemarchetypen.*

Diese generischen Strukturen sind der Schlüssel zur Erkenntnis von *Grundmustern* in vielen Lebensbereichen, vom *persönlichen* Bereich über *soziale* Strukturen bis hin zu *ökonomischen* oder *ökologischen* Systemen.

Die Archetypen stellen leicht verständliche Modelle zur *Systemanalyse* und *Lösungsfindung* dar. Die Auseinandersetzung mit ihnen fördert die *Problemwahrnehmung* und öffnet den Weg für nachhaltiges Gestalten und *Problemlösen.*

Archetyp 0, «Closing the Gap», steht für den Feedback-Loop der *Regelung:* Aktuell besteht eine Lücke zwischen Soll und Ist. Aktives und effektives korrigierendes Handeln hilft, das momentane Level zu verbessern und dadurch den Gap zu schliessen. Regelungsprozesse spielen im täglichen Leben eine grosse Rolle. Das Management-Prinzip im Umgang mit anspruchsvollen Zielen lautet: *Zielfokus* und *anhaltendes Engagement* sind das Erfolgsrezept. Die *«Regelung»* (Archetyp 0) ist die *Mutter* der Archetypen 1 (Eskalation), 5 (Scheinlösung mit Bumerang), 6 (Problemverschiebung) und 7 (Abrutschende Ziele). Diese stellen allesamt problematische Spezialfälle dar (während Archetyp 0 die gelungene Regelung zeigt).

Im Archetyp 1 der *«Eskalation»* unternimmt Partei A eine Aktion, welche von Partei B als Bedrohung wahrgenommen wird. B antwortet in ähnlicher Art, worauf A wiederum reagiert. Die Sache eskaliert. Sinnvoll ist, die Sinnlosigkeit dieses *Lose-lose-Systems* zu erkennen und stattdessen die *Interessen* hinter den Aktionen in den Vordergrund zu rücken. Möglicherweise können die gegenseitigen Ziele mit anderen Aktionen erreicht werden.

Bei Archetyp 2, *«Erfolg den Erfolgreichen»,* bekommt Partei A mehr Mittel als Partei B. A erhält dadurch Vorteile, welche zu einer weiteren Mittelzuweisung führt. Weil B weniger Mittel erhält, wird die relative Leistung von B schlechter, usw.: A wird immer erfolgreicher, B zunehmend erfolgloser. In solchen Strukturmustern sind *Schnelligkeit,* Wachstum und Grösse primäre Ziele *(wenn man A ist)* oder aber *Kreativität,* um möglichst den Nachteil kompensieren zu können *(wenn man B ist).*

Beim Archetyp 3, *«Grenzen des Wachstums»,* führen Anstrengungen zu verbesserten Leistungen und Wachstum. Allerdings stösst das Wachstum mit der Zeit an seine Grenzen, weil limitierende Ressourcen ausgeschöpft werden. Ein kluges *Managementprinzip* im Umgang ist, sich auf den zweiten Kreislauf zu konzentrieren mit dem Ziel, *begrenzende Faktoren zu ändern.*

Archetyp 4, *«Die Tragödie der Allmende»,* zeigt ein uraltes Grundmuster. Alle Beteiligten A, B usw. versuchen, Aktivitäten auszuführen, welche für sie gewinnbringend sind. Dabei wird eine *gemeinsame Ressource* verwendet (zum Beispiel das *Allmendegut* «Gemeindewiese»). Die Gemeindewiese ist ein klassisches Beispiel für ein *rivalisierendes Gut,* bei dem das *Ausschlussprinzip nicht funktioniert:* Weil jeder daraus einen Gewinn erzielt, wird die Wiese solange übernutzt, bis nur noch ein Acker übrigbleibt. Die Ressource wird bis zur Grenze erschöpft («The Tragedy of the Commons»). Um das zu verhindern, ist eine Nutzungsvereinbarung bzw. *Regulierung* notwendig.

Bei Archetyp 5, *«Scheinlösung mit Bumerang»,* steht ein drängendes Problem im Mittelpunkt. Schnell wird eine Lösung implementiert, welche ein *Problemsymptom kurzfristig zu lindern* vermag. Allerdings *verschlimmern die unerwarteten Nebenwirkungen* des Quick Fix die eigentliche Situation, der Bumerang schlägt zurück. Was hilft? Erstens das *Eingeständnis,* dass der «Quick Fix» nur ein Symptom und nicht die Ursache bekämpft. Zweitens die verbindliche Zusage, dass das eigentliche *Problem an der Wurzel angepackt* wird.

Die *«Problemverschiebung»* (Archetyp 6) besteht aus zwei stabilisierenden Kreisläufen. Beide versuchen, demselben Problemsymptom zu begegnen. Der eine Kreislauf stellt die schnelle, symptomatische Lösung dar, den *«Quick Fix».* Der andere Kreislauf, die *grundlegende Lösung,* ist wesentlich effektiver, gleichzeitig aber oft anstrengender und aufwändiger. Wenn man die symptomatische Lösung schwächen will, muss man bereit sein, die Wahrheit über die Scheinlösung auszusprechen. Dies bedingt eine *langfristige Ausrichtung* und das Vorhandensein einer klaren, attraktiven, breit getragenen *Vision.*

Beim Archetyp 7, *«Abrutschende Ziele»,* lässt sich eine Abweichung zwischen Ziel und der heutigen Realität durch eine *Korrekturmassnahme* oder eine *Zielanpassung* schliessen. Das sinnvolle Managementprinzip ist einfach formuliert, aber schwierig umzusetzen: Es gilt, an der *Vision festzuhalten* und den mühseligen Weg der Korrekturmassnahmen zu beschreiten.

Im Archetyp 8, *«Wachstum und Unterinvestition»*, zieht Leistungserfolg mehr Nachfrage nach sich, was bei bestehenden Kapazitäten Leistungsvermögen und Leistung schmälert. Unkorrigiert führt dies zu abrutschenden Leistungszielen und Unterinvestition. *Durch rechtzeitige, andauernde und kluge Investitionen* werden Kapazitätsengpässe vermieden. Mit entsprechend langfristiger Perspektive und proaktiven Investitionen öffnet sich ein Wachstumspfad und mündet in die *dynamisch geregelte Erhöhung der eigenen Leistungsfähigkeit.*

Es gibt einen grundsätzlichen Unterschied in der Ausrichtung betriebs- und volkswirtschaftlicher Systeme: Die betriebswirtschaftlichen Systeme suchen eine Erfolgsspirale *(Erfolg den Erfolgreichen)*, einen selbstverstärkenden Motor des Wachstums von Ertrag und Gewinn. Dabei gibt es fast immer unbeabsichtigte Nebeneffekte bzw. begrenzende Kräfte von aussen, welche sich in stabilisierenden Feedbackschleifen zeigen und den Erfolg schliesslich bremsen *(Grenzen des Wachstums).*

Etwas komplizierter verhält es sich mit volkswirtschaftlichen Zielsystemen: Diese streben, analog zu biologischen Systemen, oft nach Stabilität und sind deshalb ausgleichend. So sorgt einzelwirtschaftlich (Mikroökonomie) der Marktmechanismus automatisch dafür, dass ein knappes (und daher teures Gut) vermehrt produziert, aber auch weniger nachgefragt wird. Das Knappheitsproblem wird damit gelöst *(Regelung)*. Menschliche Entscheidungsträger verstossen häufig gegen das Prinzip der klugen *Regelung; Scheinlösungen mit Bumerang, Problemverschiebungen* oder *abrutschende Ziele* sind oft die Folge. Gesamtwirtschaftlich (Makroökonomie) existiert aber auch ein zentraler Verstärkerkreislauf: Wirtschaftswachstum ermöglicht und verlangt oft nach noch mehr Wirtschaftswachstum (vgl. Binswanger, 2019; Binswanger, 2009). Dieses wird aber durch die Knappheit von physischen Produktionsfaktoren ausgebremst *(Grenzen des Wachstums).*

Eine kurze, systemische Geschichte der Neuzeit lässt sich wie folgt zusammenfassen: Menschen sind grundsätzlich kriegerisch veranlagt. Grossreiche und Herrschaftssysteme gewannen an Macht *(Erfolg den Erfolgreichen)*, verloren aber meist aufgrund von eigenen Limitierungen *(Grenzen des Wachstums)* wieder an Einfluss. In neuerer Zeit zeigt das marktwirtschaftliche System Schwächen im Umgang mit Gemeingütern, etwa dem Klima *(Tragödie der Allmende)*. Versuche, die *Grenzen des Wachstums* zu überwinden bzw. effektiv mit der *Tragödie der Allmendegüter* umzugehen, enden nicht selten in *Scheinlösungen mit Bumerang, Problemverschiebungen* oder *abrutschenden Zielen.*

3.1 Warum gibt es auf der Makroebene wiederkehrende Systemarchetypen?

Zu den wichtigsten Errungenschaften der multidisziplinären Systemwissenschaften gehört die Einsicht, dass es auf der Makroebene bestimmte, immer wieder auftauchende Strukturmuster gibt. Makroebene bezeichnet in diesem Zusammenhang die oberste Systemebene, das grosse Ganze. Die Archetypen tauchen also nicht in den systemischen Details auf der Mikroebene auf, sondern geben der Gesamtstruktur einen typischen Verlauf. Diese generischen Strukturen oder «Systemarchetypen» sind der Schlüssel zur Erkenntnis von Grundmustern in vielen Lebensbereichen. Diese reichen vom persönlichen Bereich über soziale Gebilde, wie Familien oder Firmen, bis hin zu ökonomischen Strukturen, wie einer nationalen Volkswirtschaft, und ökologischen Systemen, wie dem globalen Klima. Die acht gängigsten Systemarchetypen verdeutlichen, was erfahrene Managerinnen bzw. Manager und politische Führungspersonen intuitiv wissen, nämlich, dass nicht alle Führungsprobleme einzigartig sind. So, wie es in der Literatur einige wiederkehrende Grundthemen und Handlungsverläufe (wie Liebe und Verrat, Helden und Schurken, Krise und Erlösung usw.) gibt, lässt sich auch die breite Palette von komplexen realen Problemsituationen oft auf eine überschaubare Anzahl solcher Kernmuster zurückführen.

Je mehr solche Grundtypen erkannt werden, desto besser kann man angesichts schwieriger Herausforderungen wirksame Massnahmen ergreifen. Zweck der Systemarchetypen ist es, unsere Wahrnehmung zu verändern, damit wir die Wirkungsweise grundlegender Strukturen und die potenziellen Hebel in diesen Strukturen besser erkennen können. Sie dienen als nützliche Sehhilfen.

Peter Senges (2017) Werk «Die fünfte Disziplin. Kunst und Praxis der lernenden Organisation» aus den Anfängen der 1990er-Jahre wird von vielen zu den bedeutendsten Managementklassikern aller Zeiten gezählt. Darin skizziert Senge typische Grundmuster des Verhaltens von Menschen bzw. sozialen Systemen. Archetypen zeigen auf, wie wir die Welt wahrnehmen, wie Probleme angegangen und gelöst werden. Menschen bzw. die von ihnen beeinflussten sozialen Systeme neigen allerdings dazu, statt die Ursachen zu beheben, oft nur die Symptome zu bekämpfen. Zudem harrt manches Problem der endgültigen Lösung, weil die Akteure es lieber in die Zukunft verschieben; man denke nur an die grassierende Verschuldung in vielen Industrieländern. Systemarchetypen erlauben es, grundlegende Muster in komplexen Gebilden zu erkennen und die systemische Entwicklung mit einer gewissen Distanz auf die wesentlichen Punkte zurückzuführen. Sie legen die Vernetztheit und Dynamik von Strukturen offen und ermöglichen es so, die Hebel für wirksame Steuerungsmassnahmen abzuleiten. Die Archetypen stellen leicht verständliche Modelle zur Systemanalyse und Lösungsfindung dar. Die Auseinandersetzung mit ihnen fördert die Problemwahrnehmung und öffnet den Weg für nachhaltiges Gestalten und Problemlösen.

In den nachfolgenden Abschnitten werden die verbreitetsten Systemarchetypen in komplexen ökologischen, ökonomischen, technologischen und sozialen Systemen vorgestellt und besprochen. Diese sind:

- Regelung (Archetyp 0)
- Eskalation (Archetyp 1)
- Erfolg den Erfolgreichen (Archetyp 2)
- Grenzen des Wachstums (Archetyp 3)
- Die Tragödie der Allmende (Archetyp 4)
- Scheinlösung mit Bumerang (Archetyp 5)

- Problemverschiebung (Archetyp 6)
- Abrutschende Ziele (Archetyp 7)
- Wachstum und Unterinvestition (Archetyp 8)

Die Wirkungsweise dieser neun Archetypen wird nachfolgend kurz vorgestellt. Den Anfang macht Archetyp 0, der in Senge (2017) nicht explizit klassifiziert wird. Wir sind der Meinung, dass das Grundmuster der Regelung zentral ist für das Verständnis der folgenden Archetypen. Dies gilt auch insofern, als die Regelung die Grundidee gelungenen menschlichen Handelns beschreibt, nämlich zielgerichtet ein System zu steuern. Quasi als «Mutter aller Archetypen» dient damit der Archetyp 0 als Basis relevanter Makrostrukturen.

Archetyp 0: Regelung

In Abschnitt 2.1 haben wir das Denken in Kausalitätskreisen bzw. Feedbackloops als charakteristisch für eine systemische Perspektive bezeichnet. Diese zyklische Sicht wurde am Beispiel illustriert, wenn ein Glas Wasser gefüllt wird. Hier zeigt sich der Archetyp 0 sehr einleuchtend: Ein aktuelles Level (der Wasserstand im Glas) wird laufend mit einem gewünschten Level (der Zielwasserstand) verglichen. Solange ein Gap zwischen Wunsch und Wirklichkeit besteht, wird weiter Wasser eingefüllt. Je kleiner die Lücke wird, desto weniger muss man korrigieren, bis schliesslich der Wasserhahn zugedreht wird, sobald das Glas voll ist.

Der Regelungsprozess lässt sich nun in einer generellen, allgemein gültigen Form wie in ▶ Abb. 26 und ▶ Abb. 27 darstellen.

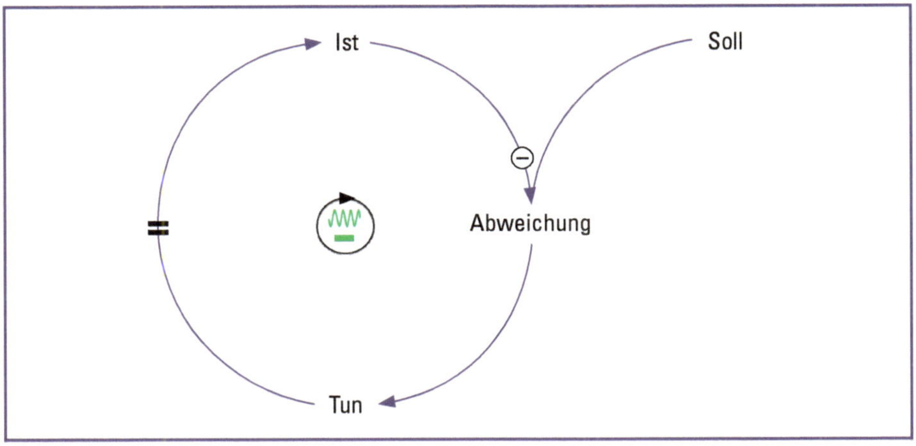

▲ Abb. 26 Archetyp 0 – Regelung
Quelle: eigene Darstellung, basierend auf Senge (2017)

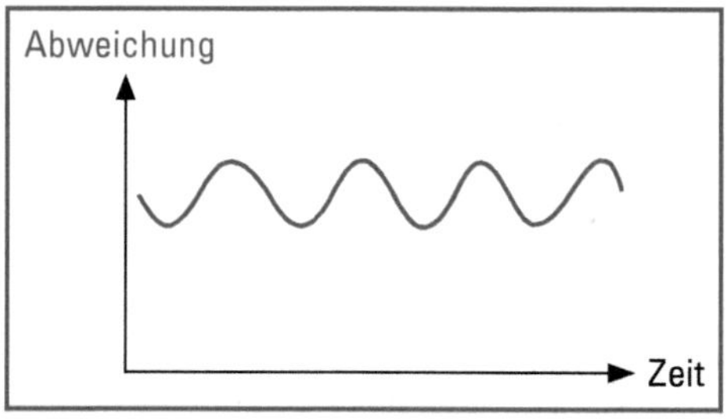

▲ Abb. 27 Archetyp 0 im Zeitablauf

Die momentane Lücke leitet sich demnach aus der Differenz zwischen Soll und Ist ab: Je niedriger der Ist-Zustand und je höher die Ziele sind, desto grösser ist die Abweichung. Aktives und effektives korrigierendes Handeln hilft, das aktuelle Level zu verbessern und dadurch die Lücke zu schliessen. Archetyp 0 wird deshalb treffend auch als «Closing the Gap» bezeichnet. Wir werden noch sehen, dass alle Archetypen darauf basieren, dass wir eine Abweichung feststellen, entweder als Chance oder Gefahr.

Regelungsprozesse spielen im täglichen Leben eine grosse Rolle: Unser vegetatives Nervensystem justiert zum Glück unzählige Vitalfunktionen ohne unser bewusstes Zutun. So sorgt es dafür, dass wir bei heissen Temperaturen schwitzen, unser Magen bei Hunger knurrt und wir gähnen und ins Bett gehen, wenn wir müde sind. Das Smart-Home-Modul schliesst derweil die Läden bei Dunkelheit, senkt die Raumtemperatur in der Nacht und aktiviert am Morgen je nach äusserer Helligkeit die richtigen Leuchten mit dem passenden Licht. Während wir zur Arbeit fahren, versuchen wir, Kurs auf der Strasse zu halten (selbst wenn unsere Gedanken bereits bei der To-do-Liste im Büro sind, um den Zielfokus nicht zu verlieren).

Am Arbeitsplatz und beim anschliessenden Sport orientieren wir uns an unseren zu Beginn des Jahres festgehaltenen Vorsätzen und bemühen uns, die Lücke, beispielsweise zwischen unserem Wunschgewicht und der häufig ernüchternden Realität, nicht zu gross werden zu lassen (▶ Abb. 28).

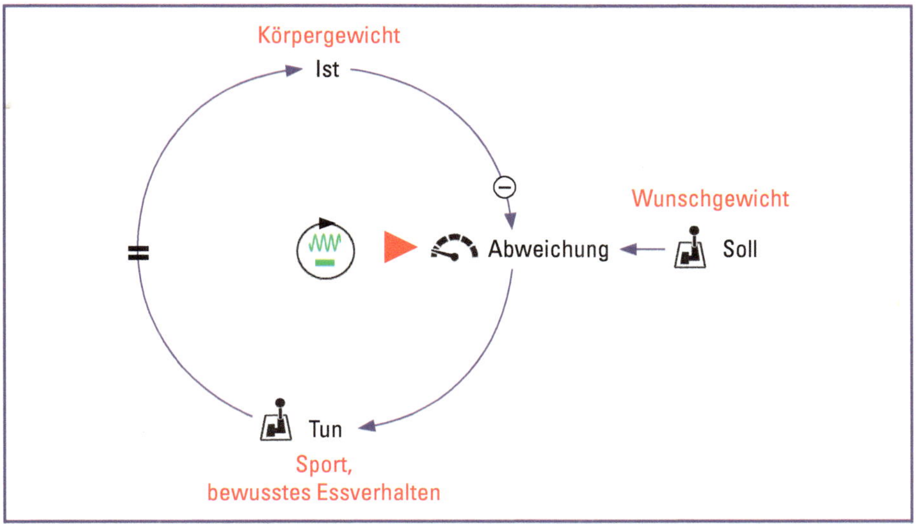

▲ Abb. 28 Archetyp 0 – Regelung am Beispiel des Körpergewichts (Soll als Hebel)

Die Situation präsentiert sich etwas anders, wenn uns der Hausarzt nahe legt, doch ein paar Kilo in Richtung Idealgewicht abzunehmen, weil unser Body-Mass-Index (BMI) zu hoch ausfällt. Nun ist das Soll eine externe Grösse (Rahmenbedingung), die wir nicht direkt beeinflussen können (▶ Abb. 29).

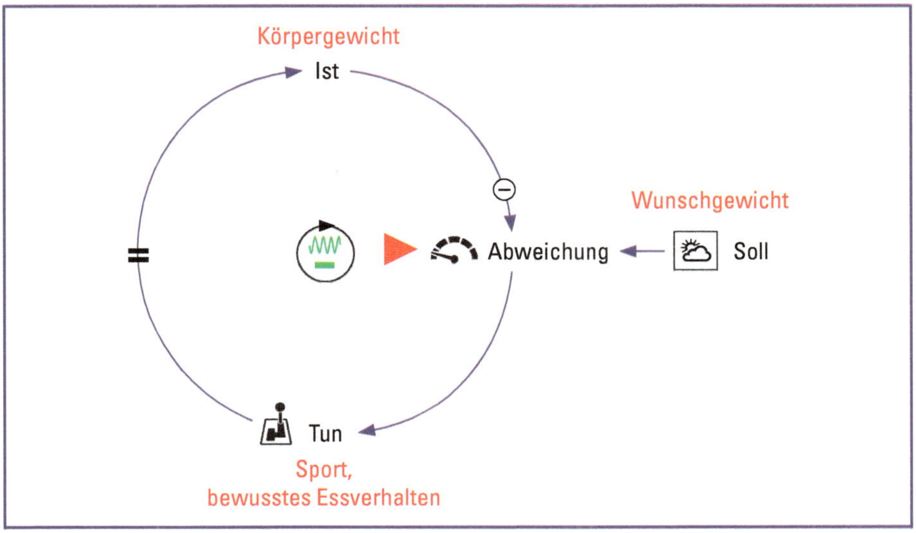

▲ Abb. 29 Archetyp 0 – Regelung am Beispiel des Körpergewichts (Soll als externe Grösse)

Es liessen sich viele weitere Regelungsbeispiele anführen. Tatsache ist, dass Regelungen – also Vorgänge, um eine Ziellücke zu schliessen – zu den häufigsten und relevantesten Feedback-Loops unseres Alltags gehören.

Wie ist mit diesem Grundmuster umzugehen? Welches ist, mit anderen Worten, das Managementprinzip hinsichtlich Archetyp 0? Wir werden in der Folge für jeden Archetyp diesen Dreiklang aus grafischer Darstellung von Grundzusammenhang (Netzwerk) und Zeitverhalten der zentralen Netzwerkgrösse sowie Managementprinzip aufzeigen.

Der stabilisierende Kreislauf von Archetyp 0 animiert Systemdenkende zu folgenden Fragen:

- Welche Ziele (gewünschtes Level, Soll-Zustand) bestehen? Wie kann man diese genau umschreiben (operationalisieren)?
- Welches aktuelle Level (Ist-Zustand) liegt vor?
- Wie gross ist die Lücke (das heisst die Abweichung zwischen Soll und Ist)?
- Welche Lenkbarkeiten haben wir, um durch korrigierendes Handeln das aktuelle Level zu verbessern?
- Wie hoch ist der Aufwand und wie viel Zeit haben wir, um die Abweichungen zu schliessen und damit die Ziele zu erreichen?

Besteht diesbezüglich Klarheit, lässt sich das Managementprinzip einfach umschreiben: *«Ziel nicht aus den Augen verlieren und Kurs halten!»*[1] Ein Ziel ist schliesslich ein Traum mit Termin. Es braucht anhaltendes Engagement, also *Persistenz,* um die Lücke durch tatkräftiges Handeln zu verringern.

Wird die Abweichung allerdings erfolgreich eliminiert, lässt der Eifer nach und das Ist-Resultat wird wieder schlechter, was mit der Abweichung auch die nachfolgende Anstrengung erneut erhöht. Ohne Zielerhöhung pendelt man deshalb in Archetyp 0 um einen Mittelwert (▶ Abb. 30).

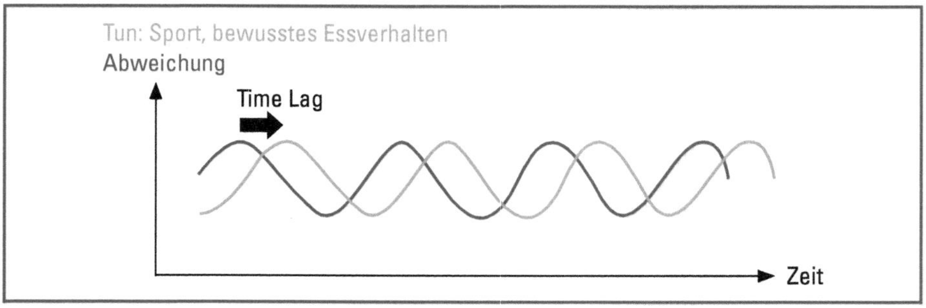

▲ Abb. 30 Archetyp 0 – Regelung im Zeitablauf (Ziel bleibt gleich)

1 Oder, mit Michelle Trussardi (ehemals Hunziker) gesprochen: «Drannebliibe, drannebliibe, drannebliibe!»

Mehr Einsatz ist nötig, wenn die Ziele, das gewünschte Level, im Laufe der Zeit stetig nach oben geschraubt werden (▶ Abb. 31). Managerinnen bzw. Manager und Leistungssportlerinnen bzw. Leistungssportler können ein Lied davon singen, wie hart man arbeiten muss, um immer noch ambitioniertere Levels zu erreichen.

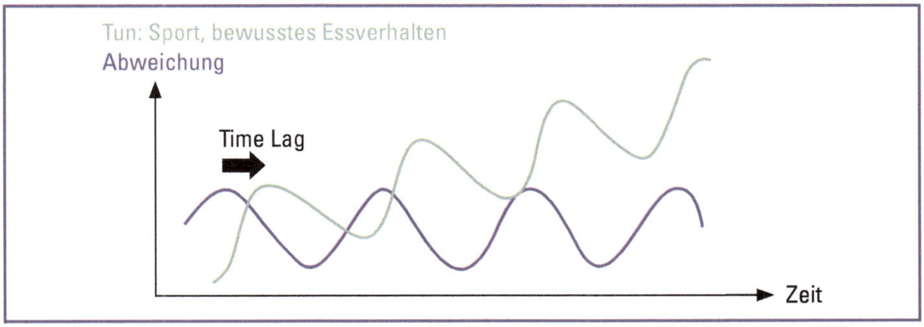

▲ Abb. 31 Archetyp 0 – Regelung im Zeitablauf (Ziel wird erhöht)

Die Luft wird dünn an der Spitze und häufig zeigen sich Grenzen des Wachstums – vgl. nachfolgend Archetyp 3.

Das Muster von Heldenstories: Archetyp 0! Trotz widrigsten Bedrohungen und miserabler Ausgangslage (Ist) hält der Held am übermenschlichen Ziel (Soll) fest und rettet schliesslich mit seinem Tun die Welt.

Geschätzt mindestens die Hälfte des klassischen Hollywood-Kinos (plus James Bond plus Bollywood) erzählt eine Geschichte, in der ein oder mehrere Helden trotz wahnwitzigen Bedrohungen und Zumutungen (systemisch gesprochen: ungünstigen Rahmenbedingungen) heroisch am hehren Ziel festhalten und schliesslich die Menschheit vor der finalen Katastrophe und dem sicheren Untergang bewahren.

Am Ende gilt dies auch für uns Durchschnittsmenschen: Einsatz und Ausdauer, gerade in schwierigen Zeiten, bringen den Blumentopf nach Hause (oder systemischer: die Sache ins Lot und den Zeiger in den grünen Bereich).

Warum wird in der Aufzählung der Archetypen der erste Archetyp mit 0 und nicht mit 1 bezeichnet? Die Regelung (Archetyp 0) ist die Mutter der Archetypen 1 (Eskalation), 5 (Scheinlösung mit Bumerang), 6 (Problemverschiebung), 7 (Abrutschende Ziele) und 8 (Wachstum und Unterinvestition). Diese stellen allesamt Regelungs-Spezialfälle dar. Archetyp 0 läuft quasi ausser Konkurrenz, weil er grundsätzlich funktioniert: eine gute Regelung hilft, Ziele zu erreichen. Anders liegt der Fall bei den (missratenen) Kindern: Sie vergrössern bestehende Probleme oder werfen sogar neue auf. Die Kinderstube hat versagt und, wie in der richtigen Erziehung, ist guter Rat teuer.

Wenn wir Systemdenken primär als Mittel zur Lösung von Problem sehen, ist natürlich der Fokus auf die Problemarchetypen 0 bis 8 besonders hilfreich. Dennoch ist es wichtig, Archetyp 0 zu verstehen, weil dieser der gelingende Gegenpart der Archetypen 1, 5, 6, 7 und 8 ist.

Archetyp 1: Eskalation

Im Archetyp der Eskalation unternimmt eine Partei A eine Aktion, welche von der anderen Partei B als Bedrohung wahrgenommen wird. B reagiert in ähnlicher Art und erhöht die Bedrohung für A, worauf A wiederum reagiert. Die beiden Stabilisatoren erzeugen zusammen in der Gesamtwirkung einen Selbstverstärker. Jeder der beiden Kontrahenten agiert aus seiner Sicht rational (Closing the Gap), die Aktionen beider zusammen ergeben aber eine unaufhaltsame Spirale der Eskalation. Geht man durch die Kreisläufe in Form einer liegenden Acht (∞), wird die gegenseitige Eskalationsschlaufe erkennbar. Die Grundzusammenhänge in ▶ Abb. 32 bis ▶ Abb. 34 sind aus Sicht von A dargestellt.

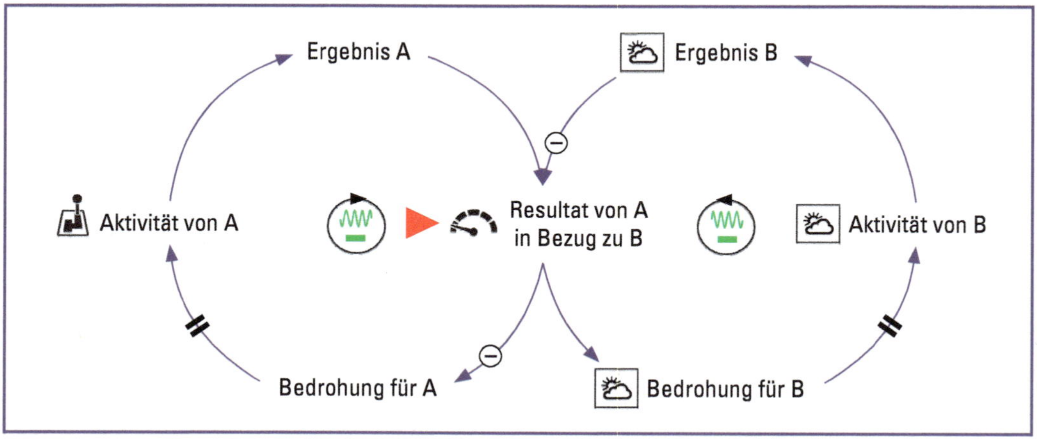

▲ Abb. 32 Archetyp 1 – Eskalation
Quelle: eigene Darstellung, basierend auf Senge (2017)

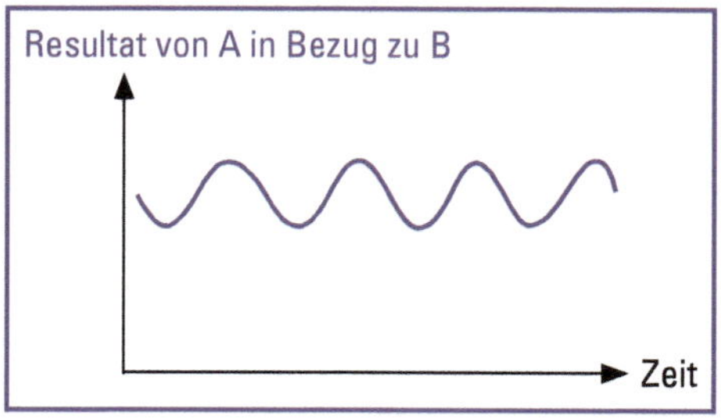

▲ Abb. 33 Archetyp 1 im Zeitablauf

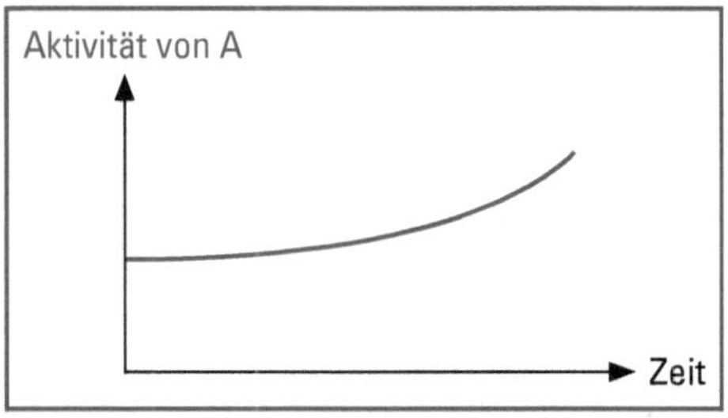

▲ Abb. 34 Archetyp 1 – Aktivität von A im Zeitablauf

Archetyp 1 stellt einen Spezialfall zu Archetyp 0 dar: Es handelt sich um eine Regelung, allerdings mit variablem und von aussen beeinflusstem Ziel.

Managementprinzip:

Bei der Eskalation streben zwei Konkurrenten aus subjektiver Sicht danach, eine dominantere Position als der andere zu erreichen. Eine (Re-)Aktion des anderen wird als bedrohlich für die Balance empfunden und zieht wiederum eine eigene (Re-)Aktion nach sich. Solange nicht einer aus dem Handlungsmuster ausbricht, ist die Eskalationsschlaufe endlos («Es ist zu spät, um aufzuhören!»). Bleibt das Muster ungelöst, reisst es erst durch Gewalt bzw. durch aussenstehende limitierende Ressourcen ab. Ein zweckmässiges Managementprinzip ist, *die potenzielle Sinnlosigkeit* der Eskalationsschlaufe zu erkennen, weil nur *eine zeitliche Verzögerung überhaupt einen temporären Vorteil verschafft.* Könnte die andere Partei direkt und unmittelbar eine Aktion kontern, brächte diese gar keinen Vorteil mehr. Sinnvoll ist, die *Interessen* hinter den Aktionen in den Vordergrund zu rücken. Möglicherweise können die gegenseitigen Ziele mit anderen Aktionen erreicht werden. In vielen Fällen lässt sich aus dem Teufelskreis ausbrechen, wenn eine Seite demonstrativ ausschert bzw. andersartige, «friedliche» Aktionen einleitet, welche das Gefühl der Bedrohung auf der anderen Seite verringern.

Ein Beispiel für den Archetyp 1 ist die Eskalation im Kalten Krieg zwischen der UdSSR und der USA. Analog zum Verlauf von Archetyp 1 ergab sich in dieser historisch bekannten Situation ein gefährlicher Aufrüstungswettlauf zwischen den Nationen. Als Antwort auf die Stationierung sowjetischer Raketenträger in Kuba reagierte US-Präsident Kennedy mit einer Mobilmachung. Dies hatte zur Folge, dass die UdSSR auf kubanischem Boden auch aufrüsten musste, um auf einen möglichen Angriff der USA vorbereitet zu sein. Es kam schliesslich bei der Kubakrise – zum Vorteil aller Beteiligten – nie zu einer finalen Eskalation, da eine Woche nach dieser Ausnahmesituation eine Einigung bezüglich dieser Thematik zwischen der UdSSR und den USA erzielt werden konnte. Experten sind sich heute allerdings einig, dass die Welt nie so nahe vor einem Dritten Weltkrieg stand wie zur Zeit der Kubakrise.

Archetyp 2: Erfolg den Erfolgreichen

Bei der Grundstruktur «Erfolg den Erfolgreichen» bekommt eine Person, Gruppe oder Partei A mehr Mittel als eine Partei B bzw. startet aus anderen Gründen mit einem Vorsprung gegenüber B. A erhält dadurch Vorteile, welche zu einer weiteren Mittelzuweisung führt. Weil B weniger Mittel erhält, wird die relative Leistung von B schlechter und rechtfertigt eine weitere Unterstützung von A. Der Verlauf ist konträr: A wird immer erfolgreicher, B zunehmend erfolgloser. Erst durch die Verknüpfung der beiden Kreisläufe entsteht das Muster einer verstärkenden Rückkopplung in beiden Kreisläufen, aber mit jeweils umgekehrten Vorzeichen. Die Variablen in ▶ Abb. 35 und ▶ Abb. 36 sind wiederum aus Sicht von A klassifiziert.

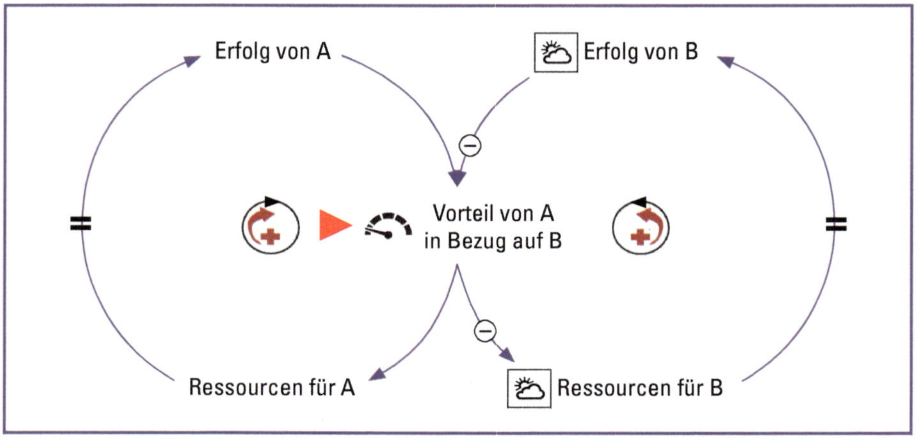

▲ Abb. 35 Archetyp 2 – Erfolg den Erfolgreichen
Quelle: eigene Darstellung, basierend auf Senge (2017)

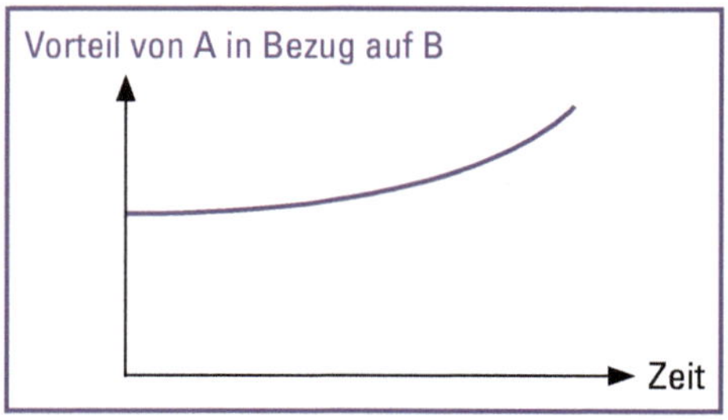

▲ Abb. 36 Archetyp 2 im Zeitablauf

Managementprinzip:

In diesem Archetyp konkurrieren zwei Wettbewerber um begrenzte Unterstützung oder Ressourcen. Wenn einer der beiden mehr der limitierten Ressourcen bzw. Unterstützung erhält, kann dieser einen Vorsprung entwickeln und in der Folge weiter ausbauen. Betriebswirtschaftlich ist zum Beispiel oft das Kundenpotenzial oder die Kundenaufmerksamkeit eine solche limitierte Ressource. Sofern *Netzwerkeffekte*[1] (▶ Abb. 37) in einer Branche eine Rolle spielen, haben jene Unternehmen Vorteile, welchen es gelingt, zuerst eine Gruppe von Kunden zu gewinnen. In solchen Branchen ist es oberstes Managementprinzip, als erster Mitbewerber schnell für möglichst viele Kundinnen bzw. Kunden den Standard definieren zu können. *Schnelligkeit, Wachstum* und *Grösse* sind hier also primäre Ziele.

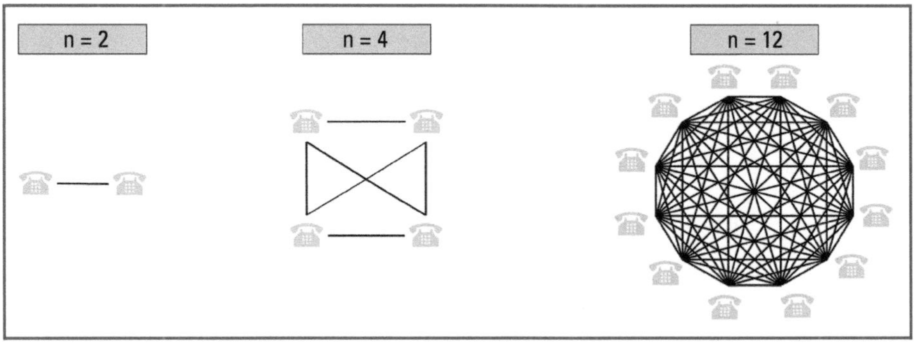

▲ Abb. 37 Netzwerkeffekte, typische Ursachen für Muster des Archetyps 2
Quelle: eigene Darstellung, basierend auf Cornella (o.D.); freepng (o.D.)

Auf der Seite des Benachteiligten braucht es eine Mobilisierung der Ressourcen und den Einsatz von *Kreativität,* um den Nachteil bestmöglich kompensieren zu können.

Sofern man nicht selbst auf der Ebene der Wettbewerber agiert, macht es Sinn, nach Wegen zu suchen, die *Zusammenarbeit* unter den Gruppenmitgliedern anstelle des Wettbewerbs zu fördern.

In Unternehmen ist es beispielsweise sehr wichtig, die Zusammenarbeit zu fördern (viele Managerinnen bzw. Manager machen einen fatalen Denkfehler in der Führung, indem sie annehmen, nur weil Wettbewerb zwischen Firmen für die Gesamtheit nutzenstiftend ist, sei dies auch innerhalb der Firma der Fall). Oft wetteifern Nachwuchsführungskräfte um die Aufmerksamkeit und Ressourcen des Chefs. Dieser sollte als Managementprinzip seine Aufmerksamkeit allen gleichmässig zukommen lassen und eine Kultur der Kooperation statt des Wettbewerbs etablieren.

1 Bei Netzwerkeffekten profitieren Kunden unmittelbar davon, wenn es viele weitere Kundinnen und Kunden des gleichen Produkts oder Standards gibt. Klassisches Beispiel ist das Telefon (oder in der heutigen Zeit Whatsapp): Bei zwei Personen mit einem Telefon gibt es eine mögliche Kommunikationsachse, bei drei Personen drei, bei vier Personen sechs, bei x Personen $x \cdot (x - 1)/2$. Je mehr Personen ein Telefon besitzen, desto grösser wird der Nutzen dieser Personen im Netzwerk. Analog ergeben sich etwa in der Softwarebranche direkte Vorteile, je mehr Nutzer den gleichen Softwarestandard (zum Beispiel SAP) teilen.

Archetyp 3: Grenzen des Wachstums

Beim klassischen Systemgrundmuster «Grenzen des Wachstums» (siehe ▶ Abb. 38) führen Anstrengungen im linken Kreislauf zu verbesserten Leistungen und Wachstum. Allerdings stösst das Wachstum mit der Zeit an seine Grenzen, weil limitierende Ressourcen ausgeschöpft werden (rechter Kreislauf). Diese erzeugen abnehmende Zuwachsraten, das heisst, bei gleichbleibender Anstrengung wird immer weniger Wachstum möglich. Der ausgleichende Prozess rechts bringt den Selbstverstärker links an seine Grenzen.

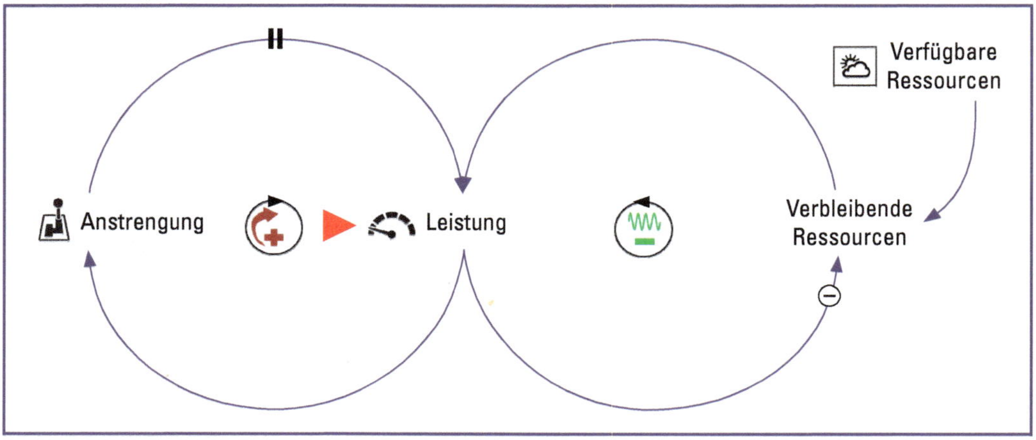

▲ Abb. 38 Archetyp 3 – Grenzen des Wachstums
Quelle: eigene Darstellung, basierend auf Senge (2017)

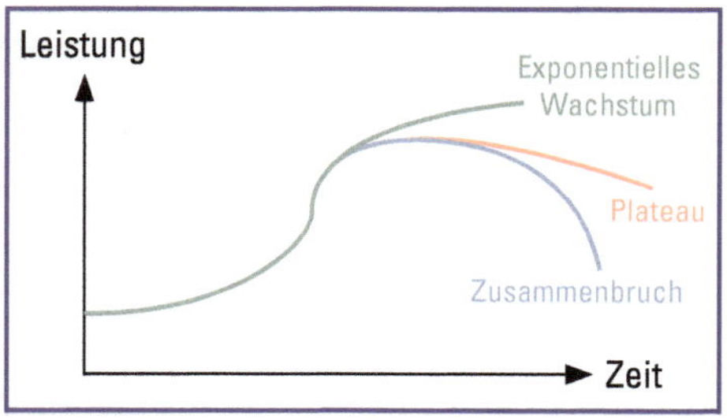

▲ Abb. 39 Archetyp 3 im Zeitablauf

Managementprinzip:

Jedes System stösst irgendwann an seine Grenzen. Dies ist grundsätzlich zu akzeptieren. In aller Regel wird gerade in wirtschaftlichen Systemen (Unternehmen, Volkswirtschaften) meist mit aller Kraft das Wachstum vorangetrieben. Je ausgeprägter man sich allerdings anstrengt und *mehr vom Selben* tut, desto grösser wird der *Widerstand* des Ausgleichsprozesses. Das klügere Managementprinzip ist, sich nicht auf den linken, sondern auf den rechten Kreislauf zu konzentrieren. Ziel ist, *begrenzende Faktoren* zu erkennen und zu *ändern*. Im Unterschied zu natürlichen Ressourcen gibt es kompetenzbasierte oder psychische Ressourcen, die sich gezielt weiterentwickeln lassen. In diesem Falle sind limitierende Grenzen keine Rahmenbedingungen, sondern Hebel. So oder so: Idealerweise können die Faktoren beseitigt werden, welche das Wachstum limitieren.

Beispielsweise geht ein wachsendes Unternehmen einher mit zunehmender organisatorischer Komplexität, was oft zu weniger Zeit und Agilität, dafür mehr Bürokratie, Organisation, Planung und Kontrolle führt. Der Hebel im rechten Kreislauf legt nahe, die Komplexität einzudämmen, indem zum Beispiel dezentralisiert wird und kleinere Organisationseinheiten gebildet werden.

Archetyp 4: Die Tragödie der Allmende

«Die Tragödie der Allmende» ist ein archetypisches Grundmuster im Umgang mit sogenannten Allmendegütern (in englisch als «common-pool resources» oder «common properties resources» bezeichnet). Die beiden Kriterien für eine Einteilung aller Güter (▶ Abb. 40) sind «Rivalität im Konsum» sowie «Ausschliessbarkeit vom Konsum». Ein Gut weist Rivalität im Konsum auf, wenn das Gut nicht gleichzeitig von vielen genutzt werden kann (was für die allermeisten Güter zutrifft, nicht aber zum Beispiel für Luft, Licht oder Wissen). «Ausschliessbarkeit vom Konsum» meint, dass man den Zugang zum Gut regeln und durchsetzen kann (was für die allermeisten Güter zutrifft, nicht aber zum Beispiel für Fische in den Weltmeeren, viele bedrohte Tierarten oder das Klima).

	Rivalität im Konsum	**Keine Rivalität im Konsum**
Ausschliessbarkeit vom Konsum	**Private Güter** (z. B. Essen im Restaurant)	**Klubgüter** (z. B. Netflix)
Keine Ausschliessbarkeit vom Konsum	**Allmendegüter** (z. B. Fische im Weltmeer)	**Öffentliche Güter** (z. B. Grundlagenforschung)

▲ Abb. 40 Alle Güter lassen sich in vier Gruppen einteilen.

Private Güter umfassen geschätzt 99 % aller Güter, wie etwa Kleider, Essen, Dienstleistungen, also fast alles, was wir im Alltag kaufen können. Beispiele für Klubgüter sind Netflix oder auch Tennis oder Golf (allgemein: fast alles, wofür es einen Club gibt). Zu den öffentlichen Gütern gehören zum Beispiel die Grundschulbildung, Infrastruktur, Grundlagenforschung, Strassenbeleuchtung, Landesverteidigung oder der Klimaschutz. Weil es wirtschaftlich uninteressant ist, sie anzubieten, fallen solche Güter in der Regel in die Zuständigkeit des Staates.

Für Allmendegüter gilt: Alle Beteiligten (A, B, C, D usw.; in ▶ Abb. 41 und ▶ Abb. 42 weisen die Auslassungszeichen [«...»] darauf hin, dass es nebst A und B noch viele weitere Akteure gibt) versuchen, Aktivitäten auszuführen, welche für sie gewinnbringend sind, wobei eine gemeinsame Ressource verwendet wird. Die Zeitverzögerung führt oft dazu, dass erst verspätet realisiert wird, dass es sich nicht mehr richtig lohnt. Bis dahin wurden oft die Anstrengungen erhöht, um die eigenen Gewinne zu sichern. Dies verstärkt die Übernutzung, teilweise bis zum Kollaps der Ressource.

Das Allmendegut «Gemeindewiese» ist ein klassisches Beispiel für ein rivalisierendes Gut, bei dem das Ausschlussprinzip nicht funktioniert: Weil alle dürfen, treiben auch alle Bauern ihr Vieh auf das Gemeindegebiet, von dem niemand ausgeschlossen werden kann. Weil jeder daraus einen Gewinn erzielt, wird die Wiese so lange übernutzt, bis nur noch ein Acker übrigbleibt. Die Ressource wird bis zur Grenze erschöpft («The Tragedy of the Commons»).

▶ Abb. 41 zeigt den Archetyp mit seinem inhärent problematischen Muster in Phase 1: Es lohnt sich für A, B, C und alle weiteren, ihre Aktivitäten zu erhöhen.

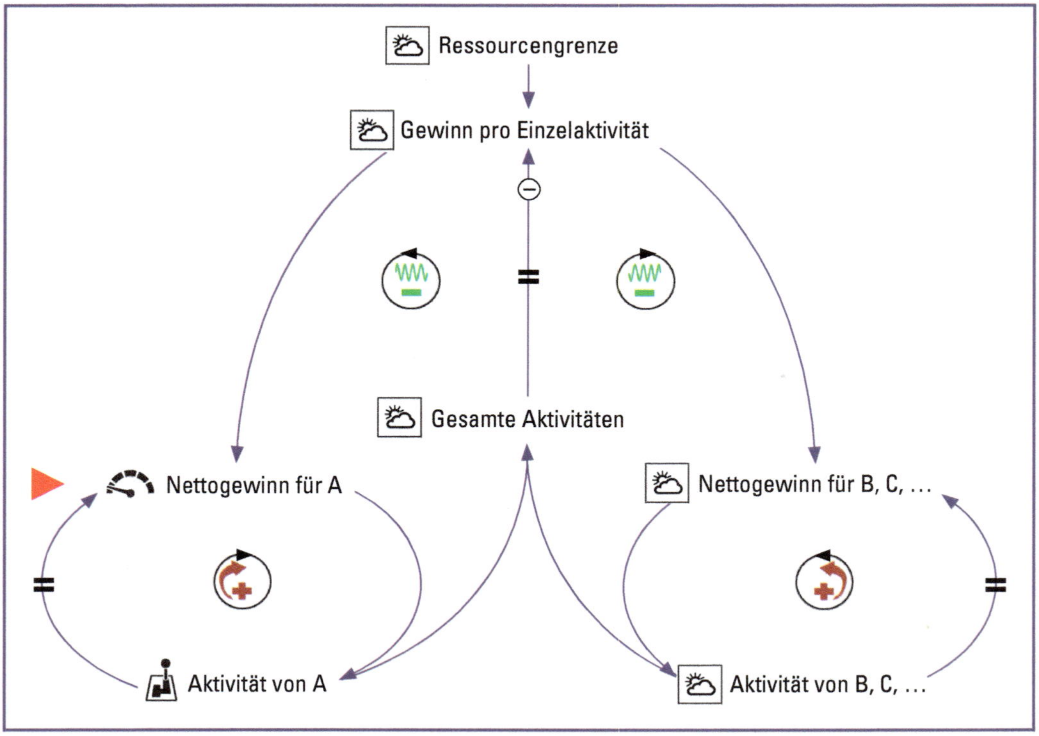

▲ Abb. 41 Archetyp 4 – Die Tragödie der Allmende (Phase 1)
Quelle: eigene Darstellung, basierend auf Senge (2017)

Die gesamten Aktivitäten steigen stark an. Nun folgt durch die Ressourcenübernutzung Phase 2 (▶ Abb. 42): Der Grenznutzen, das heisst der Gewinn pro Einzelaktivität, sinkt stetig. Die Akteure erhöhen aufgrund von gesunkenen Gewinnen ihre Aktivitäten weiter – bis zum Kollaps (▶ Abb. 43). Auch bei ◀ Abb. 41 und ▶ Abb. 42 sind die Variablen aus Sicht von A klassifiziert.

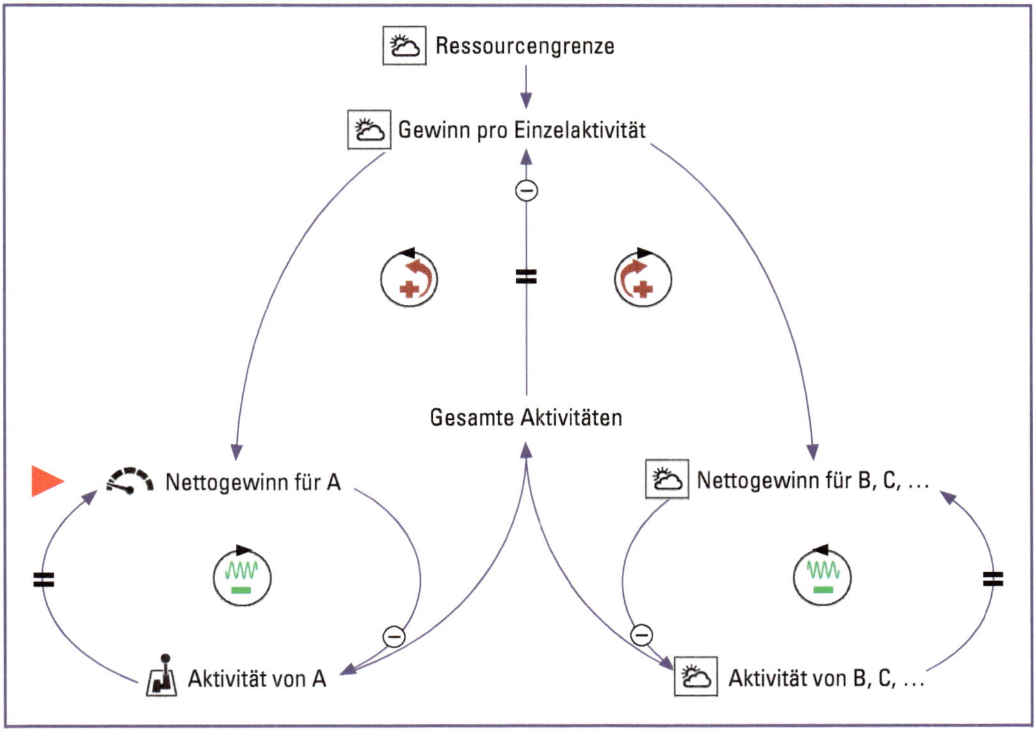

▲ Abb. 42 Archetyp 4 – Die Tragödie der Allmende (Phase 2)
Quelle: eigene Darstellung, basierend auf Senge (2017)

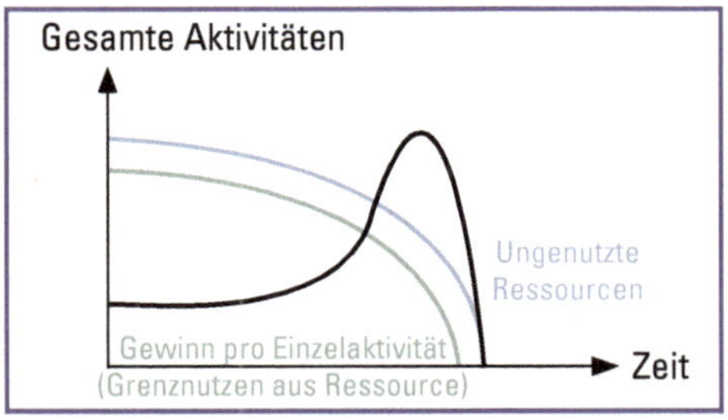

▲ Abb. 43 Archetyp 4 im Zeitablauf

Managementprinzip:

Allmendegüter werden stärker genutzt als ökonomisch sinnvoll, manchmal bis zur *Erschöpfung der Tragfähigkeit* und damit bis zum *Kippen des Systems.* Um dies zu verhindern, ist als Managementprinzip eine *Nutzungsvereinbarung* bzw. *Regulierung*[1] notwendig. Hilfreich sind zusätzliche Informationen, welche zu Erkenntnis und (hoffentlich) Selbstbeschränkung führen. Nützlich sind ebenfalls Gruppendruck oder soziale Kontrolle, welche ein als nicht zweckmässig erkanntes Verhalten sanktioniert.

2009 wurde der amerikanischen Ökonomin Elinor Ostrom der Wirtschafts-Nobelpreis für ihre Arbeiten zur Tragödie der Allmende verliehen. Die Akademie begründete ihren Entscheid damit, dass Ostrom gezeigt habe, wie gemeinschaftliches Eigentum von Nutzerorganisationen erfolgreich verwaltet werden kann. Ist dies nicht hinreichend, braucht es eine hoheitliche Regulierung.

Urwald.

Wie Ostrom aufgezeigt hat, sind schweizerische Alpwirtschaften ein gutes Beispiel für den erfolgreichen Umgang mit dem anspruchsvollen Archetyp 4: Die gemeinschaftlich organisierten Alpbauern stellen in ihren privaten Vereinbarungen die Regeln für eine nachhaltige Nutzung der gemeinsamen Alp auf und überwachen diese auch. Dies funktioniert leider meist nur in kleinräumlichen Bereichen, in denen sich die Akteure gegenseitig kennen und soziale Normen wirken. Dies ist beispielsweise bei der Abholzung der Regenwälder nicht der Fall, ebenso wenig bei der Überfischung der Weltmeere oder der Ausrottung von gefährdeten Pflanzen und Tieren. Zusätzlich fehlen dort griffige hoheitliche Gesetze bzw. können zu wenig durchgesetzt werden. Die Tragödie der Allmende gehört unzweifelhaft zu den grössten Herausforderungen des 21. Jahrhunderts.

Archetyp 5: Scheinlösung mit Bumerang

Beim Archetyp «Scheinlösung mit Bumerang» steht ein drängendes Problem im Mittelpunkt. Schnell wird eine Lösung implementiert, welche auf den ersten Blick plausibel erscheint und ein Problemsymptom kurzfristig zu lindern vermag (vgl. in ▶ Abb. 44 den Stabilisator im Netzwerk). Allerdings verschlimmern

1 Semantisch wird in der Literatur hierfür teilweise ebenfalls der Begriff «Regelung» gebraucht. Um Missverständnisse vorzubeugen, verwenden wir «Regelung» (für das Ausbalancieren eines Regelkreises) strikt im systemischen Sinne von Archetyp 0. Eine Lösung via rechtliche (in der Regel hoheitliche) Normierung dagegen bezeichnen wir als «Regulierung».

die unerwarteten Nebenwirkungen der Scheinlösung die eigentliche Situation (▶ Abb. 45). Das Problem taucht wieder auf, teilweise sogar schlimmer als zuvor. Der «Quick Fix» hat einen Bumerang in Form von ungewollten Konsequenzen produziert. Letztlich ist ein Selbstverstärker entstanden, welcher in der Praxis oft dazu führt, dass die Dosis erhöht wird (obwohl das Mittel nicht wirkt).

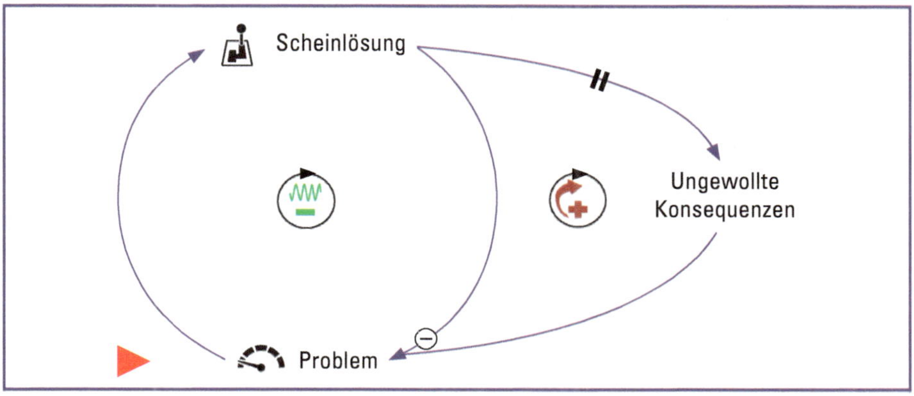

▲ Abb. 44 Archetyp 5 – Scheinlösung mit Bumerang
Quelle: eigene Darstellung, basierend auf Senge (2017)

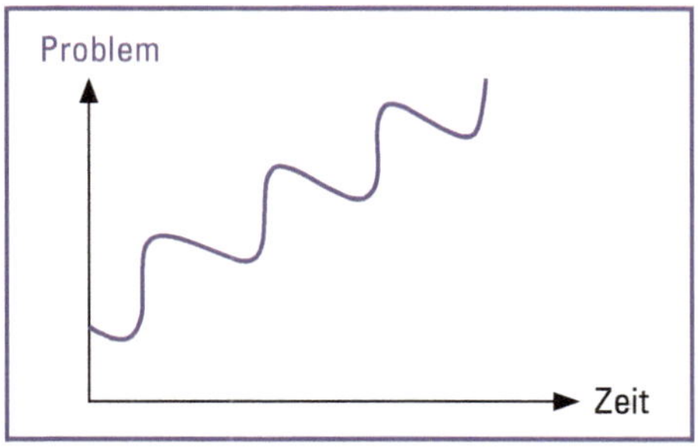

▲ Abb. 45 Archetyp 5 – im Zeitablauf

Archetyp 5 stellt einen Spezialfall zu Archetyp 0 dar: Die Regelung gelingt nur scheinbar und kurzfristig. Mit der Zeit vergrössern die ungewollten Konsequenzen das Problem.

Managementprinzip:

Aus einem kurzfristig stabilisierenden Kreislauf wird zeitverzögert ein sich aufschaukelndes Problem, weil die Scheinlösung einen Bumerang erzeugt hat. Um einen solchen Zyklus aufzubrechen, braucht es erstens das *Eingeständnis,* dass der *«Quick Fix» nur ein Symptom* und nicht die Ursache bekämpft. Dies ist schwierig zu erreichen, vor allem wenn starke Werte oder Normen im Spiel sind.

In der Drogenpolitik sind starke Werte verbreitet: Von der vollkommenden Freigabe bis zur erbitterten Bekämpfung (Repression) gibt es in der Bevölkerung und Politik alle Meinungen, die oft sehr vehement vertreten werden. Verschiedene Anspruchsgruppen wie die Grenzpolizei mit ihren Budgets, die Banken bei der Geldwäscherei und die Drogenkartelle mit ihren Profiten teilen das auf den ersten Blick überraschende positive Interesse hinsichtlich des repressiven Drogenkriegs – «War on Drugs» – der USA.

Zweitens ist die verbindliche Zusage notwendig, dass das eigentliche Problem an der Wurzel angepackt wird. Dazu braucht es meist eine langfristige Perspektive, welche von schnellen Patentrezepten absieht und dem Problem ohne normative Scheuklappen und mit angemessener Differenziertheit begegnet.

Archetyp 6: Problemverschiebung

Die Strukturen des Archetyps der Problemverschiebung sind in Organisationen ebenso verbreitet wie im privaten Leben. Sie sind immer dann am Werk, wenn unübersehbare Problemsymptome Aufmerksamkeit einfordern und wenn diese Symptome durch Schnellschüsse – mindestens vorübergehend – zum Verschwinden gebracht werden können. Die Problemverschiebung besteht aus zwei stabilisierenden Kreisläufen (▶ Abb. 46). Beide versuchen, demselben Problemsymptom zu begegnen. Der obere Kreislauf stellt die schnelle Lösung dar, den «Quick Fix». Sie beseitigt rasch das Problemsymptom, allerdings nur vorübergehend. Oft ist es recht offensichtlich, dass es sich dabei um keine nachhaltige Lösung handelt. Gleichzeitig ist sie oft mit Nebenwirkungen verbunden, welche es noch schwieriger machen, die fundamentale Lösung umzusetzen. Der untere Kreislauf arbeitet mit einer Zeitverzögerung. Er steht für eine grundsätzliche Reaktion auf das Problem, bei dem es länger dauert, bis die Auswirkungen erkennbar werden. Die grundlegende Lösung ist wesentlich effektiver, gleichzeitig aber oft anstrengender und aufwändiger.[1]

Bei der Problemverschiebung wird das tatsächliche Problem oftmals durch die unbeabsichtigten Nebenwirkungen verdeckt, sodass mit fortlaufender Dauer im System die Fähigkeit zur ursächlichen Problemlösung schwindet. Das ursprüngliche Problem bleibt unberührt und verschlimmert sich. Mit der Zeit ver-

1 Jay Forrester, der Vater der Systemdynamik und Professor am MIT, stellte schon vor mehr als fünfzig Jahren fest, dass Menschen ein Problem meist richtig identifizieren, aber das Falsche unternehmen, um damit umzugehen, und so alles nur noch schlimmer machen – exakt die Beschreibung der (damals noch nicht bekannten) Struktur der Problemverschiebung.

lassen sich die Menschen mehr und mehr auf die symptomatische Lösung, die ins Blickfeld rückt und bald zum einzigen Ansatz wird (▶ Abb. 47). Durch die Nebenwirkungen entsteht ein Suchtphänomen, welches zunehmend zum eigentlichen Problem wird. Dies zeigt die Problemverschiebung.

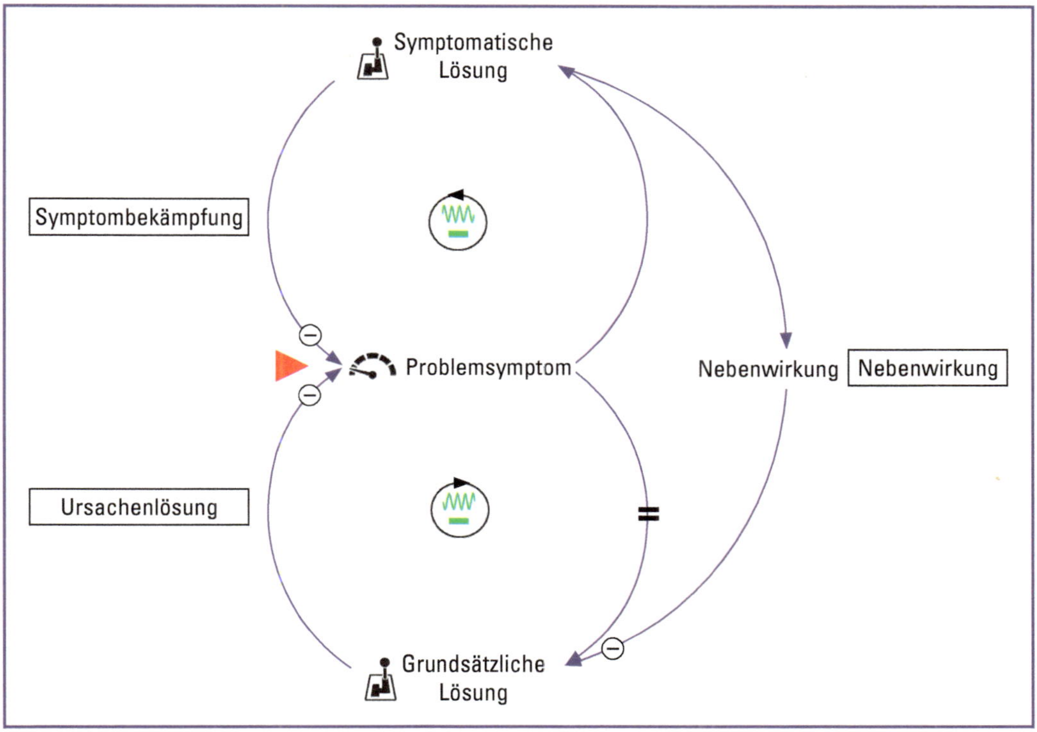

▲ Abb. 46 Archetyp 6 – Problemverschiebung
Quelle: eigene Darstellung, basierend auf Senge (2017)

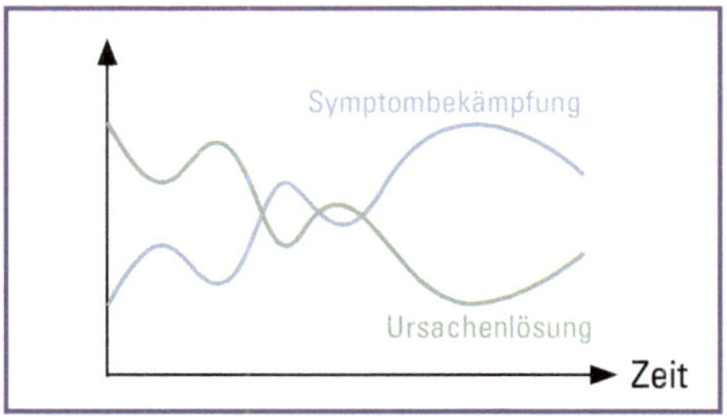

▲ Abb. 47 Archetyp 6 im Zeitablauf

Archetyp 6 stellt wiederum einen Spezialfall zu Archetyp 0 dar: Es wird zwar etwas geregelt und (vermeintlich) die Lücke geschlossen, allerdings das Falsche: nämlich die Symptome statt die Ursachen.

Managementprinzip:

Wenn man die symptomatische Lösung schwächen will, muss man bereit sein, die *Wahrheit über die Scheinlösung und die Sucht* auszusprechen. Die Folgen der Nebenwirkungen müssen deutlich werden und es braucht die Einsicht, dass dieser Weg letztlich in die Sackgasse führt. Notwendig ist eine Hinwendung zur eigentlichen Lösung und eine Abwendung von der Symptombekämpfung. Dies bedingt wiederum eine *langfristige* Ausrichtung und das Vorhandensein einer klaren, attraktiven, breit getragenen *Vision.*

Wird der Finanzbedarf eines Landes nicht dank starker Wettbewerbsfähigkeit und entsprechend hohen Staatseinnahmen ins Lot gebracht, drohen Defizite. Symptomatisch lässt sich dies durch steigende Verschuldung kurzfristig «lösen» (bzw. genauer: die Problemlösung in die Zukunft verschieben). Ein trauriges Beispiel dazu ist Griechenland, das sich im 21. Jahrhundert via Defizite zunehmend verschuldet hat. Die Nebenwirkungen der wachsenden Defizite und Verschuldung senken die Wettbewerbsfähigkeit zusätzlich, weil der Staat immer mehr unproduktives Geld für Zinsen ausgeben muss und weniger für produktive Sektoren übrig hat. Tritt hier die nationale Politik nicht mit einer klaren Vision eines starken, wettbewerbsfähigen Staates entgegen, der seine Ausgaben nachhaltig selber finanziert und den Nachkommen einen gesunden Haushalt hinterlässt, droht anhaltende Kapitalsucht: Mit der Kreditkarte der Kinder werden zu hohe Ausgaben der aktuellen Generationen finanziert und das Problem der Nachkommenschaft hinterlassen.

Archetyp 7: Abrutschende Ziele

Im Grundmuster «Abrutschende Ziele» (▶ Abb. 48) lässt sich eine Abweichung zwischen Ziel und der heutigen Realität durch eine Korrekturmassnahme (linker Kreislauf) oder eine Zielanpassung (rechter Kreislauf) schliessen. Zwei stabilisierende Kreisläufe sind über einen Soll-Ist-Vergleich miteinander gekoppelt. Der linke Kreislauf ist handlungsgeleitet, der rechte erwartungsgeleitet. In der Regel ist das Handeln aufwändiger, mühseliger, dauert länger und kennt keine Erfolgsgarantie. Die Anpassung des Ziels lässt sich dagegen mit leichter Hand, unmittelbar und mit erfreulichen Auswirkungen auf die Lücke erreichen. Entsprechend attraktiv ist es, den rechten und nicht den linken Kreislauf zu aktivieren. Solange im Alltag die Möglichkeit besteht, werden häufig lieber Ziele gesenkt als Anstrengungen gesteigert, um das Ziel doch noch zu erreichen (▶ Abb. 49).

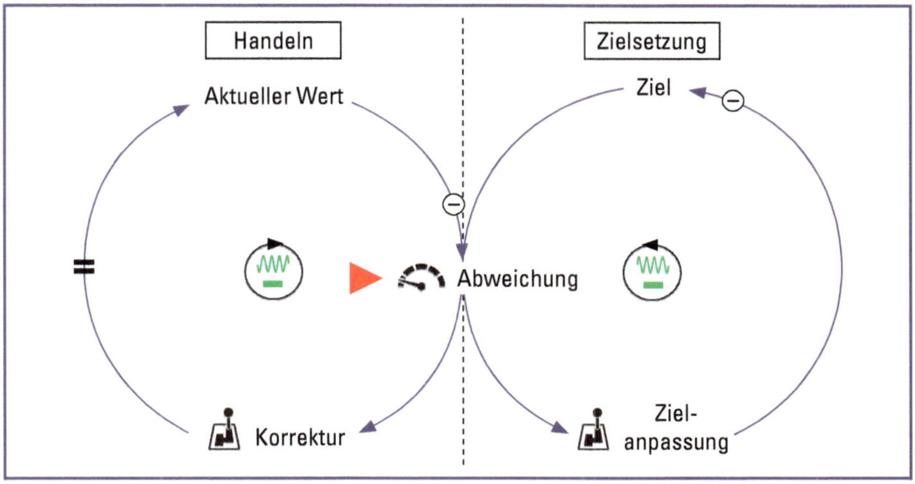

▲ Abb. 48 Archetyp 7 – Abrutschende Ziele
Quelle: eigene Darstellung, basierend auf Senge (2017)

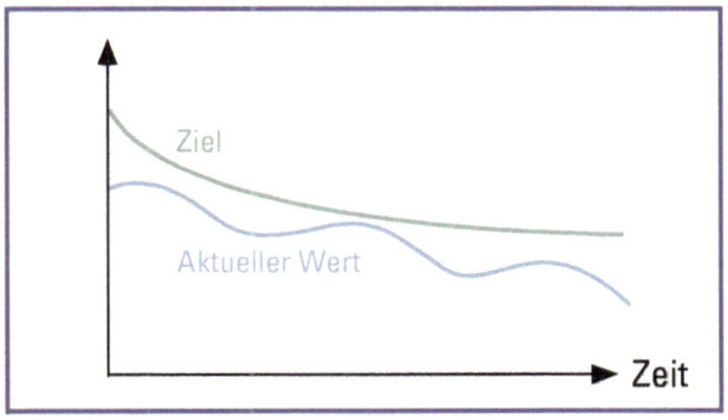

▲ Abb. 49 Archetyp 7 im Zeitablauf

Archetyp 7 stellt einen Spezialfall zu Archetyp 0 dar: Wie bei Archetyp 6 (Problemverschiebung) wird das Falsche geregelt, nämlich die Ziele statt die Massnahmen.

Managementprinzip:

Das sinnvolle Managementprinzip ist einfach formuliert: Es gilt, an *der Vision festzuhalten* und den mühsamen Weg zu bestreiten. Das ist zwar so attraktiv wie Frühlingsputz, führt aber meist zu realen Ergebnissen. Die handelnde Perspektive bedingt eine langfristige Sicht, attraktive Zukunftsbilder und eine ausreichende Portion Unerschrockenheit und Hartnäckigkeit.

Archetyp 8: Wachstum und Unterinvestition

Im Archetyp «Wachstum und Unterinvestition» werden gute Leistungen vermehrt nachgefragt, was das Leistungsvermögen verringert (▶ Abb. 50).

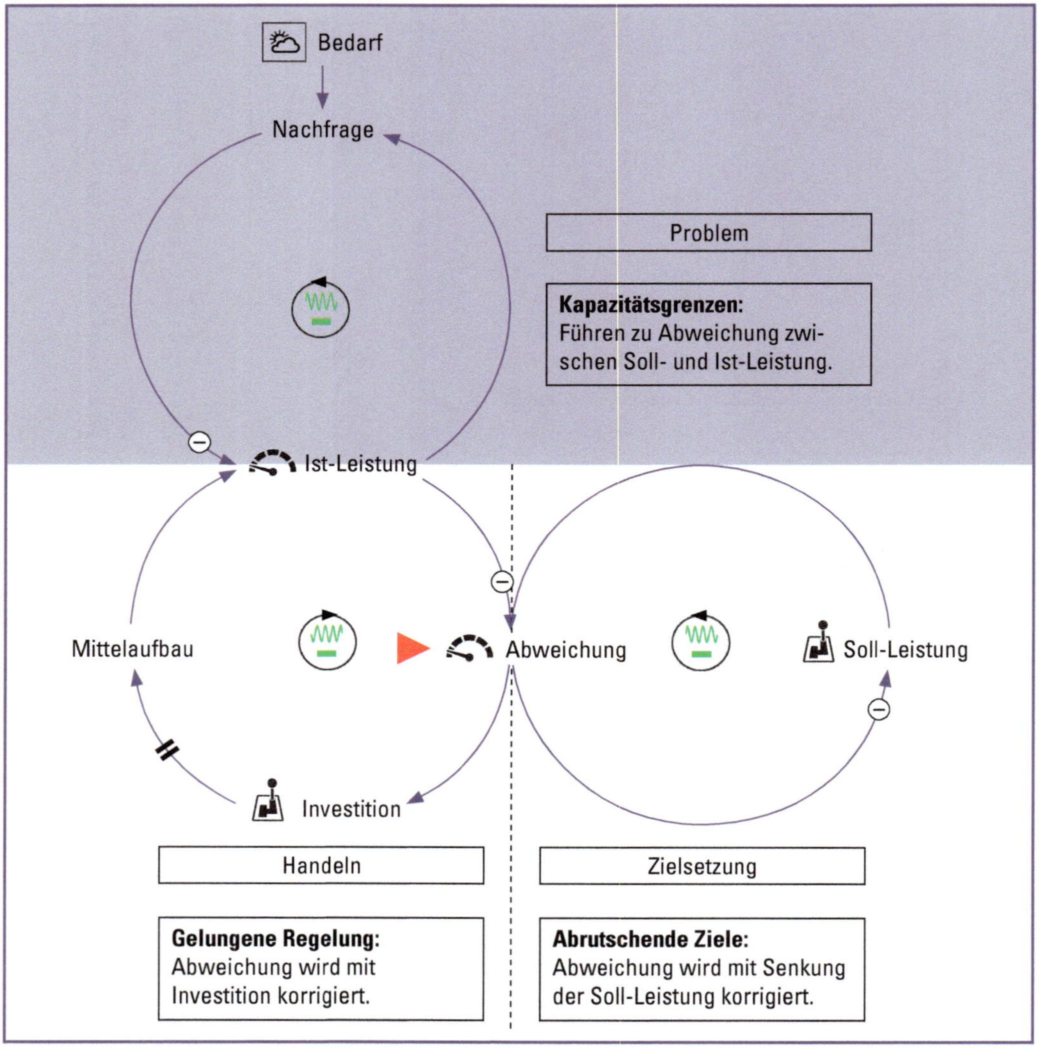

▲ Abb. 50 Archetyp 8 – Wachstum und Unterinvestition
Quelle: eigene Darstellung, basierend auf Senge (2017)

Ein kleines Unternehmen wird für seine guten Dienstleistungen durch Mundpropaganda bekannt und bekommt mehr Aufträge. Allerdings besteht ein Wachstumsproblem: Da die personellen Kapazitäten beschränkt sind und die bestehenden Mitarbeitenden bereits Überzeit arbeiten, sinkt die Leistungsqualität durch Zeitmangel und Fehler.

Es entsteht eine Abweichung zwischen Ist-Leistung (tatsächlicher Leistungsqualität) und Soll-Leistung (gewohntem Leistungsstandard). Die Gefahr besteht nun, dass (aus Unvermögen, Nachlässigkeit oder Bequemlichkeit) der Leistungsstandard abgesenkt wird, um die Abweichung zu beseitigen, analog zum Archetyp «Abrutschende Ziele». Die Abweichung könnte allerdings durch eine (effektive) Investition und entsprechenden Mittelaufbau geschlossen werden, weil dies die Leistung wieder verbessern würde. Dies käme dann einer gelungenen «Regelung» gleich.

Im obigen Beispiel würde die Chefin bzw. der Chef demnach neue Mitarbeitende einstellen, um den Kapazitätsengpass zu beseitigen. Damit wird die Möglichkeit für Wachstum geschaffen. Stösst ein Unternehmen auf anhaltenden Bedarf und investiert im Gegenzug laufend, kann es durch eine kluge und stetige Investitionspolitik Unterinvestitionen verhindern und nachhaltiges Wachstum fördern.

Archetyp 8 stellt eine Verknüpfung verschiedener Archetypen dar. Der obere Kreislauf zeigt (in einer verkürzten Darstellung) die Grenzen des Wachstums (Archetyp 3) auf. Werden diese Wachstumsgrenzen, die mangelnden Ressourcen, nicht durch zweckmässige Investitionen beseitigt (das heisst, entsprechend Archetyp 0 wirksam geregelt), sind abrutschende Ziele (Archetyp 7) die Folge. Vorausschauende, stetige und effektive Investitionen (und damit eine erfolgreiche Regelung im Sinne von Archetyp 0; vgl. den unteren Kreislauf links) schaffen die Bedingungen für nachhaltiges Wachstum. Dieses verstetigte Wachstum zeigt ▶ Abb. 51 im Zeitverlauf auf. Voraussetzung dafür ist allerdings, dass die Finanzierung der Investitionen gewährleistet werden kann.

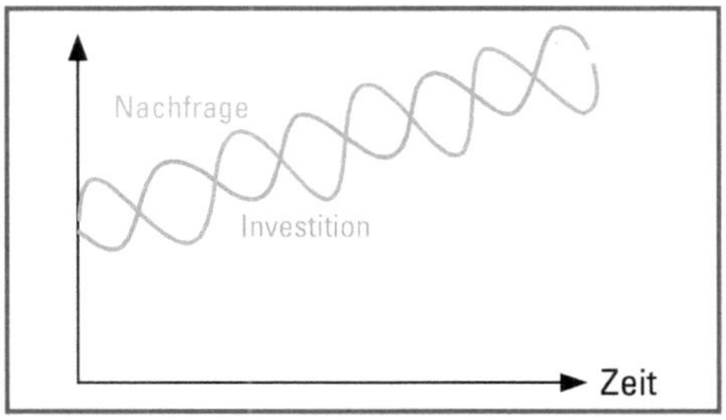

▲ Abb. 51 Archetyp 7 im Zeitablauf (gelungene Regelung)

Früher ging man davon aus, dass man nach der Ausbildung ausgelernt hat und nun den Beruf ein Leben lang erfolgreich ausüben kann. Diese Zeiten sind längst vorbei: In einer VUKA-Welt verändern sich die Anforderungen andauernd, um das Leben in seiner Vielfalt meistern zu können. Nicht umsonst wird von der Notwendigkeit des lebenslangen Lernens (LLL) gesprochen. Die bedeutet nichts anderes, als laufend in das eigene Skill-Set zu investieren, um dem gestiegenen Bedarf durch verbesserte Leistungen begegnen zu können. Eine ruhige Kugel zu schieben, erscheint vielleicht auf den ersten Blick verlockender, aber: Lernen und Herausforderungen bewältigen machen glücklich und stark!

Managementprinzip:

Leistungserfolg zieht meist mehr Nachfrage nach sich, was bei bestehenden Kapazitäten das Leistungsvermögen und die Leistung schmälert. *Durch rechtzeitige, andauernde und kluge Investitionen* werden Kapazitätsengpässe vermieden. Mit entsprechend langfristiger Perspektive und proaktiven Investitionen öffnet sich ein *Wachstumspfad,* der in die dynamisch geregelte *Erhöhung der eigenen Leistungsfähigkeit* einmündet. Ergo lautet das Managementprinzip: Falls Wachstumspotenziale erkannt werden, sind die Kapazitäten via Investitionen periodisch zu erhöhen, um den voraussichtlichen Bedarf decken zu können.

3.2 Welcher Unterschied besteht zwischen betriebs- und volkswirtschaftlichen Systemen?

Die Archetypen machen deutlich, dass der Komplexität der Probleme in der Wirkungsweise von Systemen oft eine bestechend elegante Einfachheit zugrunde liegt. Beispielsweise gibt es einen generischen Unterschied in der Ausrichtung betriebswirtschaftlicher und volkswirtschaftlicher Systeme: Die betriebswirtschaftlichen Systeme suchen eine Erfolgsspirale (Erfolg den Erfolgreichen), einen selbstverstärkenden Motor des Wachstums an Umsatz und Gewinn (▶ Abb. 52).

Dabei gibt es fast immer unbeabsichtigte Nebeneffekte bzw. begrenzende Kräfte von aussen, welche sich in stabilisierenden Feedbackschleifen zeigen und den Erfolg schliesslich bremsen. Systemisches Management von Unternehmen heisst grundsätzlich nichts anderes, als den «Engelskreis» an positiven Rückkopplungen möglichst unbehelligt am Laufen zu halten und gleichzeitig die negativen Feedback-Loops zu beseitigen, welche die Grenzen des Wachstums darstellen. Zudem unterliegt der Konkurrenzkampf dem selbstverstärkenden Muster der Eskalation, wobei die Konkurrenten versuchen, sich gegenseitig zu überbieten und die eigene Erfolgsspirale weiter nach oben zu schrauben.

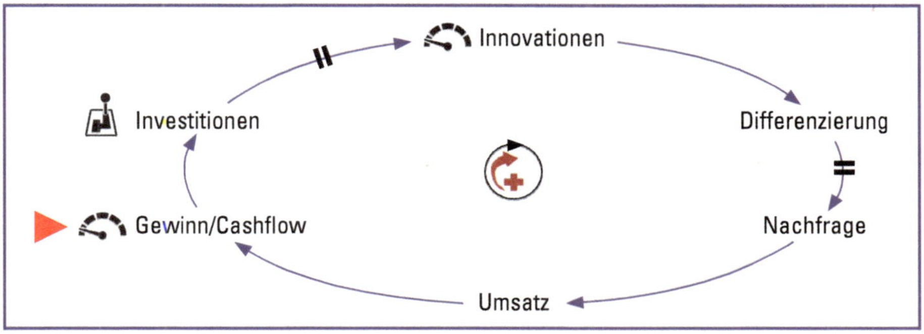

▲ Abb. 52 Betriebswirtschaftliche Erfolgsspirale

Etwas komplizierter verhält es sich mit volkswirtschaftlichen Zielsystemen: Diese streben, analog zu biologischen Systemen, oft nach Stabilität und sind deshalb ausgleichend (Regelung). So sorgt einzelwirtschaftlich (in der Mikroökonomie) der Marktmechanismus automatisch dafür, dass ein knappes (und daher teures Gut) vermehrt produziert, aber auch weniger nachgefragt wird. Das Knappheitsproblem wird damit gelöst. Die Natur liebt das Gleichgewicht, aber volkswirtschaftliche Systeme sind von Menschen gestaltet. Menschliche Entscheidungsträger verstossen häufig gegen das Prinzip der Ausgewogenheit. Die Kosten (wie Verschuldung, Inflation oder Umweltzerstörung) werden leider meistens der Allgemeinheit aufgebürdet. Das Problem von umfassenden volkswirtschaftlichen Systemen ist oft, dass sich durch die fatale menschliche Neigung zum «Quick Fix», zur Scheinlösung, das Problem akzentuiert. Der Bumerang kommt zurück. Oder aber die Pufferung der Ausgleichsfunktion geht verloren und die Symptombekämpfung von Problemen führt zu verstärkenden Teufelskreisen (Problemverschiebung). Wenn alles nichts bringt, kann man wenigstens noch die Lücke durch eine Zielsenkung verringern (das ist zwar weder zielführend noch ambitioniert oder mutig, aber die Erfahrung zeigt, dass viele Politiker so funktionieren). Gesamtwirtschaftlich (Makroökonomie) existiert aber auch ein zentraler Verstärkerkreislauf: Wirtschaftswachstum ermöglicht und verlangt oft nach noch mehr Wirtschaftswachstum (vgl. Binswanger, 2019; Binswanger, 2009). Dieses wird aber durch die Knappheit von physischen Produktionsfaktoren ausgebremst (Grenzen des Wachstums).

3.3 Wie lässt sich die Bedeutung der Systemarchetypen für das 21. Jahrhundert aufzeigen? Eine kleine systemische Geschichte der Menschheit

Bisher mag der Eindruck entstanden sein, die Reihenfolge der Archetypen 1 bis 8 sei zufällig gewählt. Dem ist nicht so. Zwischen den einzelnen Grundstrukturen bestehen plausible Abfolgemuster. Dies zeigt sich beispielsweise, wenn die jüngere Neuzeit mit einigen markanten Eckpunkten im Zeitraffer dargestellt wird.

Bis 1945 war die Welt, insbesondere Europa, durch kriegerische Auseinandersetzungen und teils jahrhundertealte Rivalenkämpfe geprägt. Beispiele sind die Auseinandersetzungen zwischen England und Spanien um die militärische Hoheit auf den Weltmeeren oder der «ewige» Konflikt zwischen Deutschland und Frankreich um die Vorherrschaft in Europa. In den letzten fünfhundert Jahren wurde die jeweils dominierende Macht sechzehn Mal von einem neuen wirtschaftlichen Aufsteiger herausgefordert (▶ Abb. 53). Zwölf Mal, also in drei Viertel aller Fälle, führte das zu Kriegen (Zulauf, 2018). Archetyp 1, Eskalation, kann als typisches Grundmuster der Neuzeit bezeichnet werden (und dürfte auch vorher schon massgeblich die Geschichte der Menschheit geprägt haben). Der reziproke Charakter der Eskalation («Jetzt können wir doch unmöglich auf-

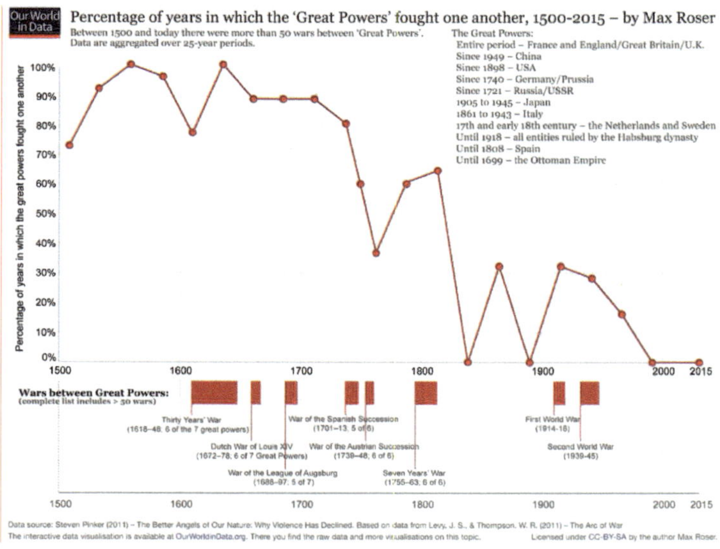

▲ Abb. 53 Übersicht über Kriege seit 1500.
Quelle: unverändert aus Roser (2016).

hören, nach all dem, was die uns angetan haben!») macht auch deutlich, warum die neuzeitlichen Herrschenden, Politikerinnen bzw. Politiker und Handlungstragenden, obwohl oft durchaus aufgeklärte und intelligente Persönlichkeiten, teilweise so lange auf zerstörerische Praktiken setzten. Traurige Höhepunkte in diesem bitteren Spiel waren der Erste und der Zweite Weltkrieg mit Millionen von Toten.

▶ Abb. 54 zeigt das Bündnissystem zwischen den beiden grossen europäischen Blöcken (der Dreibund Deutschland-Österreich-Italien sowie die Entente Grossbritannien-Russland-Frankreich) am Vorabend des Ersten Weltkriegs.

▲ Abb. 54 Blöcke der Widersacher vor dem Ersten Weltkrieg
Quelle: © Furfur; https://commons.wikimedia.org/wiki/File:Alianzen_in_Europa_1914.svg (5.12.2024)

Gerade der Erste Weltkrieg ging als Globaleskalation in die Geschichte ein, die mit einem verhältnismässig unbedeutenden, regionalen Ereignis (die Ermordung des österreichischen Erzherzogs Franz Ferdinand in Sarajewo am 28.6.1914) seinen Anfang nahm. Bezeichnenderweise passierte in den ersten Tagen nach dem Attentat verhältnismässig wenig. Es gab keinerlei Anzeichen, dass dieser politische Mord in den Super-GAU eines globalen Flächenbrands münden sollte. Die in ▶ Abb. 55 aufgeführten Schritte der Eskalation machen deutlich, dass die überraschende Kriegserklärung von Deutschland am 1. August 1914 an

Russland den entscheidenden Eskalationsschritt darstellte, der den regionalen Konflikt auf eine gesamteuropäische Ebene hievte. Danach erst brachen die Dämme (wobei es in der Folge verschiedene Zeitpunkte gegeben hätte, Deeskalationsschritte einzuleiten).

Datum	Schritte der Eskalation
28.06.1914	Attentat von Sarajewo, Erzherzog Franz Ferdinand stirbt
28.07.1914	Kriegserklärung Österreich-Ungarn an Serbien
01.08.1914	Kriegserklärung Deutschland an Russland
03.08.1914	Kriegserklärung Deutschland an Frankreich
04.08.1914	Kriegserklärung Grossbritannien an Deutschland
05.08.1914	Kriegserklärung Österreich-Ungarn an Russland

▲ Abb. 55 Eskalationsschritte im Ersten Weltkrieg

Klassisch für eine Eskalation ist aber, dass der Brand, einmal angezündet, ein massiv selbstverstärkendes Momentum aufweist. Das macht dieses Muster so unberechenbar und potenziell gefährlich.

In der gleichen Zeit, das heisst zu Beginn des 20. Jahrhunderts, setzte sich wirtschaftlich das ökonomische System der Marktwirtschaft praktisch global durch. Der Konkurrenzwettbewerb folgt ebenfalls dem Muster der Eskalation, wenn auch deutlich zivilisierter und unblutiger. Gleichwohl entspricht Konkurrenz einer Auseinandersetzung und führte bei den Betroffenen, insbesondere ohne die sozialen Absicherungsnetze, die erst nach 1945 installiert wurden, im Falle von Niederlagen (Konkursen und Arbeitslosigkeit) häufig zu existenziellen Problemen. *Gewinnerfirmen erhielten mehr Ressourcen* (wie Kapital, wertvolle Beziehungen oder gut ausgebildetes Personal) und wurden im Laufe der Zeit noch mächtiger. Die ersten Grosskonzerne entstanden: Ford (die erste Firma mit mehr als 100 000 Angestellten), General Motors, U. S. Steel, General Electric, Nestlé und VW. Grössenvorteile unterstützten die Dominanz der Riesen, (hausgemachte) Unbeweglichkeit und strategische Fehler liessen sie teilweise wieder abstürzen. Heute sind es die Datenkraken Amazon, Facebook, Google (Alphabet), Microsoft, Alibaba und Tencent, die dank ihrem Zugang zu gigantischen Datenozeanen alles über uns wissen und unser Leben beherrschen. Das alltägliche Leben ohne die in den USA «The Frightful Five» genannten Firmen (Amazon, Facebook, Google, Microsoft und Apple) ist denn auch kaum mehr möglich bzw. vorstellbar.

In den letzten Jahren hat die Dominanz der Riesen in verschiedenen Branchen wieder zugenommen, ein deutliches Indiz für den Archetyp 2 («Erfolg den Erfolgreichen»). Der auf Netzwerkeffekten basierende Plattformkapitalismus der Datenriesen stellt eine ernste Herausforderung der Zukunft dar.

Politisch stiegen die USA nach 1945, spätestens allerdings nach dem Fall der Mauer 1990, zur alleinigen Weltmacht auf. Unter ihrer Schirmherrschaft setzte sich die liberale Weltordnung in immer mehr Ländern durch und es folgte eine Phase relativen Friedens («Pax Americana») (▶ Abb. 56).

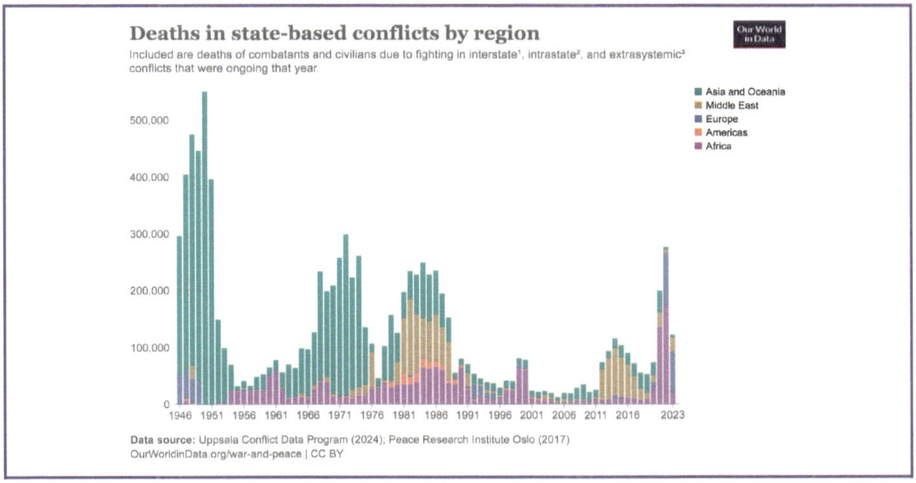

▲ Abb. 56 «Pax Americana»: Die Welt ist seit 1945 friedlicher geworden.
Quelle: unverändert aus Roser (2016).

Die «heilige Triade» Aufklärung sowie Marktwirtschaft und Demokratie (dieses Duo wird als Liberalismus bezeichnet) eroberte die Kontinente. Die USA konnten von Ressourcen profitieren, welche die anderen Grossmächte nicht hatten: Englisch wurde zur Weltsprache, der Dollar zur Weltwirtschaftswährung, die Wallstreet in New York zum dominanten Kapitalmarktzentrum, amerikanische Norm (neoliberale Politik, Managementstile, Boniregeln) und Way of Life (Musik, Hollywood, Coca-Cola, McDonald's und Starbucks) zur Leitkultur der Welt.

Die Wallstreet in New York, das globale Kapitalmarktzentrum.

Amerika profitierte enorm von diesen Standardsetzungen und Selbstverstärkungen (Archetyp 2, «Erfolg den Erfolgreichen»). Dies erklärt, warum dieser Aufstieg langanhaltend war und alternative Staats- und Wirtschaftsformen (zum Beispiel Diktatur oder Kommunismus) zurückgedrängt wurden. Nach dem Fall des Eisernen Vorhangs in Europa schien offensichtlich, dass Marktwirtschaft und Demokratie die erfolgreicheren Konzepte sind. Fukuyama (1992) verkündete in einem vielbeachteten Buch das Ende der Geschichte (obwohl zu diesem Zeitpunkt noch viele Staaten autokratisch regiert wurden, vgl. ▶ Abb. 57).

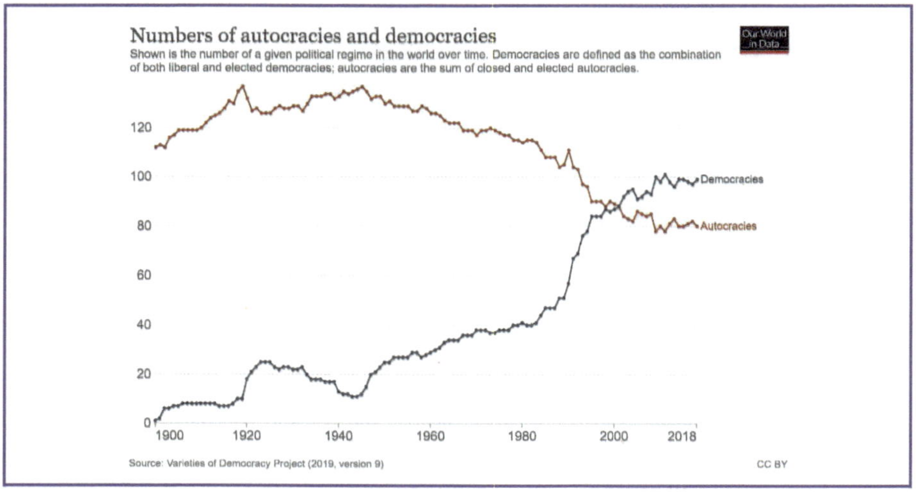

▲ Abb. 57 Vormarsch der Demokratie seit 1900.
Quelle: unverändert aus Roser (2013c).

Fukuyama vertrat die Position, dass sich nach dem Zusammenbruch von UdSSR, DDR und weiterer Satelliten bald die Prinzipien des Liberalismus in Form von Demokratie sowie Marktwirtschaft endgültig und überall durchsetzen würden. Die Demokratie habe deshalb als Ordnungsmodell gewonnen, weil sie das menschliche Bedürfnis nach sozialer Anerkennung relativ gesehen besser befriedige als alle anderen Systeme. Mit dem Sieg dieses Modells ende der Kampf um Anerkennung und es entfalle das Antriebsmoment der Geschichte. Inzwischen wissen wir, dass die Realität Fukuyama nicht bestätigt.

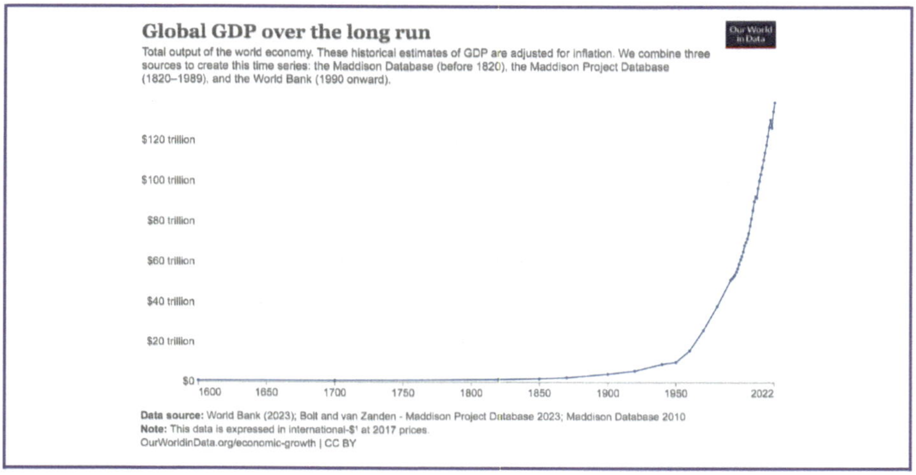

▲ Abb. 58 Welt-BIP seit 1600.
Quelle: unverändert aus Our World in Data (2020).

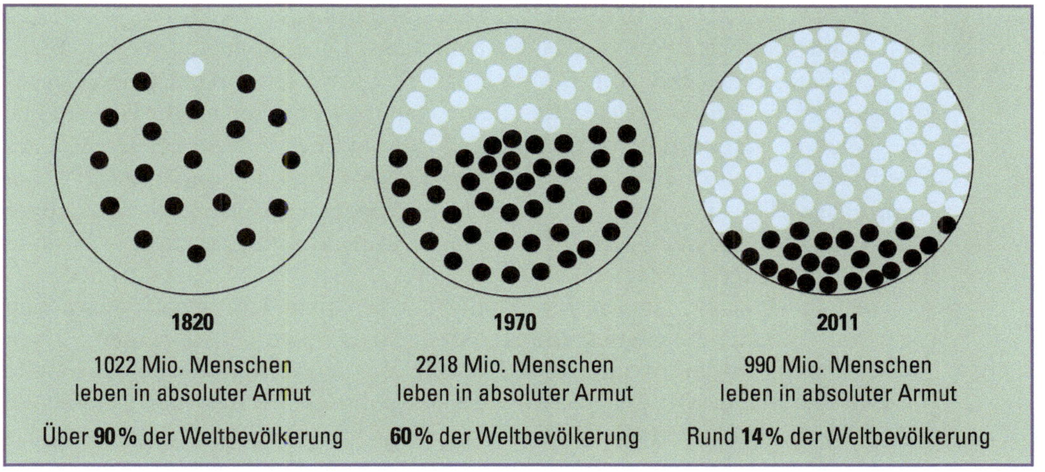

▲ Abb. 59 Anteil absolut armer Personen von 1820 bis 2011
Quelle: eigene Darstellung, basierend auf Mingels (2018a)

Die Marktwirtschaft mit ihrem inhärenten Entdeckungsdrang hat einen beispiellosen technologischen Fortschritt befeuert und der Welt massive Wohlstandgewinne beschert (◄ Abb. 58).

In den letzten zweihundert Jahren konnte ein Grossteil der wachsenden Bevölkerung der absoluten Armut entfliehen (vgl. ◄ Abb. 59).[1]

Insbesondere die Ausdehnung des Wettbewerbs auf den gesamten Erdkreis im Zuge der Globalisierung hatte aussergewöhnliche Wirkungen. Hier war es die Integration Chinas und des früheren kommunistischen Blocks in die Weltwirtschaft, welche die Globalisierung der letzten vierzig Jahre befeuerte wie nie zuvor. Die BIP-gewichteten Importe von 148 Volkswirtschaften haben sich von 1978 bis 2018 von 15% auf 30% des BIP verdoppelt. Der Höchstpunkt der letzten Globalisierungswelle im späten 19. Jahrhundert lag bei 14%, der Tiefpunkt nach dem Zweiten Weltkrieg bei 5% (Zulauf, 2018).

Trotz enormer Wohlstandsgewinne, insbesondere liberaler Demokratien, traten mit dem Wirtschaftswachstum ab den 1960er-Jahren auch die Nachteile zunehmend zu Tage. Berechtigte Kritik am marktwirtschaftlichen Modell wurde laut: Es kennt nur das Wachstumsdogma, bietet keine bzw. zu wenig Anreize für Nachhaltigkeit, die enormen externen Kosten der wirtschaftlichen Tätigkeiten werden zu wenig internalisiert. Der Club of Rome zeigte in einem vielbeachte-

1 Barack Obama fasste die Einsicht, dass wir in der besten aller bisherigen Welten leben, 2016 wie folgt: «Müssten wir einen Moment in der Geschichte wählen, um geboren zu werden, und wir wüssten vorher nicht, ob wir zu einer reichen Familie gehören würden oder zu einer armen, in welchem Land wir geboren würden, ob wir als Mann oder als Frau geboren würden – wenn wir blind wählen müssten, zu welchem Zeitpunkt wir geboren werden wollen, dann wäre es der jetzige» (Pinker, 2018).

ten Bericht (Meadows, 1972) die Grenzen des Wachstums (Archetyp 3) auf: Die Menschheit betreibe Raubbau an den natürlichen Lebensgrundlagen. Das absehbare Bevölkerungswachstum schaffe ernste Probleme. Ohne rechtzeitige Gegenmassnahmen würden einzelne Ressourcen bald erschöpft sein. Mit den Studien des Club of Rome wurde vernetztes Denken wahrscheinlich zum ersten Mal auf den Gesamtkontext Erde, unser globales Metasystem, angewandt. Auch wenn einzelne düstere Prognosen bis heute nicht eingetreten sind, zeigt die Analyse des Club of Rome in die richtige Richtung: Das menschenverursachte Wachstum schafft vielfältige Probleme.

Der abnehmende Grenzertrag dominanter Makromodelle manifestierte sich auch in der Unternehmenslandschaft. Ab einer gewissen Grösse zeigen Firmen Überkomplexität, Bürokratie und Trägheit, die teilweise die Grössenvorteile überkompensieren (Riedl, 2017). Selbst das politische System der Demokratie ist faktisch nicht alternativlos: Einzelnen Ländern gelingt es weniger gut, das Potenzial von Demokratie und Marktwirtschaft auszuschöpfen (Grenzen des Wachstums, Archetyp 3). Hinsichtlich Schnelligkeit und Entschlossenheit des Handelns weisen autokratische Systeme deutliche Vorteile auf. Einzelne Nationen wie Oman, die Arabischen Emirate, Singapur oder China zeigen auf, dass auch mit straffer Herrschaft politisch durchaus bemerkenswerte Resultate erzielt werden können. So setzt etwa die chinesische Bahnpolizei spezielle Brillen mit integrierter Kamera zur Gesichtserkennung ein, deren Bilder direkt mit der polizeilichen Datenbank abgeglichen werden.

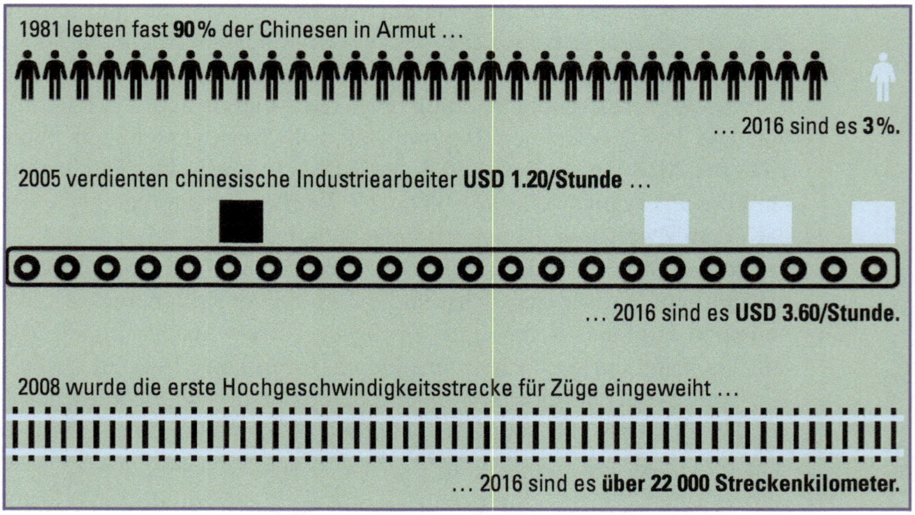

▲ Abb. 60 China: Fortschritte nach kapitalistischer Wende

Quelle: eigene Darstellung, basierend auf Mingels (2018b)

Die Hoffnung des Westens, dass sich China, nach seinem wirtschaftlichen Wandel von einem kommunistischen in ein kapitalistisches Regime und den daraus resultierenden enormen Wohlstandsgewinnen (vgl. ◀ Abb. 60), quasi von selbst demokratisiere, hat sich bisher nicht erfüllt.

Aktuell gibt es keinerlei Anzeichen für eine solche Entwicklung. Seit einigen Jahrzehnten zeigt sich auch das Muster der Tragödie der Allmende (Archetyp 4) immer stärker:[1] Marktwirtschaft ebenso wie Demokratie weisen im Umgang mit der Nachhaltigkeit Schwächen auf. Bei Allmendegütern besteht Rivalität im Konsum (das heisst, nicht alle können das Gut gleichzeitig nutzen), während das Ausschlussprinzip nicht oder nur beschränkt durchgesetzt werden kann. Auf einen einfachen Nenner gebracht: Alle wollen bzw. können Gemeingüter brauchen, aber dies führt fast zwangsläufig zu einer Übernutzung. Viele sehr wertvolle Systeme stellen Allmendegüter dar: Unsere grünen Lungen, der Regenwald (bedroht durch exzessive Abholzung), die Ozonschicht (zersetzt durch Klimagase), Flora und Fauna (übernutzt, wie die vielen ausgestorbenen Arten oder die globale Überfischung zeigen; vgl. Waibel & Mauchle, 2023), das Klima (gefährdet durch die starke Erderwärmung). Zwar hatte die Marktwirtschaft massive Produktivitätsgewinne hervorgebracht (vgl. zum Beispiel die Agrarfortschritte in ▶ Abb. 61).

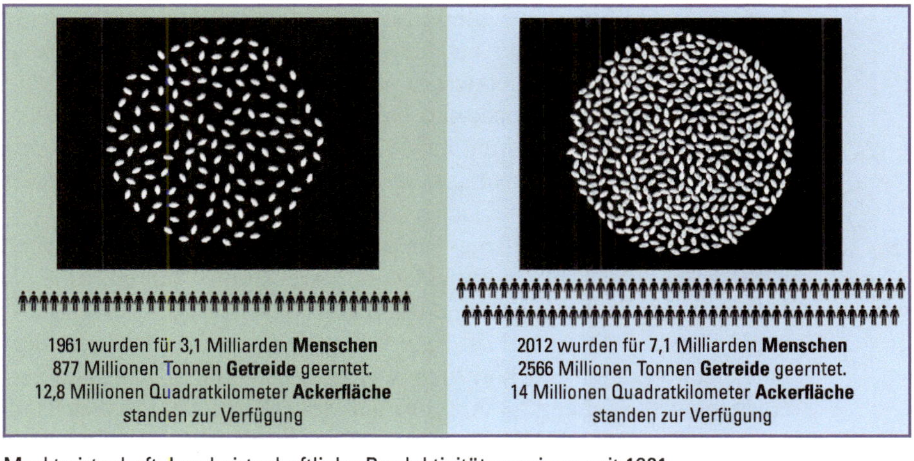

▲ Abb. 61 Marktwirtschaft: Landwirtschaftliche Produktivitätsgewinne seit 1961
Quelle: eigene Darstellung, basierend auf Mingels (2018a)

Gleichzeitig haben aber auch die Umwelt- und insbesondere Klimabelastungen deutlich zugenommen. Die Klimakrise stellt heute für viele das grösste Problem des 21. Jahrhunderts dar.

---

1 Das Problem gibt es schon lange, aber erst seit die Menschheit zahlenmässig stark gewachsen ist, wurde es zur globalen Herausforderung.

Grenzen des Wachstums überwinden bzw. die Tragödie von Allmendegütern verringern: Beide Vorhaben bedingen gute Politik in stärkerem Ausmass als Ansatzpunkte zu anderen Archetypen. Nun zeigt sich die Qualität von politischen Massnahmen im Grundsatz breit verteilt. Nebst fähigen Politikerinnen bzw. Politikern, effektiven Parteiprogrammen und zielorientierten Massnahmen gibt es auch das Gegenteil davon. Werden statt nachhaltiger Lösungen Schnellschüsse implementiert, droht die Gefahr von späteren Backlashes: Das Imperium schlägt zurück. Der Bumerang kurzfristiger Scheinlösungen (Archetyp 5) ist dann im Anflug. Wer beispielsweise einheimische Arbeitende mit Grenzmauern und Zöllen auf ausländischen Produkten schützt, riskiert nicht nur einen Handelskrieg (Eskalation in Form eines Teufelskreises) und beschädigt die Beziehungen zu seinen Handelspartnerinnen bzw. Handelspartnern, sondern schwächt auch die Konkurrenzfähigkeit der eigenen Branchen im anhaltenden globalen Wettbewerb, weil beispielsweise die importierten Rohstoffe und Halbfabrikate teurer werden.

Das gleiche gilt für den einseitigen Ausstieg aus multilateralen Klimaabkommen: Dies als Vorteil für die eigene Industrie zu verkaufen, ist zu kurz gedacht. Die unmittelbare Entlastung der Firmen durch weniger Regulierungen und Kosten wird bald durch geringere Konkurrenzfähigkeit auf den Weltmärkten ausradiert. Als Vorreitende im Klimaschutz profilieren sich Unternehmen anderer Länder. Mittelfristig verschlimmert sich das einheimische Problem. Zudem ist das Klima globaler Natur und macht nicht vor nationalen Grenzen halt. Auch werden supranationale Netzwerke (wie die Vereinten Nationen UNO, ihre Unterorganisationen, die Europäische Union EU, die Welthandelsorganisation WTO oder der Internationale Währungsfonds IWF) geschwächt. Diese sind allerdings häufig die zentralen Akteure, wenn es um globale Probleme geht. Was alle angeht, können nur alle miteinander lösen.

Ebenfalls ein unerfreuliches Ende nimmt es dann, wenn die eingeleiteten Massnahmen zu einer Problemverschiebung (Archetyp 6) führen. Eine grundlegende Prämisse der Demokratie ist, dass Volksentscheide im Grossen und Ganzen zu vernünftigen politischen Lösungen führen (bzw. wenn nicht, dass diese in absehbarer Zeit erkannt und korrigiert werden). Der untere Kreislauf in Archetyp 6 (Problemverschiebung, ◀ Abb. 46 auf Seite 81) steht für diese grundsätzliche Lösung. Ein Beispiel sind über die Zeit ausgeglichene Haushaltsabschlüsse. Jedem Kind leuchtet ein, dass man auf Dauer nicht mehr ausgeben kann, als man einnimmt. Politisch kann man allerdings in vielen, gerade auch sogenannt «weit entwickelten» Staaten damit Stimmen machen, wie die praktisch ständig steigenden Staatsschulden in Ländern wie Frankreich, Italien, Griechenland, Japan oder den USA zeigen.

Seit 1974 haben die wechselnden französischen Präsidenten in keinem Jahr mehr einen Haushaltsüberschuss erzielt! Präsident Trump hatte seinerzeit sein Wahlversprechen eingehalten und die Steuern gesenkt, insbesondere für Unternehmen und sehr Reiche. Wie es funktionieren sollte, dass gleichzeitig mehr Geld, zum Beispiel für die Armee, ausgegeben wird, diese Antwort ist er aber schuldig geblieben. Nachhaltig ist eine solche Politik jedenfalls nicht. Wie der grundsätzliche, zweckmässige finanzielle Politikansatz aussehen sollte, kann wiederum jedes Kind benennen: Man muss einfach Einnahmen und Ausgaben in etwa aufeinander abstimmen! In Krisenjahren kann man einmal eine Ausnahme machen, sofern man die Mehrausgaben in einem Spitzenjahr wieder kompensiert. So einfach ist es. Leider muss man sagen: So einfach wäre es, wenn sich nicht in vielen Nationen eine Kultur des haushaltpolitischen Laissez-faire eingenistet hätte (und damit eine symptomatische Lösung im oberen Kreislauf von Archetyp 6, Problemverschiebung, ◀ Abb. 46). Offensichtlich hat man sich in manchen Ländern damit abgefunden, dass der Haushalt nicht im Lot ist. Hat man erst einmal die Zügel über Jahre schleifen lassen und ist der Schlendrian in der Politik drin, wird man diese nachlässige Gewohnheit nicht mehr los. Durch die anhaltende Symptombekämpfung der permanenten Deckung von Defiziten via neue Kredite gerät die ursächliche Schwierigkeit (Haushaltschieflage) ausser Blick. Dafür hat man aber ein Suchtproblem am Hals. Das Leben auf zu grossem Fuss ist zur neuen Normalität geworden. Man hat sich an die Kapitalsucht gewöhnt. «Basta, Ende der Diskussion. Und überhaupt, das machen doch (fast) alle so …»[1] Man muss kein Prophet sein, um zu ahnen, dass das dicke Ende dieses «liederlichen Finanzgebarens» (Zulauf, 2018) noch kommt.

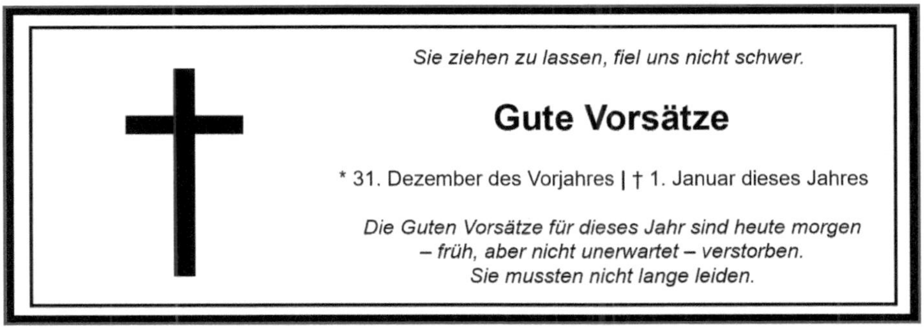

▲ Abb. 62 Der Archetyp «Abrutschende Ziele» setzt bereits früh im Jahr ein
Quelle: eigene Darstellung, basierend auf New Reformation (2019)

Noch schlimmer ist die Reaktion, wenn de facto kapituliert wird: Statt reale Massnahmen aufgrund eines Gaps zwischen Wunsch und Wirklichkeit einzuleiten (wie dies Archetyp 0 als klassische Regelung vorsieht), lässt man das Handeln gleich ganz. Es werden keine Ärmel mehr zurückgekrempelt und es wird nicht mehr in die Hände gespuckt. Kein «Frisch auf und angepackt!», keine Tatkraft mehr, stattdessen wird die weisse Fahne gehisst. Lücken werden auch geschlossen, wenn statt der Realität die Träume angepasst werden. Wer tiefe Ziele hat, wird fast immer fast alle erreichen. Der Archetyp 7, abrutschende Ziele, entspricht dem wohl mutlosesten Muster.

1 «Après nous le déluge», «nach uns die Sintflut», Ludwig dem XV. oder seiner Mätresse Madame Pompadour zugeschrieben, war scheinbar bereits herrschaftliche Parole im 18. Jahrhundert.

Verlieren kann nur, wer überhaupt gekämpft hat. In manchen Situationen ist es für viele besser, stattdessen die Ziele zu senken und auf den Kampf zu verzichten. Wenn das Soll sich dem Ist anpasst, verschwindet die Lücke auch und erst noch ohne Anstrengungen. Um an das vorhergehende Beispiel der wachsenden globalen Verschuldung anzuknüpfen: In den 1990er-Jahren definierten die Staaten der EU sogenannte Konvergenzkriterien, welche Länder zu erfüllen hatten, wenn diese in die EU eintreten wollten. Die beiden wichtigsten Hürden waren zwei Grössen in Relation zur gesamten Wirtschaftsleistung (BIP): Das jährliche Defizit durfte maximal 3 % und die Gesamtverschuldung maximal 60 % betragen. Selbstredend erfüllten zu diesem Zeitpunkt die EU-Länder diese Anforderungen, auch wenn es bereits Unschärfen gab (zum Beispiel bei der italienischen Verschuldung). Heute ist von der ursprünglichen Disziplin nicht mehr viel übrig: Viele Staaten haben in den letzten Jahren das Defizitkriterium deutlich überschritten, und die Schuldenquote etwa von Frankreich liegt inzwischen bei knapp 110 %, jene von Italien bei rund 140 % des BIP. Der EU-Durchschnitt liegt bei bemerkenswerten 90 %.

Die Ziele von früher wurden mehr oder weniger offensichtlich fallengelassen (bzw. durch ein löchriges Netz von vielen Ausnahmen ersetzt), sonst hätte sich plötzlich die Mehrheit der EU-Länder auf der Anklagebank der Defizitsünder wiedergefunden. Und was nicht sein darf, kann nicht sein.

In der Klimapolitik haben abrutschende Ziele eine möglicherweise noch fatalere Wirkung: Aktuell wird heftig darüber debattiert, ob das Klimaziel der maximalen Erderwärmung bis 2050 von 2 °C noch zu halten ist. Einige Experten gehen davon aus, dass dies kaum noch erreicht werden kann, mit möglicherweise dramatischen Folgen für Menschen, Tiere und Planet.

Generell gilt: Gerade im politischen Sektor ist es oft einfacher, Ziele (nach unten) anzupassen, als eine nachhaltige, langfristige Politik zu verfolgen. Nicht nur im politischen Bereich, sondern auf allen Systemebenen werden kluge, ausreichende und anhaltende Investitionen notwendig sein, um Unterinvestitionen zu verhindern und weiterhin Wachstum (Archetyp 8) zu ermöglichen.

3.4 Quintessenz: Archetypen sind Sehhilfen, der Schlüssel zur Erkenntnis von verbreiteten Grundmustern

Eine plausible Abfolge von systemischen Archetypen, wie sie am Beispiel einer (reduzierten) Kurzfassung der Historie der letzten zweihundert Jahre aufgezeigt wurde, lässt sich also wie folgt zusammenfassen:

Die Geschichte der Menschheit ist grundsätzlich eine kriegerische Eskalation. Grossreiche und Herrschaftssysteme gewannen an Macht (Erfolg den Erfolgreichen), verloren aber meist aufgrund von eigenen Limitierungen (Grenzen des Wachstums) wieder an Einfluss. Politisch stiegen die USA nach 1945, spätestens allerdings nach dem Fall der Mauer 1990, zur alleinigen Weltmacht auf (Erfolg den Erfolgreichen). Unter ihrer Schirmherrschaft setzte sich die liberale Weltordnung in immer mehr Ländern durch und es folgte eine Phase relativen Friedens («Pax Americana»). Die «heilige Triade» Aufklärung sowie Marktwirtschaft und Demokratie (dieses Duo wird als Liberalismus bezeichnet) eroberte die Kontinente. Die USA konnten von Ressourcen profitieren, welche die anderen Grossmächte nicht hatten: Englisch wurde zur Weltsprache, der Dollar zur Weltwirtschaftswährung, die Wallstreet in New York zum dominanten Kapitalmarktzentrum, amerikanische Norm (neoliberale Politik und Management) und Way of Life zur Leitkultur der Welt (Erfolg den Erfolgreichen). In der gleichen Zeit setzte sich wirtschaftlich das ökonomische System der Marktwirtschaft praktisch global durch. Der Konkurrenzwettbewerb folgt dem Muster der Eskalation, wenn auch deutlich zivilisierter und unblutiger als kriegerische Auseinandersetzungen. Die Marktwirtschaft mit ihrem inhärenten Entdeckungsdrang sowie die Kreditfinanzierung der notwendigen Investitionen durch das entstehende Bankensystem haben einen beispiellos technologischen Fortschritt befeuert und der Welt massive Wohlstandgewinne beschert. In den letzten zweihundert Jahren konnte ein Grossteil der wachsenden Bevölkerung der absoluten Armut entfliehen (Erfolg den Erfolgreichen). Heute sind es die Datenkraken Amazon, Facebook, Google, Microsoft, Alibaba und Tencent, die dank ihrem Zugang zu gigantischen Datenozeanen alles über uns wissen und unser Leben beherrschen. Der auf Netzwerkeffekten basierende Plattformkapitalismus der Datenriesen (Erfolg den Erfolgreichen) stellt eine ernste Herausforderung der Zukunft dar.

In neuerer Zeit zeigt das marktwirtschaftliche System Schwächen im Umgang mit Gemeingütern wie Klima, Regenwald, Artenvielfalt und Fischbestand auf (Tragödie der Allmende). Versuche, die Grenzen des Wachstums zu überwinden bzw. effektiv mit der Tragödie der Allmendegüter umzugehen, enden nicht selten in Scheinlösungen mit Bumerang (zum Beispiel Abwertungs- und Handelskriege) oder Problemverschiebungen (zum Beispiel Kapitalsucht und Verschuldung) und sogar, noch schlimmer, wenn der Wille zu mutigen und effektiven Lösungen schwindet, im Abrutschen vormals ambitionierter Ziele (zum Beispiel hinsichtlich Haushaltsdisziplin und Verschuldung oder Klimaerwärmung).

Die Menschheit ist im 21. Jahrhundert vielfältig gefordert – wie die Coronakrise und auch die kriegerischen Eskalationen in der Ukraine und im Nahen Osten gezeigt haben. Um die Herausforderungen zu meistern, werden auf allen Systemebenen kluge, ausreichende und anhaltende Investitionen notwendig sein, um Unterinvestitionen zu verhindern und weiterhin Wachstum zu ermöglichen. Wenn die Menschheit der zentrale Akteur für Veränderungen sein soll, macht es auch Sinn, aus einer systemischen Perspektive unter die Lupe zu nehmen, wie dieses superkomplexe System in den Grundzügen funktioniert.

Kapitel 4
Wie tickt das superkomplexe System Mensch?

Take-aways

Das menschliche Gehirn ist das komplexeste Einzelsystem, das wir kennen. Der Mensch, als superkomplexes individuelles Wesen, verhält sich als Angehöriger von Organisationen oder Umsystemen zugleich als Gestaltender und Gestalteter.

Der Wandel der Evolution spiegelt sich im «Survival of the Fittest»: Diejenigen Spezies zählen zu den Gewinnern, die sich am besten an die umgebenden Faktoren anpassen können.

Alle Lebewesen, von einfach bis komplex, unterliegen der Operation der *«Homöostase»:* In jeder Zelle prägt sich ein kraftvoller, scheinbar unbezähmbarer Drang aus, *sich selbst am Leben zu erhalten* und weiterzukommen.

Das (biologische) Prinzip der *Homöostase* oder *Selbstregulation* (unser Archetyp 0) ist das *grundlegendste Operationsprinzip lebender Organismen.* Es findet zum Beispiel in Lebensvorgängen fortlaufend und unbemerkt statt, meist bei Veränderung von Gleichgewichtszuständen. Strengen wir uns zum Beispiel an, intensiviert sich die Atmung, um dem Körper mehr Sauerstoff zuzuführen.

Lebewesen verfügen dank *Homöostase* über ein *ausgefeiltes Repertoire von Reaktionsketten,* mit denen auch extreme Situationen und Verhaltensweisen, die eigentlich den Zusammenbruch der anspruchsvollen Balance im Körper zur Folge haben müssten, abgefedert werden können.

Der Mensch unterliegt, trotz der Möglichkeit zu eigenständigen Entscheidungen, ebenso dem Homöostase-Prinzip. Ein Beispiel dafür ist die *Homöostase des Gehirns,* die durch die *Blut-Hirn-Schranke* aufrechterhalten wird. Sie schützt das Gehirn vor im Blut zirkulierenden Krankheitserregern und Giften.

Das *zweite zentrale Operationsprinzip* des komplexen Systems Mensch (und anderer höherer Lebewesen) ist die *«Autopoiesis»,* der Prozess der Selbsterschaffung und -erhaltung eines Systems.

Die beiden Grundoperationen lassen sich im Hirnaufbau verorten: Das sogenannte «Reptilienhirn» ist für die *Homöostase* zuständig, das *limbische System* und der *Neokortex* für die *Autopoiesis.*

Autopoiesis ist, im Unterschied zur Homöostase, der *steuernde Selbsterhalt* höherer Lebewesen (während bei einfachen Lebensformen sich dies via biochemische Prozesse homöostatisch autonom materialisiert). Zudem *wählt* das System seine Aussenkontakte *selbst aus* (bei der Homöostase findet keine Auswahl statt).

Alle Aktivität eines autopoietischen Systems, zum Beispiel einer Person, ist *systemabhängig,* alles Verhalten eines Individuums also *subjektbedingt* (das heisst von inneren Faktoren bestimmt). Hier trifft sich die Systemtheorie mit dem (radikalen) Konstruktivismus.

Konkret: Wenn *zwei* Personen das *Gleiche hören,* können sie durchaus *etwas völlig Verschiedenes verstanden haben,* weil der Aussenimpuls auf zwei unterschiedliche Systeme trifft und unterschiedlich verarbeitet wird. Es gibt keine Objektivität, die individuelle Subjektivität ist massgebend.

Wir alle sehen und hören das *(nur scheinbar!) Identische* – ein Bild, ein Geräusch, eine Person, eine Situation – immer wieder «anders» oder «neu».

Bezüglich Umwelt bedeutet Autopoiesis, dass zum Beispiel ein Mensch – bewusst oder unbewusst – eine stark reduzierte Auswahl der externen Impulse trifft. Würde die Hyperkomplexität der Welt ungefiltert auf uns einstürzen, würden wir alle in kurzer Zeit verrückt.

Ein Beispiel aus der *Führung:* Eine *systemische Führungsperson* geht von der Prämisse aus, dass *Menschen von aussen prinzipiell nicht steuerbar sind,* sondern als strukturdeterminierte Systeme immer im Sinne der eigenen Innenstruktur handeln.

Menschen reagieren auf gleiche Rahmenbedingungen (wie zum Beispiel *denselben Vorgesetzten)* teils völlig unterschiedlich, weil sie *innerlich ganz anders ticken.*

Mitarbeitenden werden heute oft als *«Soft Factors»* gesehen. Das Gegenteil trifft zu: Menschen sind *systemisch* gesehen *«Hard Factors»,* sie sind von aussen kaum zu steuern, sofern sie nicht selbst von den vorgebrachten Ideen überzeugt sind. Eine systemische Sicht der Führung mahnt zu *Bescheidenheit* und *Demut.* Dennoch ist der *Machbarkeitswahn* im Management weit verbreitet.

Der uns inhärente Autopoiesis-Drang und damit unsere grundsätzliche Innenorientierung trägt zur Erklärung bei, warum Menschen sowohl den *eigenen Einfluss* als auch den von *weiteren Personen* systematisch *überschätzen* und die Wirkung von *Rahmenbedingungen unterschätzen.*

Wird die «Blackbox» der Selbsterhaltung (Autopoiesis) geöffnet, stossen wir auf unsere *Gefühle.* Noch immer wird unterschätzt, *wie zentral* diese für unser Verhalten sind.

Gefühle sind die *persönliche Wahrnehmung bestehender Emotionen,* also körperlicher Reaktionen (wie stockender Atem, erhöhter Puls, Schwitzen). Gefühle stehen am Anfang allen unseren Tuns. *Ohne Gefühle* wären Menschen *unfähig zu handeln* und wüssten nicht, was sie denken sollten.

Gedanken sind immer emotional eingefärbt. *Es gibt kein Denken ohne Fühlen.*

Daraus folgt: Zum Beispiel bei demokratischen Entscheidungen *gewinnen nicht* die Personen mit den *sachlich überzeugendsten Argumenten,* sondern *jene,* welche das Publikum *emotional am stärksten abholen.*

Man muss dazu nicht einmal positive Emotionen wecken. Wie viele *Populisten* beweisen, kann das *Schüren von Ärger, Angst, Wut* oder *Hass* eine *sehr effektive politische Strategie* sein.

Motivation benennt das *emotional basierte menschliche Streben nach Zielen.* Hinter diesem Handlungswillen stehen Motive oder Beweggründe. McClelland hat *drei Grundmotive* mit *besonders starkem Einfluss auf das Verhalten* identifiziert: Demnach weisen Menschen die Primärmotive *Zugehörigkeit, Macht* sowie *Leistung* auf.

Viele *konkrete Verhaltensweisen* einzelner Personen lassen sich besser lesen, wenn man sie *an diesen drei Schlüsselmotiven spiegelt.*

Emotionen wirken auf die *Motivation,* welche der Ausgangspunkt unseres *Verhaltens* ist. Dabei ausgeschüttete *hirneigene Belohnungsstoffe,* wie zum Beispiel *Dopamin* oder *Adrenalin,* sind Drogen chemisch sehr ähnlich und erzeugen bei ihrer Freisetzung *Lustgefühle.*

Da wir den positiven Zustand der «Drogenausschüttung» immer wieder herbeizuführen versuchen, sind diese Emotionen *die zentrale Steuerungseinheit für unser Verhalten.*

Der Autopoiesis-Drang führt zum Beispiel dazu, dass es *«rational»* sein kann, eine für ein begehrtes Ergebnis notwendige *Hürde zu verweigern:* Zwar verwirke ich damit meine Chance auf Erfolg, habe aber *wenigstens nicht versagt.* Die Option, es schaffen zu können, wenn ich nur wollte, bleibt erhalten. Mein *Selbstbild* eines *potenziellen Gewinners kann bestehen bleiben.*

Die *beiden Hauptakteure der Autopoiesis* sind das *limbische System im Hirnzentrum* (Emotionssteuerung, *System 1)* und der entwicklungsgeschichtlich neueste Teil, das *Grosshirn* (Denken, *System 2).*

Wir gehen durchs Leben und treffen die meisten Entscheidungen mit unserem gefühlsbasierten intuitiven System 1, das *schnell* und *mühelos* arbeitet, dabei aber auch *einige Fehler* macht. Die *autopoietische Funktion von System 1* liegt in der substanziellen *Komplexitätsreduktion* und praktischen *Nützlichkeit.*

System 1 sucht nicht die Wahrheit, sondern die *Bestätigung* unserer Überzeugungen und damit *des eigenen Egos.* Dazu *bastelt es sich ein selbstwertschonendes Verständnis der Welt zusammen.* Dieser kohärenzorientierte und damit oberflächliche Mechanismus ist unser *Autopilot.*

System 2 ist unser *Pilot,* unser Denken, unser Verstand, unsere Selbstbeherrschung. Es kommt zum Einsatz, wenn wir überlegen, rechnen, analysieren, beurteilen oder reflektieren.

Mit *«Intelligenz»* wird das *Potenzial von System 2* bezeichnet, also unsere maximale geistige Grundausstattung. Dagegen entspricht die *Vernunft* dem Urteilsvermögen, der *praktischen Klugheit* und damit dem *konkreten Einsatz der Intelligenz im Alltag.*

In der Natur verbraucht nichts mehr Kalorien als unser Grosshirn. *System 2* ist deshalb *grundsätzlich faul.*

Gerade bei *kritischen Lebensentscheiden,* wie zum Beispiel wichtigen Investitionen (Berufswahl, Studienrichtung, Hauskauf, Geldanlage oder Vorsorge), lohnt es sich, den wachen Verstand von *System 2 hochzufahren* und nicht nur auf das Bauchgefühl von System 1 zu vertrauen.

System 1 und System 2 bilden, systemisch betrachtet, die «innere Struktur», das, was der Selbsterhaltungsdrang der Autopoiesis optimal schützen will. Die *Beziehung zwischen den beiden Systemen* bestimmt letztlich *unser individuelles Verhalten.*

Wir sind *umgeben von beeindruckenden Werken des Verstandes (System 2),* wie zum Beispiel ein Auto oder ein Smartphone. Gleichzeitig funktioniert unser *Höhlenmenschen-Gehirn* hinsichtlich Verhaltenssteuerung nicht primär danach, was uns rational einleuchtet, sondern *was sich gut anfühlt (System 1).*

System 1 steht am *Anfang und Ende jeder Entscheidung.* Es gibt *kein rationales Entscheiden,* bloss rationales Abwägen. Auch wenn *System 1* von System 2 beraten werden kann, *entscheidet es letztlich alleine.*

Wäre der Verstand der tatsächliche Meister über unser Verhalten: *Wer würde dann noch ungesund leben?*

Lebenspraktische Vernunft basiert auf einem klugen Umgang mit Denkfehlern und Entscheidungsregeln. Konkret heisst dies, *mittels System 2 die Fehler von System 1 zu begrenzen,* was vor allem bei wichtigen Entscheidungen kritisch ist.

Warum ist der *Selbsterhaltungsdrang der Autopoiesis,* der ja auf Bestehen und Gedeihen ausgerichtet ist, *nicht in der Lage, Kriege* und andere grosse Tragödien der Menschheit *zu verhindern?*

Erstens *existiert* die grosse Kulturleistung der *Kooperation* mit Fremden *erst seit circa zehntausend Jahren,* ist also noch sehr jung. Als *kriegerische Spezies* ist für uns das Verhaltensmuster der Eskalation naheliegender. Der Firnis der Zusammenarbeit über dem Wesenskern der Konkurrenz ist beim Menschen dünn.

Zweitens gilt der *Autopoiesis-Drang nur für das einzelne Lebewesen* und allenfalls noch für ihm nahestehende Gruppen, nicht aber für die Menschheit als Ganzes. *Gefühle wie Wut* und *Enttäuschung* können zu Konflikten und *Gewalt* führen, weil Menschen ihr Überleben und ihren eigenen Vorteil im Blick haben.

Der Mensch unterliegt zwar dem *Autopoiesis-Drang,* doch sein Verstand (System 2) erlaubt ihm, zu entscheiden, wie er damit kulturell umgeht. Die tägliche Realität zeigt, dass Menschen immer wieder zu den *unglaublichsten Heldentaten* und *gleichzeitig zu den abscheulichsten Verbrechen* fähig sind.

Menschen reagieren aufgrund ihrer inneren Struktur individuell auf externe Einflüsse. *Bildung, Ethik und Kultur* unterstützen beides, die *Entwicklung günstiger interner Strukturen* und die *Gestaltung positiver externer Rahmenbedingungen.*

Menschen sind nicht so, wie sie sind – sie *sind so, weil ihre Umgebung so ist.* Wenn die Umgebung konstruktiv ist, sind es die meisten Menschen auch. Wenn die *Umwelt feindselig* reagiert, werden selbst *friedliche Personen* bald einmal zu *Guerilla-Kämpfern.*

«Gute» Chefs schaffen für ihre Mitarbeitenden einen *positiven, motivierenden Rahmen.* «Schlechte» Chefs versuchen, die *Menschen zu verändern.*

Mit dem *Verstand (System 2)* lässt sich erkennen, dass *Eskalationen letztlich Lose-lose-Strategien* sind. Je mehr *vernünftige und weitsichtige Persönlichkeiten* an den *Hebeln der Macht* sitzen, desto eher dürften *konstruktive Lösungen* gelingen.

Die Geschichte der Menschheit ist offen. *Umfassende Bildung* ist der Schlüssel zu einem *zivilisierten und friedlichen Zusammenleben.*

Die *historisch vorherrschende Theorie von der menschlichen Natur* ging über Jahrtausende von einem *negativen Menschenbild* aus. Erst in den letzten zwanzig Jahren verändert sich die Vorstellung des Menschen in Psychologie, Archäologie oder Wirtschaft: *Menschen neigen zum Guten* und *arbeiten zusammen.*

4.1 Wie tickt der Mensch? 1. Homöostase, das grundlegendste Operationsprinzip von Lebewesen

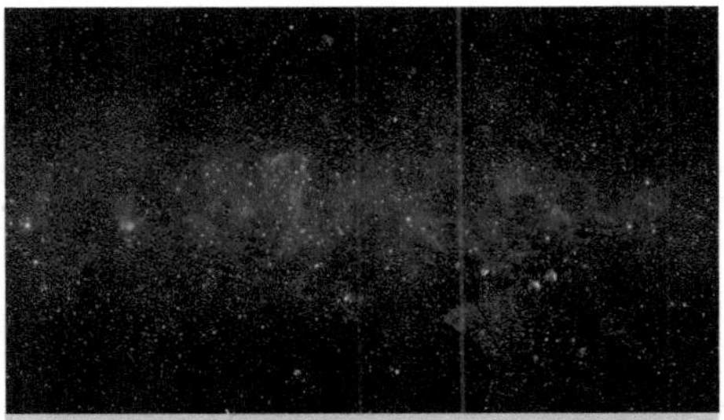

Das menschliche Gehirn hat viel mehr neuronale Verbindungen als die Milchstrasse Sterne.

Das menschliche Gehirn ist mit hundert Billionen neuronalen Verbindungen das komplexeste Einzelsystem, das wir kennen. Die Zahl der Verknüpfungen übersteigt damit die Anzahl Sterne in unserer Milchstrasse um drei Grössenordnungen (Bertolero & Bassett, 2020).

Menschen gehören demnach zu den komplexesten Systemen des Universums (Lewrick, Link & Leifer, 2018)[1]. Der Mensch als superkomplexes individuelles Wesen[2] verhält sich als

1 Hier weichen wir bewusst von Luhmann ab, der den Menschen als ein Konglomerat von Systemen beschreibt: Danach ist ein Körper ein biologisches und sein Bewusstsein ein psychisches System. Wir sehen den Menschen als *ein* übergeordnetes System (mit vielen Untersystemen), weil neuere Erkenntnisse den traditionellen Geist-Körper-Dualismus aufheben (zum Beispiel Damasio, 2017; Hartmann, 2019; Kahnemann, 2012; Peters, 2018). Der Geist ist nicht unabhängig vom Körper, sondern Geist (Psyche) und Körper (Soma) bilden eine gemeinsame (psychosomatische) Identität. Dieses Wissen hatte Luhmann, der 1997 verstarb, noch nicht.

2 Es wäre eine kaum lösbare Herausforderung, die Essenz von Neurobiologie und Psychologie in wenigen Seiten herauszuarbeiten. Wir wagen dies aus einer etwas anderen Perspektive, jener der Systemtheorie. Weil hier das Funktionieren des grossen Ganzen im Fokus steht, werden wir nicht auf psychologische Detailkonstrukte eingehen, sondern versuchen, die wichtigsten Zusammenhänge zu beleuchten.

Angehöriger von Organisationen oder Umsystemen zugleich als Gestaltender und Gestalteter. In seiner subjektiv wahrgenommenen Realität versucht er seine Bedürfnisse zu befriedigen, indem er in den ihn umgebenden Systemen auf Eigenschaften und Impulse reagiert sowie gleichzeitig auf diese einwirkt. Humane Organisationen sind demnach von Menschen bewusst oder unbewusst gestaltete Systeme. Menschen haben die Fähigkeiten, die Strukturen und Prozesse in Organisationen zu verändern, um die eigenen Ziele zu integrieren oder Bedürfnisse zu befriedigen (Hug, 2013). Die grossen Herausforderungen des 21. Jahrhunderts sind Probleme, die durch den Menschen verursacht wurden. Überbevölkerung, die Klimakrise, das Verschuldungsproblem, die Macht der Datenkonzerne: Alle diese (und viele weitere) komplexe Herausforderung würde es ohne uns Menschen nicht geben. Bevor wir unseren Fokus auf sie richten, müssen wir ein Verständnis dafür haben, wie der Mensch tickt. Dabei spielen die (miteinander verwandten) Prinzipien der Homöostase («Mutter») und Autopoiesis («Tochter») eine zentrale Rolle. Die beiden Kernoperationen lassen sich grundsätzlich im Hirnaufbau verorten: Das sogenannte «Reptilienhirn» (bzw. unteres limbisches System; Roth, 2019) (▶ Abb. 63) ist mit der Regelung des vegetativ-affektiven Verhaltens für die Homöostase zuständig, das (mittlere) limbische System und der Neokortex für die Autopoiesis.

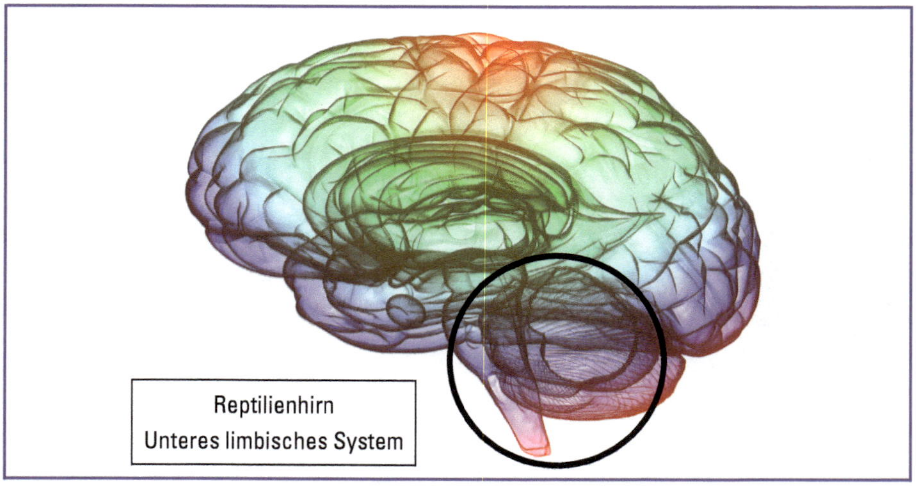

▲ Abb. 63 «Reptilienhirn»: zuständig für Homöostase, das heisst Autoregulation des vegetativ-affektiven Verhaltens (erstes zentrales Operationsprinzip).
Quelle: eigene Darstellung, basierend auf Imhasly (25.05.2018) und Shutterstock.

Was treibt uns Menschen im Innersten an? Es ist das Gleiche, was Lebewesen generell bewegt. Seit Darwin wissen wir, dass die Natur durch die Evolution fortschreitet. Pflanzen und Tiere verändern sich im Laufe der Zeit in der «Absicht», das Leben ihrer Art zu erhalten. Es gilt das geflügelte Wort des «Survival of the Fittest», wonach jene Spezies zu den Gewinnern zählen, die am besten auf die umgebenden Faktoren eingestellt sind. Damit kann erklärt werden, dass schon frühe Lebensformen in der Lage waren, auf Situationen flexibel und zu ihrem eigenen Vorteil zu reagieren, lange bevor ein Grosshirn sich dazu Gedanken machen konnte. Bereits einfache Lebewesen aus der Frühzeit waren beispielsweise in der Lage, bei Gefahr bestimmte Moleküle auszuschütten, welche ihnen Feinde vom Leib hielten. Sie konnten sich auch so bewegen, dass sie weniger angreifbar waren. «In jeder Zelle und in allen Zellen prägt sich für alle Zeiten eine kraftvolle, scheinbar unbezähmbare ‹Absicht› aus, sich selbst am Leben zu erhalten und weiterzukommen» (Damasio, 2017). Der Mensch und alles weitere Leben lassen sich in ihrem Kern von demselben sogenannten «Homöostase-Gebot» leiten, dem schon frühe Lebensformen unterlagen. Bei frühen Lebensformen materialisierte sich das Homöostase-Gebot in biochemischen Prozessen, die Ergebnisse hervorbrachten, als ob die Lebewesen nachgedacht, abgewogen und gefühlt hätten.

Die Bezeichnung «Homöostase» (altgriechisch für «Gleichstand») geht auf den amerikanischen Physiologen Walter Cannon (1932) zurück. Das Prinzip besagt, dass das Überleben und der Erfolg eines Lebewesens am besten erreicht werden kann, indem der Gleichgewichtszustand des offenen dynamischen Systems durch interne Regelprozesse aufrechterhalten wird. Das (biologische) Prinzip der Selbstregulation entspricht unserem Archetyp 0 (vgl. Abschnitt 3.1) und ist ein grundlegendes Funktionsprinzip lebender Organismen. Es findet zum Beispiel in Lebensvorgängen des menschlichen und tierischen Körpers fortlaufend sowie unbewusst statt, meist bei Veränderung von Gleichgewichtszuständen.

Anstrengung führt zu intensiverer Atmung, um mehr Sauerstoff zuzuführen.

Wenn wir beispielsweise liegen und dann aufstehen, werden Blutdruck und Herzfrequenz automatisch erhöht. Sind wir mit einer anstrengenden Tätigkeit beschäftigt, merken wir, wie sich die Atmung intensiviert, um dem Körper mehr Sauerstoff zuzuführen.

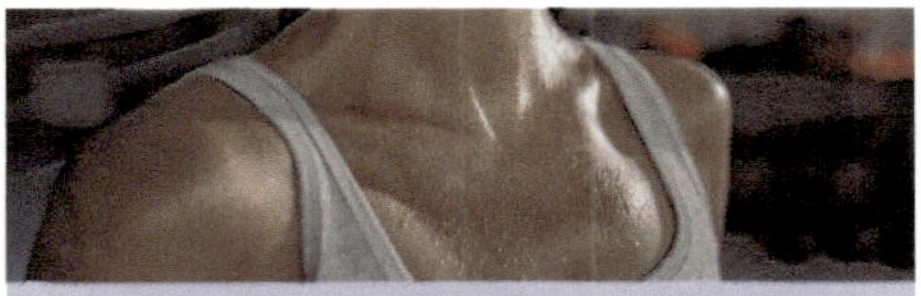

Schwitzen als Selbstregulationsmechanismus des Körpers.

Bei anhaltender Belastung und zu wenig Energiezufuhr bekommen wir eine Unterzuckerung eindrücklich zu spüren: Der Körper setzt drastische Selbstregulationsmechanismen in Kraft, wie etwa die Ausschüttung von Adrenalin, mit der Folge, dass wir zittern und stark schwitzen. Das Körpersystem kann damit eine kritische Zuckerkonzentration des Blutes aufrechterhalten und einen drohenden Unterzuckerungsschock verhindern.

Homöostase meint folglich die Konstanterhaltung eines inneren Milieus (quasi eines Soll-Zustandes) durch Autoregulation. Es ist damit das grundlegendste systemische Operationsprinzip jedes Lebewesens. Anders als bei der Steuerung, bei der mittels bewusster oder unbewusster Entscheide eine Veränderung eingeleitet wird (vgl. nachfolgenden Abschnitt zur Autopoiesis), passen sich adaptive Systeme durch autonome Rückkopplung (oft als «Feedback» bezeichnet) an veränderte Rahmenbedingungen an.

Cannon (1932) stellte in Versuchen mit Tieren fest, dass diese eine ganze Reihe wichtiger Stoffwechselparameter (wie zum Beispiel Nährstoffhaushalt, Salzgehalt des Blutes oder Körpertemperatur) unabhängig von starken Einflüssen aus der Aussenwelt in engen Grenzen konstant halten konnten. Lebewesen verfügen offensichtlich über ein ausgefeiltes Repertoire von Reaktionsketten, mit denen auch extreme Situationen und Verhaltensweisen, die eigentlich den Zusammenbruch der anspruchsvollen Balance im Körper zur Folge haben müssten, abgefedert werden können. Homöostase bezeichnet demnach das dynamische Aufrechterhalten komplexer Gleichgewichte innerhalb enger Grenzen, aber mit erstaunlichen «Sicherheitsreserven», wie Cannon sich ingenieurwissenschaftlich ausdrückte.

Zwar kann der Mensch, im Unterschied zur Amöbe (einfaches Lebewesen), eigenständige Entscheidungen treffen und Gefühle zulassen, die ihm bewusst sind. Dennoch unterliegt auch er dem Homöostase-Prinzip, nach dem Leben auf Fortbestand und Gedeihen fokussiert ist, indem es ein komplexes Gleichgewicht aufrechterhält. Ein Beispiel dafür ist die Homöostase des Gehirns, die durch die Blut-Hirn-Schranke aufrechterhalten wird. Sie schützt das Gehirn vor im Blut zirkulierenden Krankheitserregern und Giften. Die Blut-Hirn-Schranke ist ein hochselektiver Filter, den nur wenige Stoffe passieren können.

4.2 Wie tickt der Mensch? 2. Autopoiesis, das Operationsprinzip des bewussten und unbewussten Handelns

In Kapitel 1 haben wir festgehalten, dass es *zwei zentrale Systemcharakteristiken* gibt: Systeme operieren erstens in *Differenz zur Umwelt* und zweitens in *Autopoiesis*. Luhmann (1987) bezeichnete denn auch seine Systemtheorie als «Theorie autopoietischer, selbstreferenzieller, operativ geschlossener Systeme». Im vorliegenden Abschnitt wollen wir die zweite Systemeigenschaft der Autopoiesis am Beispiel des Menschen beleuchten.

Dieses zweite zentrale Operationsprinzip komplexer Systeme definiert Luhmann (1995) wie folgt: «Autopoiesis heisst: Selbstreproduktion des Systems auf der Basis seiner eigenen Elemente.» Das vom chilenischen Neurobiologen Humberto Maturana geprägte Kunstwort, zusammengesetzt aus den griechischen Begriffen «autos» (selbst) und «poiesis» (Schöpfung), meint den Prozess der Selbsterschaffung und -erhaltung eines Systems (Varela, Maturana & Uribe, 1974). Im Gegensatz dazu produzieren «allopoietische» Systeme stets etwas von sich selbst Verschiedenes, zum Beispiel Maschinen, die nach den Plänen ihrer Hersteller aus einem gegebenen Input einen bestimmten Output erzeugen. Damasio (2017) bringt das Autopoiesis-Prinzip folgendermassen auf den Punkt: «Das ständige Bemühen, einen Zustand des positiv regulierten Lebens zu erreichen, ist ein definierender Bestandteil unseres Daseins.» Luhmann (1995) hält fest: «Das Leben selbst kann jedenfalls als Autopoiesis begriffen werden. Das heisst: Nur Leben produziert Leben und nichts von aussen kann Leben hinzufügen.»

Autopoiesis – Selbstreproduktion des Systems auf der Basis seiner eigenen Elemente (zweites zentrales Operationsprinzip).

Etwas zugespitzter könnte man sagen: Nur die Henne kann Eier legen, und nur aus einem Ei kann ein Huhn entstehen.

Wie lässt sich Autopoiesis von Homöostase abgrenzen? Das Konzept der Autopoiesis (das vor allem bewusstes und unbewusstes Handeln einschliesst) ist eine Teilmenge (quasi die «Tochter») des allgemeineren Konzepts der Überlebenssicherung durch Selbstregulation (Homöostase, die «Mutter»). Autopoiesis lässt sich wie folgt charakterisieren (Stangl, 1989):

- *Selbstreferenzialität:* Die eigenen Zustände werden intern sowohl bewusst als auch unbewusst *gesteuert* (und *nicht,* wie bei der *Homöostase, reguliert*[1]). *Archetyp 0* (vgl. Abschnitt 3.1) steht für den Feedback-Loop der Selbstreferenz: Sofern eine Lücke zwischen Soll und Ist besteht, hilft korrigierendes Handeln, den Gap zu schliessen. Autopoiesis heisst, die Operationen im Verhältnis zu den Resultaten mittels Soll-Ist-Vergleichs zu kontrollieren und geeignete Strukturen aufzubauen.
- *Operative Geschlossenheit:* Die Autopoiesis, also der *steuernde* Selbsterhalt, stellt das zentrale Operationsprinzip von höheren Lebewesen dar (während bei einfachen Lebensformen sich dies ausschliesslich via biochemische Prozesse *autonom materialisiert [Homöostase]).*

1 Die Homöostase befreit uns von der aktiven Regelung grundlegender Gleichgewichtsprozesse und lässt uns genug Steuerungskapazitäten für anspruchsvollere Vorgänge im Umgang mit Emotionen und Kognitionen.

- *Strukturelle Kopplung zur Umwelt:* Das System *wählt* seine Aussenkontakte *selbst aus* (bei der *Homöostase* findet *keine Auswahl* statt). Für Homöostase wie Autopoiesis gilt: Die Umwelt kann nicht mitoperieren, sie kann nicht in ein Lebewesen «hineinleben». Was in der Umwelt stattfindet, bildet allerdings die Voraussetzung für Homöostase und Autopoiesis. Daher kann die Umwelt im ungünstigen Fall die Existenzbedingungen des Systems stören oder sogar zerstören.

Lebende Systeme haben als autopoietische Systeme den inhärenten Drang, ihre eigene Struktur und damit die Interaktionsbeziehungen mit ihrer Umwelt ständig so zu gestalten, dass der Prozess des Selbsterhalts nicht gefährdet wird. Ein lebendes System ist gegenüber seiner Aussenwelt autonom, das heisst bestimmt selbst, welche Impulse der Umwelt wie verarbeitet und strukturell integriert werden. Alle Aktivität eines autopoietischen Systems, zum Beispiel einer Person, ist daher systemabhängig, alles Verhalten eines Individuums also subjektbedingt. Hier trifft sich die Systemtheorie mit dem (radikalen) Konstruktivismus (vgl. von Glasersfeld, 1997; von Glasersfeld & von Foerster, 2007): Beide gehen davon aus, dass es im Umgang mit Menschen, ja mit der Welt ganz allgemein, keine Objektivität gibt. «Perception is Reality», die Wahrnehmung bestimmt, was jeder von uns als individuelle Realität erlebt (vgl. die Ausführungen in Kapitel 1).

Allerdings ist diese Wahrnehmung, ohne dass uns dies bewusst wird, subjektiv konstruiert: Wenn zwei Personen das Gleiche hören, können sie durchaus etwas völlig Verschiedenes verstanden haben, weil der Aussenimpuls auf zwei unterschiedliche Systeme trifft und unterschiedlich verarbeitet wird.[1] Die Konstruktivismustheorie betont, dass Menschen ihre Wirklichkeit in streng subjektabhängiger Weise konstruieren – die Systemtheorie, dass unterschiedliche Systeme in ihrem autopoietisch begründeten Selbsterhalt individuelle Muster der Systemteuerung kennen. Dies sind zwei Seiten derselben Medaille, einfach aus verschiedenen Perspektiven betrachtet.

In Wolkenbildern sehen wir Dinge, die nicht da sind.

So können sich Menschen, zum Beispiel Ehepaare, selbst bei intensivem Bemühen um gegenseitige Verständigung, jahrzehntelang um eine «richtige» oder «falsche» Sicht der Dinge streiten. Wir alle sehen und hören das (nur scheinbar!) Identische – ein Bild, ein Geräusch, eine Person, eine Situation – immer wieder «anders», «neu». Manchmal sehen und hören wir sogar

1 Der Klassiker sind hier Paarbeziehungen: Was Mann und Frau in einer Zweierbeziehung und unterschiedlichen Situationen anders (und offfensichtlich missverständlich!) verstehen und verarbeiten, füllt ganze Regale in der Ratgeberliteratur.

Dinge, die gar nicht «da» sind (zum Beispiel Wolkenbilder[1], andere Worte in fremdsprachigen Songtexten[2], Muster in geometrischen Strukturen[3]).

Keine Autorin bzw. kein Autor kann steuern, wie seine Worte wirken. Nicht dieser Text legt fest, was Sie gerade lesen, sondern Ihre inneren Strukturen, Ihre persönliche Befindlichkeit (Stangl, 2019).

Bezüglich Umwelt bedeutet Autopoiesis, dass das System, also zum Beispiel ein Mensch – bewusst oder unbewusst – eine Auswahl der externen Impulse trifft. Nur ein Bruchteil aller Umwelteinflüsse werden beispielsweise durch das System ausgewählt und verarbeitet. Würde die Hyperkomplexität der Welt ungefiltert auf uns einstürzen, würden wir alle in kurzer Zeit verrückt werden.

Dieses systemische Verständnis hat, beispielsweise in der Führung, weitreichende Implikationen: Eine systemische Führungsperson geht von der Prämisse aus, dass Menschen von aussen prinzipiell nicht steuerbar sind, sondern als strukturdeterminierte Systeme immer im Sinne der eigenen Struktur reagieren. Jeder Mensch bestimmt selbst (bzw. genauer: aufgrund der inneren Verfasstheit), welche Irritationen seiner Umgebung er zulässt, welche Bedeutung er diesen Einflüssen beimisst und wie er diese verarbeitet, also zum Beispiel in die innere Struktur integriert. Einfacher gesagt: Menschen reagieren auf gleiche Rahmenbedingungen (wie zum Beispiel denselben Vorgesetzten) teils völlig unterschiedlich, weil sie innerlich ganz anders ticken. Was sie eint, ist die fundamentale Operation der Autopoiesis: Die inhärente Absicht ist bei allen die gleiche, nämlich das eigene Selbst möglichst gut zu erhalten.

Als systemische Führungsperson wird man deshalb davon ausgehen, dass im Vornherein nicht prognostizierbar ist, wie die Mitarbeitenden auf ein bestimmtes Verhalten reagieren werden. Ausserdem wird man das Potenzial, auf andere Menschen zu wirken, zurückhaltend einschätzen. Eine systemische Sicht der Führung mahnt zu Bescheidenheit und Demut. Letztlich bestimmen die Mitarbeitenden selbst, was sie von den Botschaften und Appellen des Vorgesetzten anzunehmen und umzusetzen bereit sind.[4]

Bezüglich Mitarbeitenden wird heute oft von sogenannten «Soft Factors» gesprochen. Das Gegenteil trifft zu: Menschen sind systemisch gesehen «Hard

1 Beobachten Sie sich doch einmal beim eigenen Betrachten, wenn Wolken am Himmel ziehen: Sie werden erkennen, wie ausgeprägt System 1 nach sinnvollen Strukturen und Bildern in den vollkommen zufälligen Wolkengebilden sucht.

2 Der Radiosender Ö3 hat eine eigene Rubrik, bei der Hörer berichten, in welchen Songtexten sie etwas anderes hören; die Rubrik heisst bezeichnenderweise «Agathe-Bauer-Songs», angelehnt an den Titel «I got the Power». Ein analoger Begriff ist «Anneliese Braun» alias «All the leaves are brown».

3 Vgl. beispielsweise die bekannten Vexierbilder, die Strukturen abbilden, die in der Realität unmöglich sind.

4 Luhmann (1987) ging noch einen Schritt weiter: Er betrachtete Systeme grundsätzlich als von aussen nicht steuerbar.

Factors», sie sind von aussen kaum zu steuern, sofern sie nicht selber von den vorgebrachten Ideen und Vorschlägen überzeugt sind (Sprenger, 2014). Mit Hegel könnte man etwas zugespitzt sagen: «Der Knecht macht den Herrn.» In der modernen Arbeitswelt, insbesondere in anspruchsvollen Tätigkeitsfeldern, die schwierig zu überwachen und kontrollieren sind, bestimmt letztlich der Mitarbeitende, was er von aussen zu integrieren bereit ist. Dennoch ist der Machbarkeitswahn im Management weit verbreitet (Sprenger, 2010). Viele Führungspersonen gehen davon aus, dass sie die Mitarbeitenden tatsächlich und weitgehend motivieren, beeinflussen und lenken können.

Dressuransatz und Machbarkeitswahn sind im Management weit verbreitet.

Die Realität sieht meist deutlich ernüchternder aus (Waibel, 2015). Ein bedeutender Anteil aller Managerinnen und Manager überschätzt den eigenen Wirkungsgrad, wie die umfangreiche Literatur zum «Overconfidence-Bias» belegt[1] (zum Beispiel Dammann, 2007; Dunning, 2005; Ehrlinger, Johnson, Banner, Dunning & Kruger, 2008; Ehrlinger, Mitchum & Dweck, 2016; Sadun, Bloom & van Reenen, 2017). Der uns inhärente Autopoiesis-Drang und damit unsere grundsätzliche Innenorientierung trägt zur Erklärung bei, warum Menschen sowohl den eigenen Einfluss als auch den von weiteren Personen systematisch überschätzen und die Wirkung äusserer Rahmenbedingungen unterschätzen. Allerdings zeigt Collins in seinen empirischen Studien, dass gerade die Führungspersonen mit dem erfolgreichsten Verhalten (sogenannte «Level-5-Leadership») sich durch Selbstbewusstsein, aber ebenso Bescheidenheit auszeichnen (Collins, 2011; Collins & Porras, 2005).

4.3 Autopoiesis unter der Lupe: Wie wichtig sind Gefühle und Verstand für die Selbststeuerung?

Im vorangegangenen Abschnitt haben wir aufgezeigt, dass es für das systemische Verständnis von Menschen wichtig ist, den grundlegenden Drang nach Selbsterhalt (Autopoiesis) zu kennen. Menschen verhalten sich bewusst oder unbewusst so, dass die innere Struktur, das, was im Moment in ihnen angelegt ist, möglichst geschützt und erhalten bleibt. Deshalb liegt es in unserer Natur, äus-

1 Bereits in Kapitel 2, Abschnitt 2.5 hielten wir fest: «Die Evidenz eines substanziellen Überschätzungseffekts (Overconfidence-Bias) ist breit und eindrücklich. Kürzlich zeigte eine grosse internationale Studie, dass es keinerlei (!) Korrelation zwischen der Selbsteinschätzung von Führungspersonen und ihrer tatsächlichen Leistung gibt.»

sere Einflüsse tendenziell zu unterschätzen. Forschungen haben gezeigt, dass leicht depressive Personen den Einfluss von Rahmenbedingungen als stärker sowie die eigenen Möglichkeiten als geringer als Gesunde einschätzen. Damit sind die leicht Depressiven zwar realistischer, aber eben auch deutlich weniger optimistisch (Kahnemann, 2012). Wohl niemand würde freiwillig eine optimistische Sicht auf sich selbst und die eigene Zukunft aufgeben, wenn damit mehr Realismus zu gewinnen wäre. Unser autopoietisches Selbst erklärt warum: Es ist bezüglich Selbsterhalt sehr sinnvoll, die eigene Person als Pilot am Steuer des Lebens, als kraftvoller Gestalter mit vielen Möglichkeiten zu sehen. In diesem Abschnitt wollen wir die «Blackbox» der Selbsterhaltung öffnen und aufzeigen, auf welchem Weg die Autopoiesis wirkt. Wir werden dabei *die ungeheure Wichtigkeit der Gefühle* für unser Funktionieren und unser konkretes Verhalten kennenlernen.

Gefühle sind ungeheuer wichtig für unser Verhalten.

Menschen sind, sowohl bewusst als auch unbewusst, darauf fokussiert, Einwirkungen von ausserhalb des eigenen Systems abzupuffern und die Balance zu halten. Oberstes inhärentes Ziel ist es, zu überleben; scheint dies gesichert zu sein, suchen wir Stabilität und Sicherheit. Gleichzeitig ist es uns möglich, uns sehr schnell und umfassend selbst an enorme Veränderungen anzupassen. Wie Cannon (1932) feststellte, sind wir – genauso wie die uns umgebenden Lebewesen der Natur – zu erstaunlicher «dynamischer Stabilität» fähig (Borck, 2014). Mittels negativer Rückkopplung wird der Abweichung vom Sollwert kontinuierlich entgegengewirkt.

Im Unterschied zu einfachen Lebensformen haben wir bewusste Gefühle (zum Beispiel Durst).

Beispielsweise verspüren wir bei grosser Hitze Durst und bekommen einen trockenen Mund – trinken verhindert die drohende Dehydration. Im Unterschied zu einfachen Lebensformen hat der Mensch Gefühle, die ihm bewusst sind, und er ist geistig fähig, bewusste Entscheidungen zu treffen (eben beispielsweise bei Durst Wasser zu trinken).

Für die Ausbildung eines Geistes mit bewussten Gefühlen bedurfte es eines Nervensystems. Gefühle haben in der Welt des Geistes eine Sonderstellung: Als das Nervensystem anfing, den Geist zu erzeugen und bewusste Gefühle möglich zu machen, speisten sich diese direkt aus den biochemischen Vorgängen des Körpers – in Anlehnung an die Lebensformen früherer Zeiten. Bis heute ist dies so geblieben. *Gefühle geben immer Auskunft über den Körper selbst.* Was der Mensch tut oder nicht tut, hängt zu einem beträchtlichen Teil von Affekten ab, und dies trotz ihrer bescheidenen, eindeutig nichtmenschlichen Abstammung (Damasio, 2017). Das sogenannte «limbische System» (wir werden es nachfolgend auch als System 1 bezeichnen[1]) ist für die emotionale Steuerung zuständig und liegt im Zentrum unseres Gehirns (▶ Abb. 64).

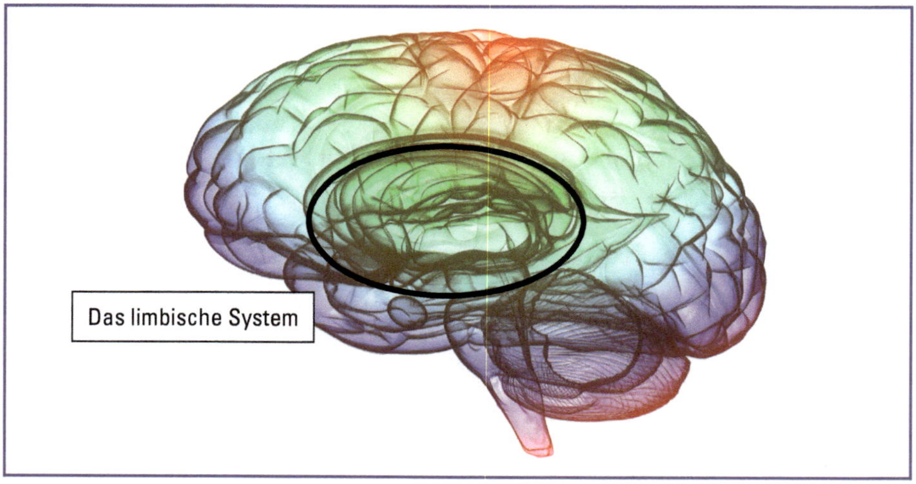

▲ Abb. 64 Das limbische System (System 1), zuständig für die Emotionssteuerung.
Quelle: eigene Darstellung, basierend auf Imhasly (25.05.2018) und Shutterstock.

Gute Gefühle signalisieren, dass das Leben gedeiht, schlechte Gefühle zeigen auf, dass etwas schiefläuft. Gefühle sind durch und durch gleichzeitige, interagierende Phänomene von Körper und Nervensystem. Sie sind ihrer Art nach immer wertend und damit schnell raumgreifend. Starke Gefühle verlangen nach Beachtung – anders etwa als reflektierende Gedanken.

Der erste Kuss – die Erinnerung an die Gefühle bleibt (nicht aber an die Gedanken).

So können wir uns alle an unseren ersten Kuss erinnern, tolle Partys, heisse Tänze, gloriose Siege und schmerzhafte Niederlagen. Was wir dabei genau gedacht haben, weiss unser Gedächtnis meist nicht mehr.

1 Zu System 1 gehören genaugenommen auch Teile des unteren limbischen Systems (des sog. «Reptilienhirns»), zum Beispiel das Angriffs- und Verteidigungsverhalten («fight» or «flight») oder das Paarungsverhalten. Insofern müsste in der Grafik die Einrahmung nach unten erweitert werden, aber hinsichtlich biologischer und neuronaler Zusammenhänge gewichten wir Einfachheit höher als Detailpräzision.

Gefühle geben darüber Auskunft, wie es um das Ziel des Überlebens bestellt ist. Sie schlagen Alarm.

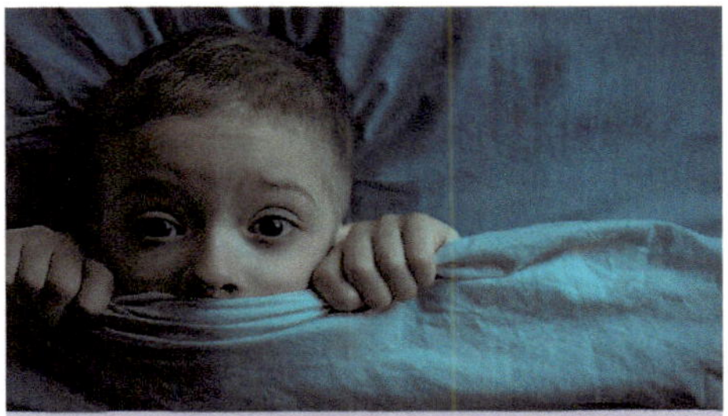

Das Gefühl der Angst schiebt sich in den Vordergrund.

Wenn wir grosse Angst haben, schiebt sich dieses Gefühl immer in den Vordergrund und wir können nur noch innerhalb des Problemraums denken – in diesem Fall ist das Überleben und damit der Selbsterhalt unmittelbar bedroht.

Wie entscheidend Gefühle für das Handeln der Menschen sind, wird auch heute noch stark unterschätzt. Sie sind unmittelbarer Ausdruck der Autopoiesis-Operation. Dabei spannt unsere Motivation den Bogen von unseren Gefühlen zum konkreten Handeln. *Emotionen wirken auf die Motivation, welche der Ausgangpunkt unseres Verhaltens ist.* Ohne Motivation gibt es kein Handeln. Nur wenn Menschen «motiviert», im Wortsinn «bewegt» sind, engagieren sie sich, werden Leistungen erbracht und Ziele erreicht. Motivation gehört privat wie beruflich zu den wichtigsten Faktoren für Erfolg.[1]

Die Emotionen zeigen sich in unterschiedlichen und typischen Gesichtsausdrücken.

Grundlage, nicht nur der Motivation, sondern aller menschlicher Aktivitäten, sind Emotionen. Schon die Wortähnlichkeit suggeriert den gleichen Stamm wie Motivation und verweist darauf, dass Emotionen etwas sind, was einen Menschen bewegt. Diese inneren Erregungszustände entstehen durch die Aktivierung neuronaler Systeme und münden in körperliche Reaktionen. Für die Erregung sorgen Transmitter wie das motivierende Dopamin, das verbindende Oxytocin, das vermittelnde Serotonin oder das beschleunigende Noradrenalin (vgl. dazu auch Abschnitt 4.4).

Die Erregungszustände signalisieren Bewertungen wie «gut» oder «schlecht» bzw. «erstrebenswert» oder «zu vermeiden». Subjektiv werden sie als Gefühle oder Empfindungen wahrgenommen. Während Emotionen also das komplexe Zusammenspiel von chemischen und neuronalen Reaktionen bezeichnen, kommt bei Gefühlen zusätzlich das individuelle Bewusstsein mit dazu. Gefühle sind die persönliche Wahrnehmung bestehender Emotionen. Man kann mit Fug und Recht sagen, dass Gefühle am Anfang allen unseren Tuns stehen. «Gefühle sind der Klebstoff, der uns zusammenhält» (Precht, 2007). Ohne Gefühle wären

1 Eine höhere Motivation von Mitarbeitenden wirkt sich zum Beispiel deutlich positiv auf Commitment, Leistung und Unternehmensrentabilität aus. Aber auch Produktivität, Zusammenhalt, Kreativität, Innovations- und Lernfähigkeit, Fluktuation sowie Gesundheit werden positiv beeinflusst (vgl. Waibel, 2015).

Menschen unfähig zu handeln und wüssten nicht, was sie denken sollten. Gedanken sind immer emotional eingefärbt. So wissen wir heute, dass es kein Denken ohne Fühlen gibt. Selbst der Verstand des rationalsten Menschen wird permanent von seinen Gefühlen beeinflusst (mit der Ausnahme von Mr. Spock vom Raumschiff Enterprise, aber dieser ist bekanntlich Vulkanier)[1].

Erfolgreiche Populisten zeigen: Selten gewinnen die Personen mit den sachlich überzeugendsten Argumenten Wahlen, sondern jene, welche das Publikum emotional am stärksten abholen.

Wer um diese Zusammenhänge weiss, wird sich künftig nicht mehr wundern, wenn zum Beispiel bei demokratischen Entscheidungen nicht die Personen oder Positionen mit den sachlich überzeugendsten Argumenten gewinnen, sondern jene, welche das Publikum emotional am stärksten abholen. Man muss dazu nicht einmal positive Emotionen wecken. Das Schüren von Ärger, Angst, Wut oder Hass kann eine sehr effektive politische Strategie sein (wie gerade in den letzten Jahren die vielen erfolgreichen Populisten rund um den Erdball beweisen).

Gefühle und Empfindungen, verknüpft mit einer Zielorientierung, bezeichnen Motive. Anders gesagt, erzeugen emotional bewertete Motive (wie Macht, Zugehörigkeit, Unabhängigkeit usw.) Zielorientierung und damit Motivation. Motivation benennt also das emotional basierte menschliche Streben nach Zielen. Hinter diesem Handlungswillen stehen Motive oder Beweggründe. McClelland (1987) hat drei Grundmotive mit besonders starkem Einfluss auf das Verhalten identifiziert: Demnach weisen Menschen die Primärmotive Zugehörigkeit, Macht sowie Leistung auf (▶ Abb. 65).

▲ Abb. 65 Übersicht über die drei Primärmotive nach McClelland (1987).
Quelle: eigene Darstellung, basierend auf Huber (04.07.2013); McClelland (1987)

1 Häufig wird beispielsweise hinsichtlich der Wirkung einer Präsentation die 7–38–55%-Regel angeführt: Demnach ist die Wirkung des Redeinhalts mit 7 % bescheiden, während die Effekte von Stimme (38 %) und Körpersprache (55 %) sehr viel bedeutsamer sind. Auch wenn das eingeschränkte Setting der Studie (Mehrabian & Wiener, 1967) eine generelle Verallgemeinerung nicht zulässt, wird dennoch deutlich, dass der Inhalt, welcher in der Regel eher den Verstand anspricht, in der Praxis oft eine geringere Bedeutung hat als die emotional ausgerichteten Faktoren Stimme und Körpersprache.

Das Primärmotiv der *Zugehörigkeit* umfasst zentrale Aspekte des Bedürfnisses nach sozialer Eingebundenheit, wie Sicherheit, Zuwendung, Geborgenheit und Freundschaft. Die Glücksforschung belegt, dass es kaum eine dauerhaftere Glücksquelle gibt als soziale Bindungen (Seligman, 2012). Wir sehnen uns danach, Teil eines sozialen Ganzen zu sein, und fürchten uns vor der Wahrnehmung der Wertlosigkeit, wenn wir uns unbeliebt, zurückgewiesen, ausgeschlossen oder allein gelassen fühlen. Soziales Wohlbefinden ist der grösste Motivator des Menschen.

Wer nach dem Primärmotiv der *Macht* strebt, sucht Kontrolle, Dominanz, Bedeutung, Status oder Einfluss und ist bereit, sich im Kampf zu messen bzw. dem Wettbewerb zu stellen. Die zugrundeliegende Befürchtung ist jene des Kontrollverlusts; wir wollen nicht unwichtig, abhängig oder unbedeutend sein und Ohnmachtsgefühle erleiden.

Das primäre *Leistungsmotiv* ist Ausdruck des menschlichen Strebens nach Erfolg und Fortschritt, beinhaltet gleichzeitig auch die Lust an der Kreativität, Abwechslung, Neugier und Fantasie. Die negative Ausprägung verursacht Versagensgefühle; niemand möchte unfähig, schwach, nutzlos oder dumm dastehen. Wir fürchten uns vor dem Verlieren und davor, als Versagerin bzw. als Versager zu gelten bzw. uns selbst so wahrzunehmen (Waibel, 2015).

Der Autopoiesis-Drang führt zum Beispiel dazu, dass es «rational» sein kann, eine für ein begehrtes Ergebnis notwendige Hürde zu verweigern: Zwar verwirke ich damit meine Chance auf Erfolg, habe aber wenigstens nicht versagt. Die Option, es schaffen zu können, wenn ich dies nur wollte, bleibt erhalten. Mein Selbstbild eines potenziellen Gewinners kann bestehen bleiben.

McClelland (1987) konnte belegen, dass die Anregung dieser Motive mit der Ausschüttung bestimmter Transmitter verbunden ist: Im Falle des Machtmotivs werden primär Adrenalin und Noradrenalin ausgeschüttet, während im Falle des Zugehörigkeitsmotivs das oft als «Glückshormon» bezeichnete Dopamin dominant auftrat. Bei der Anregung des Leistungsmotivs liessen sich vor allem Vasopressin und Arginin nachweisen. Diese hirneigenen Belohnungsstoffe sind Drogen chemisch sehr ähnlich und erzeugen bei ihrer Freisetzung Lustgefühle. Je nach Art und Menge der Botenstoffe fühlen wir uns zufrieden, glücklich, euphorisch oder sogar ekstatisch. Da wir den positiven Zustand der «Drogenausschüttung» immer wieder herbeizuführen versuchen, liegt im limbischen System 1 die zentrale Steuerungseinheit für unser Verhalten.

Forscher haben die Liste der Motive weiter differenziert und verfeinert, aber für unsere Zwecke ist es sinnvoll, sich an die grossen Stränge zu halten: Menschen sind motiviert, weil sie zentrale Beweggründe emotional positiv bewerten, wie etwa, Teil einer Gruppe und damit eines grösseren Ganzen zu sein. Das soziale Grundmotiv ist ein Kernbedürfnis und tief in uns drin verankert: Von einem

Stamm oder Clan ausgeschlossen zu werden, bedeutete für unsere Vorfahren noch vor ein paar Tausend Jahren meist den sicheren Tod. Der Mensch ist ein zutiefst soziales Wesen, dessen Bezogenheit auf andere Menschen sich vom Kleinkind in der Spielgruppe über die Bedeutung der Peers beim Teenager bis zur Pflege des Vereins- und Freundeskreises bei den Erwachsenen vielfältig zeigt. Die Glücksforschung belegt, dass das gesellige Beisammensein mit Freunden zu jenen Tätigkeiten gehört, welche höchstes Glücksempfinden auslösen (Layard & Layard, 2011). Aber auch das Macht- und das Leistungsmotiv sind für Menschen sehr wichtige Beweggründe, die emotional positiv bewertet werden und entsprechend motivieren, in dieser Richtung aktiv zu werden. Man wird viele konkrete Verhaltensweisen einzelner Personen besser einordnen und verstehen können, wenn man sie an diesen drei Schlüsselmotiven spiegelt.

Gefühle sind keine punktuellen Vorkommnisse, die je nach Situation vorhanden sind oder nicht. Sie werden vielmehr permanent eingespielt. Kurz: *Fühlen ist immer da, Denken nicht.* Wenn wir in die Tiefen unseres Gehirns abtauchen, kommen wir den beiden Hauptakteuren der Autopoiesis auf die Spur: Das limbische System im Hirnzentrum ist für die unbewusste Emotions- und Motivationssteuerung zuständig, der entwicklungsgeschichtlich neueste Teil, der sogenannte «Neokortex», für das bewusste Denken (▶ Abb. 66).

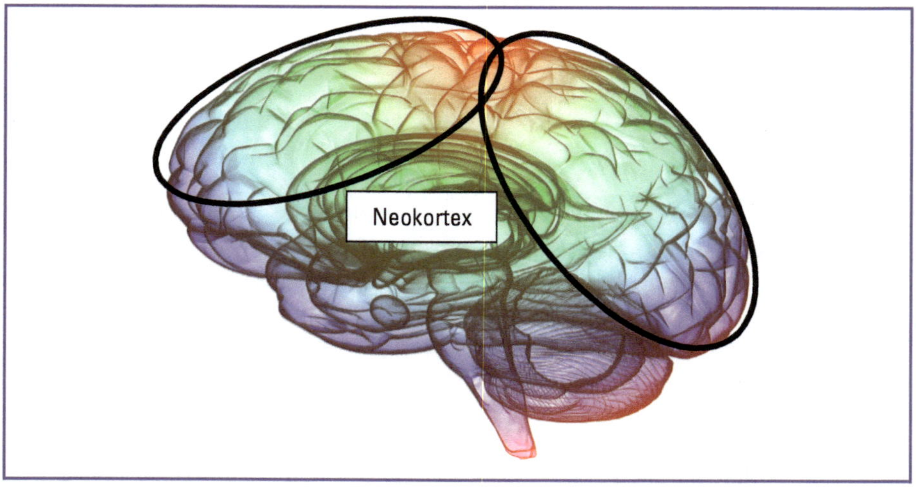

▲ Abb. 66 Der Neokortex (System 2) – der bewusste Verstand.
Quelle: eigene Darstellung, basierend auf Imhasly (25.05.2018) und Shutterstock.

Wie spielen diese beiden Systeme – das impulsive, automatisch und intuitiv funktionierende «System 1» und das analytisch, bewusst und rational operierende «System 2» (Kahnemann, 2012) – im Bestreben eines optimalen Selbsterhalts zusammen? Generell gilt: *Das Zusammenspiel der beiden Systeme be-*

stimmt unsere Denkweise, die Urteile und Entscheidungen, die wir fällen, und so auch unser Handeln. Sie machen letztlich unsere einzigartige Individualität, unseren Wesenskern, unsere Persönlichkeit aus.[1] Das limbische System 1 liegt im Unbewussten und kann vom Verstand, von System 2, nur indirekt und minimal beeinflusst werden. Auch wenn wir uns in unserem Körper und Geist grundsätzlich zu Hause fühlen, leben wir dennoch mit unserem bewussten System 2 sozusagen «Tür an Tür mit einem Fremden» (Roth, 2019).

System 1 gehört dem Teil unseres Gehirns an, der intuitiv und schnell arbeitet, in der Regel ohne unsere bewusste Steuerung. Dieses System ist permanent aktiv, da es anstrengungslos funktioniert.

Wie reagieren wir, wenn wir zum Beispiel plötzlich ein lautes, unerwartetes Geräusch hinter dem nächsten Felsen vernehmen? Sofort richtet sich unsere Aufmerksamkeit automatisch auf die Geräuschquelle: Der Autopilot hinter dieser Reaktion ist das System 1. Dieses System ist ein Vermächtnis unserer evolutionären Vergangenheit: Es verschafft uns Überlebensvorteile, da es uns zu raschem Urteilen und Handeln befähigt. Damit es schnell geht, ist System 1 emotionsbasiert: Statt mit dem Grosshirn hin und her zu überlegen sowie abzuwägen – der Säbelzahntiger hätte uns inzwischen schon lange angefallen und die menschliche Spezies wäre ausgestorben –, wird in Stresssituationen blitzschnell eine emotionale Bewertung vorgenommen (Gefahr/Chance? Gut/schlecht?) und gleich in den Abwehr- und Fluchtmodus[2] gewechselt.

Die schnelle, emotionsbasierte Reaktion von System 1 bei unmittelbarer Gefahr.

Der sofortige emotionale Zugriff, der sich körperlich in Stresssymptomen bemerkbar macht, ermöglicht uns unmittelbares Urteilen und Handeln. Emotionen sind bekanntlich nichts anderes als Körperreaktionen: Das Stresshormon Cortisol wird ausgeschüttet, die Pupillen weiten sich und liefern mehr Bilddaten, die Gerüche sind intensiver, der Energieverbrauch des Gehirns springt nach oben, der Herzschlag wird erhöht, wir sind zu Kampf oder Flucht bereit (Peters, 2018).

In den Verbindungsregionen zwischen System 1 und 2 werden die Emotionen, also die vom Unbewussten veranlassten Körperreaktionen – wie erhöhter Puls, flache Atmung, Schwitzen – als bewusste Gefühle wahrgenommen. Dies ermöglicht uns, die unbewussten Affekte kontrollieren zu können und die Konsequen-

1 Dagegen funktioniert die im vorausgegangenen Abschnitt vorgestellte Homöostase-Operation der vegetativ geregelten Lebensvorgänge bei allen Menschen im Grundsatz gleich.

2 Wobei hier auch noch das «Reptiliengehirn» eine wichtige Rolle spielt, allerdings können wir die Details gerne Biologen und Neurologen überlassen.

zen unseres Handelns abzuschätzen. Gefühle als wahrgenommene Emotionen sind unsere permanenten Begleiter. Wir gehen durch das Leben und treffen die meisten Entscheidungen mit unserem gefühlsbasierten intuitiven System 1, das schnell und mühelos arbeitet, dabei aber auch einige Fehler[1] macht. Die autopoietische Funktion von System 1 liegt in der substanziellen Komplexitätsreduktion und praktischen Nützlichkeit. System 1 sucht nicht die Wahrheit, sondern die Bestätigung unseres Wissens, unserer Überzeugungen und damit des eigenen Egos.[2] Dazu bastelt es sich ein selbstwertschonendes Verständnis der Welt zusammen. System 1 ist eine Inferenzmaschine, die am laufenden Band Vorschläge für mögliche Zusammenhänge macht, welche für uns (und nur für uns, aus Sicht unserer individuellen internen Struktur) sinnstiftend sind. Unser Geschichtenerzähler kleistert sich ein bequemes Bild der Welt zusammen, welches unser Ego stützt und uns gut schlafen lässt. Ob das Bild auch wahr ist, zutreffend, abgestützt, belegbar, evidenzbasiert, interessiert System 1 nicht die Bohne. Immer wieder lässt sich beobachten, dass das Selbstschutzschild einzelner Personen Selbstlügen in einem Ausmass durchgehen lässt, dass sich die Balken biegen.[3]

---

1 Zum Beispiel versteht System 1 nichts von Statistik und macht beim Rechnen und Interpretieren von Daten und Zahlen immer wieder Fehler. Es ist selbst mit einfachen Aufgaben leicht zu übertölpeln, wie dieses Beispiel zeigt: «Ein Schläger und ein Ball kosten zusammen 1.10 Franken. Der Schläger kostet einen Franken mehr als der Ball. Wie viel kostet der Ball?» Wer auf zehn Rappen kommt, hat gerade System 1 am Werk erlebt. Es ist die intuitive Antwort und hier ist sie falsch. Wer als Resultat fünf Rappen bekommen hat, hat bewusst System 2 zugeschaltet und (richtig) gerechnet.

2 Ein zentrales evolutionäres Prinzip lautet: «Besser falsch, dafür aber schnell und/oder eindeutig» (Urbaniok, 2020). Geschwindigkeit und Eindeutigkeit von Entscheidungen sind viel wichtiger als deren Wahrheit: Dies erhöht die Effizienz (System 1 braucht viel weniger Gehirnenergie als System 2) und die Risikominimierung: Wer vor einem Rascheln im Gras Reissaus nimmt, lebt länger, selbst wenn in den meisten Fällen keine Gefahr im Busch wäre. Wir sind die Nachkommen derer, die nicht gefressen wurden (und nicht der neugierigen Forscher). Menschen sind sehr stark auf Kausalität, stimmige Geschichten und die Vermeidung kognitiver Dissonanzen aus. Investitionen in die Ausweitung des menschlichen Gehirns bringen evolutionär zwar Chancen in Form von grösserer Anpassungsfähigkeit, mehr Kooperation, ausgefeilteren Werkzeugen und Strategien; sie erhöhen aber auch die Gefahren von Fehlbeurteilungen, verstärkter Unsicherheit, weniger Effizienz und grösserer Orientierungslosigkeit. Die Evolution hat deshalb viele Denkfehler nicht eliminiert und die Ausweitung des Verstandes (System 2) mit einer Vielzahl dieser Stossdämpfer versehen. Und so wollen Menschen keine präzisen oder wahren, sondern vielmehr klare, eindeutige, einfache und lineare Verhältnisse. Und meist sind sie sehr ambiguitätsintolerant, umso mehr, als die VUKA-Welt permanent dieses Bedürfnis unterläuft.

3 Empirisch für viele Bereiche gut belegt ist zum Beispiel der sog. «Dunning-Kruger-Effekt», wonach die Selbstüberschätzung umso grösser ist, je inkompetenter die Personen sind (Ehrlinger, Johnson, Banner, Dunning & Kruger, 2008; Kruger & Dunning, 1999; Waibel, Weis, Metzger, Minder Hochreutener & Pfister, 2020).

System 1, unser Autopilot, sucht die Bestätigung unseres Egos.

Dieser kohärenzorientierte und dadurch oberflächliche, aber schnelle und mühelose Mechanismus ist unser Autopilot.[1] Er ist immer eingeschaltet und unterstützt uns permanent, leicht und luftig durchs Leben zu gehen.

System 2 ist unser Pilot, unser Denken, unser Verstand, unsere Selbstbeherrschung. Es kommt zum Einsatz, wenn wir überlegen, rechnen, analysieren, beurteilen oder reflektieren (beispielsweise getroffene Entscheide). Es generiert bewusste Handlungen wie Selbstkontrolle, eine gut überlegte Wahl und eine gezielte Fokussierung unserer Aufmerksamkeit.

System 2, unser Pilot, unser Verstand, mit Reflexion und Selbstkontrolle.

Wenn wir zum Beispiel eine bestimmte Person in einer Menschenmenge suchen, beschäftigt sich unser Gehirn willentlich mit dieser Aufgabe: Es ruft sich Erkennungsmerkmale dieser Person in Erinnerung und erwägt alle Informationen, die bei ihrem Auffinden weiterhelfen könnten.

Mit «Intelligenz» wird das Potenzial von System 2 bezeichnet, also unsere maximale geistige Grundausstattung, die Summe der kognitiven Ressourcen. System 2 ist deutlich langsamer als System 1 und mühevoller, macht dafür aber auch deutlich weniger Fehler.[2] Im Englischen heisst es treffend, «to pay attention», wir zahlen einen Preis für die Nutzung von System 2. Unsere Denkressourcen können sich, im Unterschied zum mühelosen System 1, auch erschöpfen. Wir kennen das, dass wir nach einem anstrengenden Tag, an dem wir «unser Gehirn auswinden mussten», am Abend kaum mehr zu einem klaren Gedanken fähig sind.

1 Mark Twain hat die Limiten von System 1 trefflich auf den Punkt gebracht: «In Schwierigkeiten bringt uns nicht das, was wir nicht wissen. Es sind diejenigen Dinge, die wir zu wissen glauben, die in Wirklichkeit aber falsch sind.»

2 Dennoch gibt es auch Dinge, mit denen auch System 2 nicht klarkommt: Die Nicht-Linearitäten aus Abschnitt 2.6 gehören dazu. Exponentielles Verhalten («Zinseszins-Rechnungen») und Time-Lags überfordern unser System 2 hochgradig. Die Corona-Krise hat deutlich gemacht, dass das exponentielle Wachstum der Ansteckungen unser Verständnis übersteigt. Unverständnis von selbstverstärkenden Wachstumsprozessen dürfte auch der wesentliche Grund sein, dass Menschen zu wenig in ihre Altersvorsorge investieren, wie Studien (zum Beispiel Marti, Mussak & Zaugg, 2016) immer wieder darlegen. Komplexe Systeme, die exponentielles Verhalten und/oder (wesentliche) Zeitverzögerungen zeigen, gehören deshalb für Menschen zu den anspruchsvollsten im Umgang. Für viele Menschen sind dies quasi bewusste blinde Flecken: Man weiss, dass sie wichtig wären, aber wegen der Hyperkomplexität blendet man sie bewusst aus. Der Klimawandel zeichnet sich beispielsweise zwar bereits seit vielen Jahren ab, die Menschheit hat bisher aber zu wenig angemessen darauf reagiert.

Der Ort unseres Denkens, der Neokortex, ist das energieintensivste lebende System des Universums. In der Natur verbraucht nichts mehr Kalorien als unser Grosshirn. Mit seinen circa 1,3 Kilogramm entspricht es rund 2 % unseres Körpergewichts, verbraucht aber bereits im Normalmodus in etwa 20 % unseres Energiehaushalts! System 2 ist deshalb grundsätzlich faul.[1] Während der Autopilot uns hocheffizient durchs Leben bringt, schläft der Pilot. Wenn wir also unser Gehirn gebrauchen, neigen wir dazu, möglichst wenig Energie für die Bewältigung einer Aufgabe einzusetzen. Es gilt das Gesetz des geringsten Aufwands. Wenn unser Gehirn glaubt, das intuitive System 1 könne eine Frage alleine lösen, spart es sich das energieintensive Abgleichen der Antwort mit System 2. Menschliche Entscheidungen laufen deshalb im Gehirn nach streng ökonomischen Gesichtspunkten ab: Eher intuitiv aus dem Bauch heraus entscheiden, als lange zu überlegen. Pi-mal-Daumen-Abschätzungen tun es auch. Eine (halbwegs plausible) Ursache je Problem reicht völlig. Und lieber weniger Alternativen abwägen als mehr (Roth, 2019). Das Energiespargebot führt so zu «Monokausalitis» (Sprenger, 2018) und verstärkt unsere Tendenz, die Dinge oberflächlich, einseitig und vorurteilsgeladen zu sehen.

Der Grundzustand des energieintensiven und deshalb sparorientierten Systems 2.

Diese Faulheit ist verhängnisvoll, denn der Einsatz von System 2 ist ein kritischer Aspekt unserer praktischen Vernunft. Untersuchungen zeigen, dass eine stärkere Beanspruchung des Systems 2, zum Beispiel durch Konzentration und Selbstkontrolle, zu höherer intellektueller Leistung führt (Kahneman, 2012). Während Intelligenz also unseren maximalen kognitiven Ressourcen und damit dem Potenzial von System 2 entspricht, bezeichnet Vernunft das Urteilsvermögen, die praktische Klugheit und damit den konkreten Einsatz der Intelligenz im Alltag. Zwischen Verstand und praktischer Vernunft besteht eine erstaunlich tiefe Korrelation von 0,2 bis 0,3;[2] es gibt also ähnlich viele unvernünftige Intelligente wie kluge kleine Lichter (Ayan, 2020).

Gerade effektives Lernen bedingt metakognitive Reflexionsschlaufen (Beck, Guldimann & Zutavern, 1996), zu denen nur System 2 fähig ist. Die autopoieti-

1 Die Jugend nennt das «Chillen», wobei dies mentale und körperliche Komponenten vereint.

2 IQ-Werte liefern recht gute Vorhersagen über den Bildungserfolg oder die Berufseignung von Menschen. Dagegen beschreibt (psychologische) Rationalität oder Vernunft die praktische Klugheit, das heisst den konkreten Umgang mit begrenzten kognitiven Ressourcen, wenn man zu wenig Zeit oder nicht alle relevanten Informationen hat oder durch Werbung oder sonstige Verführungen manipuliert wird. Warum neigt jemand trotz hohem IQ zur Unvernunft? Ein IQ geht meist mit besseren sprachlichen Fähigkeiten einher und hilft entsprechend, Sinn von Unsinn zu unterscheiden. Allerdings sind Intelligente besonders offen für Erfahrungen und deshalb auch toleranter gegenüber Unvernunft (Stanovich, West & Topak, 2016).

sche Funktion von System 2 liegt in der Präzision und der realistischeren Einschätzung von anspruchsvollen Konzepten (wie zum Beispiel Wahrscheinlichkeiten, Investitionen oder Risiko und Rendite). Nur System 2 kennt Zweifel und Ungewissheit (System 1 hält sich nicht mit solchen Lappalien auf). Gerade bei kritischen Lebensentscheiden wie Partnerschaft oder Kinder bzw. wichtigen Investitionen (zum Beispiel Berufswahl, Studienrichtung Hauskauf, Geldanlage, Vorsorge) lohnt es sich, den wachen Verstand von System 2 hochzufahren und nicht nur auf das Bauchgefühl von System 1 zu vertrauen. Gemäss Kahnemann (2012) ist der Anspruch der Intuition, beim Vorliegen komplexer Probleme korrekte Resultate zu liefern, eine Selbsttäuschung: «Der Intuition kann in Situationen, die keine Regelmässigkeiten aufweisen, nicht vertraut werden.»

Solchen Herausforderungen begegnet man besser mit dem psychologischen Konzept der Vernunft, das heisst der praktischen Klugheit und damit der Fähigkeit, mittels System 2 die Fehler von System 1 zu begrenzen (Ayan, 2020). Wie in Kapitel 1 festgehalten, bildet das menschliche Gehirn ein zu circa 90 % geschlossenes und selbstreferenzielles System, das keinen *direkten* Zugang zu seiner Umwelt hat, nicht einmal über seine Sinnesorgane. Dieses Wissen hat für Systemdenkende eine wichtige Implikation: Sie werden der Qualität der strukturellen Koppelung an die Umwelt substanzielles Gewicht beimessen. Wenn der grösste Teil unserer Gehirnaktivitäten in unserem Innensystem stattfindet, kommt es für die weitere persönliche Entwicklung stark auf die Güte der Aussenvernetzung an. Systemdenkende werden deshalb auf möglichst faktische, evidenzbasierte Informationen und fundiertes Wissen achten. Sie werden glaubwürdige Quellen suchen und «wissenschaftlich» verarbeiten, das heisst, die eigenen Überzeugungen und Konzepte kritisch überprüfen (und wenn nötig auf eine überzeugendere reale Basis stellen), Modelle testen, experimentieren, Evidenz anstreben und zu wenig rigorose Ideen falsifizieren. Systemdenkende schaffen es so, den Einfluss von Fake-Informationen zu minimieren.

System 1 und System 2 werden in der Sprache der Systemtheorie als «innere Struktur» bezeichnet. Das, was der Selbsterhaltungsdrang der Autopoiesis optimal schützen und fortschreiben will. Die Beziehung zwischen den beiden Systemen bestimmt letztlich unser individuelles Verhalten. Je nach Person wird jemand stärker vernunftbasiert durchs Leben gehen und deshalb öfter bewusst System 2 einschalten, während andere Menschen sehr auf ihre Intuition und damit auf das sogenannte «Bauchgefühl» von System 1 vertrauen.

Der rationale Verstand, System 2, hat selber keine Verbindung zu den Gehirnarealen, die konkretes Handeln auslösen. Zwar kann dieser System 1 detaillierte Argumente und komplexe Analysen liefern, was rational zu tun wäre. Solche bewussten Prozesse können durchaus Gefallen ausdrücken («liking») bzw. sogar Begehren («wanting»). System 1 übernimmt allerdings von den Ratschlägen von System 2 nur, was emotional akzeptabel ist. Mit anderen Worten werden im entwicklungsgeschichtlich älteren limbischen System Botenstoffe erzeugt, die wir nicht bewusst wahrnehmen und deshalb auch nicht artikulieren können. Aber erst diese neurochemischen Signale lösen Handlungen aus («acting») (Sprenger, 2018). Wenn wir uns emotional nicht angesprochen fühlen, entwickeln wir meist auch keine Energie für die Umsetzung von notwendigen Massnahmen (Groth, 2013). System 1 hat also hinsichtlich Entscheidungen das erste und letzte Wort. System 2 kann nur beraten, aber nicht selber entscheiden. Es gibt demnach kein «rationales Entscheiden», nur ein rationales Abwägen. Zwischen Denken, Wollen (System 2) und Tun (System 1) gibt es also keine lineare Verknüpfung. Wir bedenken vieles, mögen manches (System 2) – aber ob wir handeln (System 1), ist damit noch lange nicht entschieden. Am Schluss entscheidet System 1 aufgrund der emotionalen Bewertung. Nur deshalb gibt es überhaupt Ärzte, die rauchen, Priester, die Vater werden, oder Versicherungsexperten, die Basejumping betreiben. Roth (2019) bringt dies auf den Punkt: «Wäre der Verstand der tatsächliche Meister über unser Verhalten, wer würde dann noch ungesund leben?»

Die Wirtschaftswissenschaften haben lange den verhängnisvollen Fehler begangen, in ihrer Kerntheorie, der Erwartungsnutzentheorie, vom Modell des «Homo oeconomicus» auszugehen. Dieses normative Entscheidungsmodell nimmt an, dass Menschen rational und damit nach dem Prinzip der Nutzenmaximierung handeln (Bernoulli-Prinzip, vgl. von Neumann & Morgenstern, 1947). Der grosse Vorteil der Erwartungsnutzentheorie ist, dass man sie mathematisch modellieren kann. Deshalb wurde die Ökonomie zunehmend mathematischer und abstrakter, was ihrer Lebensdienlichkeit abträglich war.

Vor allem die grosse Wirtschaftskrise 2008 zeigte die Limiten der mathematischen Modelle auf der Grundlage des Homo oeconomicus auf: Niemand von uns läuft durchs Leben und entscheidet strikt nach rational-nutzenmaximierenden Kriterien (das tut nur Mr. Spock aus Raumschiff Enterprise). Der Alltag wäre viel zu kompliziert sowie anstrengend und der Mangel an emotionaler Wärme würde unsere soziale Kompatibilität spürbar einschränken. Diese Erkenntnisse haben in den Wirtschaftswissenschaften den Aufstieg der Neuen Erwartungstheorie (Kahneman & Tversky, 1979) sowie die heute sehr populäre Verhaltensökonomie (Ariely, 2008; Kahnemann, 2012; Thaler, 2015) begünstigt, welche Gefühle und irrationales Verhalten in ihr Menschenbild einbezieht. Systemisch kann man sagen, dass damit wieder ein repräsentatives Abbild realer Personen Einzug in die ökonomische Theorie gehalten hat.[1] Die Psychologie hat dagegen schon immer auf ein realitätsnäheres Verständnis der Rationalität gesetzt. Damit

1 Wohl deshalb wurde Kahnemann 2002 als erstem Psychologen überhaupt der Nobelpreis für Wirtschaft verliehen. Das jahrzehntelang die Ökonomie dominierende Brimborium um sogenannte «rationale Erwartungen», «rationale Entscheidungstheorie» usw. hat aus Menschen Vulkanier gemacht (und – leider – viele verkappte Mathematiker zu Ökonomieprofessoren). Die Realitätsnähe der entsprechenden Erkenntnisse muss angesichts der Bedeutung von System 1 für menschliches Verhalten nicht näher kommentiert werden.

wird die Vernunft subsumiert, das heisst die praktische Klugheit, der konkrete Einsatz von System 2 im Alltag. Vernunft basiert auf einem klugen Umgang mit Denkfehlern und Entscheidungsregeln. Konkret heisst dies, mittels System 2 die Fehler von System 1 zu begrenzen, was vor allem bei wichtigen Entscheidungen kritisch ist.

	System 1: «Gefühl»	**System 2: «Verstand»**
Einheit	Unbewusste Emotionssteuerung	Bewusster Verstand
Aktivität	Permanent aktiv, schnell	Situativ zugeschaltet, langsam
Eigenschaften	Impulsiv, automatisch, intuitiv	Analytisch, bewusst, rational
Metapher	Autopilot (sucht Bestätigung unseres Egos)	Pilot (Verstand, Reflexion, Selbstkontrolle)
Energie	Funktioniert anstrengungslos	Braucht sehr viel Energie
Entscheidungen	Schnell, aus dem Bauch heraus, mit einigen Fehlern	Eher langwierig, nur bei wichtigen Entscheidungen, weniger Fehler

▲ Abb. 67 Übersicht zu System 1 und System 2
Quelle: eigene Darstellung

4.4 Die dunkle Seite der Autopoiesis: Wie lassen sich zentrale menschliche Schattenseiten erklären?

Der vorhergehende Abschnitt hat das Zusammenspiel von Gefühl (System 1) und Verstand (System 2) zum besseren Verständnis des menschlichen Verhaltens beleuchtet. Unser Handeln basiert auf viel (schneller und müheloser) Gefühlssteuerung und gelegentlichen (bewussten und anstrengenden) Verstandesentscheidungen. Der letzte Punkt weist eine grosse interindividuelle Variabilität auf: Die Spanne zwischen sehr stark emotional basierten Personen (praktisch nur Gefühl) und substanziell vernunftorientierten Menschen (viel Gefühl, einiger Verstand) ist ausgesprochen hoch. Das hat unter anderem dramatische Auswirkungen darauf, wie friedlich menschliche Gemeinschaften sind, denn Frieden ist eine bewusste und hochstehende, alles andere als selbstverständliche menschliche Kulturleistung. Der vorliegende Abschnitt geht auf folgende, existenziell wichtige Fragen ein: Welche negativen Auswirkungen kann die Autopoiesis, die auf den Selbsterhalt des Einzelnen ausgerichtet ist, in sozialen Systemen haben? Warum ist diese Schlüsseloperation, die ja auf Bestehen und Gedeihen ausgerichtet ist, nicht in der Lage, die grossen Tragödien der Menschheit zu verhindern? Weshalb gibt es Kriege und anderes menschenverursachtes Leid, wenn doch das überragende Lebensprinzip konstruktiver Natur ist?

Zwei zentrale Aspekte stehen im Vordergrund. Der erste zentrale Zusammenhang ist: Die menschliche Spezies ist durchaus zur Zusammenarbeit fähig, aber diese Kulturleistung in unserem Verhaltensset ist noch ausgesprochen jung. Man muss sich vor Augen halten, dass Kooperation – die zielgerichtete, arbeitsteilige Zusammenarbeit von Lebewesen – eine ebenso bemerkenswerte wie fast übermenschliche Kulturleistung ist. Naturwissenschaftler berichten, dass Tiere kaum bereit sind, mit Artgenossen ausserhalb der Grossfamilie zu kooperieren. Dies galt auch für unsere prähistorischen Vorfahren. Irgendwann aber in den vergangenen zehntausend Jahren begannen wir, auch mit Fremden zusammenzuarbeiten. So gelang es uns, unser tief verwurzeltes, instinktives Misstrauen und unsere Gewaltbereitschaft gegenüber anderen zu überwinden. Unbekannten zu vertrauen ist in freier Wildbahn riskant. Dieser Schritt ermöglichte es allerdings zum ersten Mal, komplexe Aufgaben gemeinsam zu erledigen. Die moderne Arbeitsteilung war geboren. Erst dadurch konnten grössere und komplexere Gesellschaften entstehen und ein höheres Niveau an Wohlstand erreicht werden. Wie die Sprache ist auch die Fähigkeit, jemand Fremden zu vertrauen, nur uns Menschen eigen. Wahrscheinlich beruht die gesamte moderne Zivilisation auf dieser Art von Zusammenarbeit und Vertrauen (Seabright, 2010). Die grossen Möglichkeiten gegenseitiger Kooperation zu erkennen, bedingt den wachen Geist von System 2. Das Kooperationspotenzial ist dadurch gekennzeichnet, dass eigene Bedürfnisse und Ansprüche zumindest teilweise gegenüber legitimen Ansprüchen anderer relativiert werden. Häufig gibt es dafür emotionale Korrelate, indem wir ein positives Gefühl der Bindung zu anderen Menschen oder einer Gruppe empfinden, zum Beispiel Liebe, Freundschaft oder Sympathie (Urbaniok, 2020).

Das menschliche Gehirn weist zwei Besonderheiten auf, die es uns ermöglichen, auch Menschen ausserhalb unserer direkten sozialen Gruppe zu vertrauen. Dazu ist kein anderes Lebewesen in der Lage (Zak, 2020). Erstens macht es die vergrösserte Hirnrinde des Neokortex möglich, dass wir uns in jemand anderen hineinversetzen. Mit dieser Fähigkeit – der sogenannten «Theory of Mind» – können wir Handlungen anderer vorhersehen und unser eigenes Verhalten daran anpassen. Die zweite Besonderheit ist Empathie, also unsere Fähigkeit, die Gefühle anderer zu teilen. Aus zahlreichen Forschungen wissen wir, dass Empathie verstärkt wird, wenn das Gehirn das Hormon Oxytocin ausschüttet. Menschen verfügen über eine hohe Dichte an entsprechenden Rezeptoren in der Grosshirnrinde, weit mehr als andere Tiere. Unsere soziale Ader ist also anatomisch in unserem Gehirn verankert. Deshalb können wir soziale Informationen unbewusst und ganz mühelos aufnehmen und die Motive anderer nachvollziehen. Wie Zak (2020) aufzeigt, hat Oxytocin noch zwei weitere bemerkenswerte Wirkungen auf Menschen. Erstens mindert es die Angst, die wir von Natur aus haben, wenn wir unter anderen sind. Und zweitens motiviert es uns, anderen Personen zu helfen und mit ihnen zusammenzuarbeiten. Oxytocin regelt nämlich auch Dopamin, den Antreiber-Botenstoff des Gehirns. Dopamin sorgt dafür, dass sich die Zusammenarbeit mit anderen gut anfühlt. Die Freude an Kooperation ist uns also gleichsam in die Wiege gelegt.

Kooperation, der vermutlich bemerkenswerteste Aspekt der Evolution.

Evolutionsbiologinnen bzw. Evolutionsbiologen bezeichnen die Erzeugung von Kooperation in einer konkurrenzorientierten Welt als vermutlich bemerkenswertesten Aspekt der Evolution. Die Evolution hat Kooperation entstehen lassen, bevor diese sich nach ökonomischen Massstäben zu lohnen begann (Kaduk, Osmetz, Wüthrich & Hammer, 2013). Der Mensch ist von Natur aus über Familie und Freunde hinaus nicht nur auf Rivalität hin angelegt, sondern auch auf Kooperation. Unser Hang zu Freundlichkeit und Kooperation ist stark: In den vergangenen Jahrtausenden hatten die Freundlichen bessere Chancen zu überleben und gesellschaftlich erfolgreich zu sein (Bregman, 2020).

Allerdings ist diese Kulturleistung in unserem Verhaltensset ausgesprochen jung – praktisch noch ein Säugling – den Homo sapiens gibt es seit mehr als hunderttausend Jahren, da sind zehntausend Jahre eine kurze Zeit. Bis heute sind unsere Steinzeit-Gehirne auf ein Leben als Jäger und Sammler programmiert (Harari, 2015). Zwar haben wir gelernt, dass die Kooperation mit Fremden vorteilhaft sein kann, aber so richtig in Fleisch und Blut übergegangen ist diese Evolutionsleistung noch nicht. Bevor wir jemandem vertrauen, insbesondere einem Menschen, den wir nicht kennen, erstellt unser Gehirn ein Modell davon, wie sich unser Gegenüber wahrscheinlich verhalten wird und warum. Wir nutzen also bei jeder Form der Zusammenarbeit sowohl «Theory of Mind» als auch Empathie. Und der andere macht intuitiv genau dasselbe mit uns. Menschen spielen folglich fortwährend ein gegenseitiges Vertrauensspiel miteinander: «Soll ich dir vertrauen?» «Und wie sehr vertraust du mir?» (Zak, 2020). Dieses Spiel ist eine sehr fragile Angelegenheit, die leicht gestört werden kann. Läuft in einer Kooperation etwas schief, fallen wir schnell zurück in Verhaltensweisen wie etwa Kämpfen, die uns deutlich tiefer durchdringen. In Abschnitt 3.3 haben wir am Beispiel der letzten fünfhundert Jahre aufgezeigt, wie kriegerisch unsere Spezies ist und wie naheliegend für uns das Verhaltensmuster der Eskalation ist. Archäologische Funde zeigen, dass viele Skelette Gewaltspuren aufweisen, je nach Fundort zwischen 5 % und 50 %. Der heutige Wert liegt bei 1,5 %, derjenige für das gesamte 20. Jahrhundert, inklusive der beiden Weltkriege, bei 4,5 % (Harari, 2015; Pinker, 2018). Der Firnis der Zusammenarbeit über dem Wesenskern der Konkurrenz ist beim Menschen (noch) sehr dünn.

Der zweite zentrale Zusammenhang ist: Zwar sind Menschen zu Empathie, Vertrauen und Kooperation fähig, aber dies bezieht sich primär auf die eigene Gruppe. Menschen sind Herdentiere – mit einer fatalen Einschränkung. Wir fühlen uns am stärksten von dem angezogen, was uns am ähnlichsten ist. Die Kooperationsressourcen für Fremde sind überschaubar. Tatsächlich bezieht sich der autopoietische Selbsterhaltungsdrang lediglich auf das einzelne Lebewesen. In einem gewissen Umfang können auch Familie und Freunde einbezogen sein; wir haben einen Gruppeninstinkt (Bregman, 2020). Das Selbsterhaltungsprinzip ist aber individuell und nicht kollektiv angelegt. Es hat für die Menschheit als Ganzes keine Gültigkeit. Albert Schweitzer hat das so ausgedrückt: «Ich bin Leben, das leben will, inmitten von Leben, das leben will.» Gemäss Damasio (2017) bleibt die grundlegende Autopoiesis «eine etwas engstirnige Angelegenheit, denn sie konzentriert sich auf das Heiligtum, das die Subjektivität der Menschen gestaltet und errichtet hat: das Selbst». Darüber hinaus hat die Evolution der Moral eine empfindliche Grenze gezogen: Unser Mitgefühl gilt noch der eigenen Gemeinschaft – der Familie oder der Gruppe, der wir uns zugehörig fühlen. Spiegelbildlich besteht zum Prozess der Identifikation auch jeder der Abgrenzung. Das ist im Sinne des Überlebens: Um den Fortbestand der eigenen Sippe zu wahren, bedurfte es der Abgrenzung gegenüber anderen. Homo sapiens, unter allen Spezies der Einfühlsamste mit der umgebenden Gruppe, ist deshalb nach Meinung vieler Wissenschafter von Natur aus über seinen Stamm hinaus ein Menschenfeind (Mesenhöller, 2019).[1] Seit einigen Jahren wissen wir, dass sich die positive Wirkung von Oxytocin primär auf die eigene Gruppe beschränkt. Während es die Liebe zu unseren Freunden vergrössert, kann es die Abneigung gegen Fremde zusätzlich verstärken. Oxytocin ist nicht das Hormon der universellen Bruderschaft, sondern das des «eigenen Volkes zuerst» (Bregman, 2020, S. 97). Und die dadurch ausgelöste Empathie ist keine warme Sonne, die die Welt erhellt – Empathie ist ein Tiefstrahler, ein Suchscheinwerfer, der auf eine bestimmte Person oder Gruppe aus der eigenen Umgebung gerichtet ist. Gemäss Bloom (2016, S. 15) ist Empathie ein «hoffnungslos eingeschränktes Gefühl». Wir empfinden sie für Menschen, die uns nahestehen, während der Rest der Welt im Hintergrund versinkt. Es ist «der Mechanismus, der uns in die netteste und grausamste Spezies auf dem Planeten verwandelt hat. Es ist eine unbequeme Wahrheit: Empathie und Fremdenfeindlichkeit sind zwei Seiten derselben Medaille» (Bregman, 2020, S. 244).

---

1 Im vorhergehenden Abschnitt haben wir bekanntlich ausgeführt, dass «soziale Zugehörigkeit» sowie «Macht» zu den menschlichen Primärmotivationen zählen. Beide Bestrebungen sind durchaus polar zu sehen: Die Fähigkeit zu Kooperation und Zusammenarbeit steht in einem Spannungsverhältnis zum egozentrisch auf die eigene Selbstbehauptung ausgerichteten Machtstreben (Urbaniok, 2020). Evolutionär sind Überleben und Fortpflanzung die entscheidenden egoistischen Interessen. Andere Menschen werden im Machtmodus als potenzielle Konkurrenten, Feinde oder nützliche Ressourcen wahrgenommen.

Wenn aber der Mensch aufgrund seiner biologischen Ursprünge nicht für weiter entfernte Gruppen sorgt, kann es dann für die Menschheit überhaupt Hoffnung geben? Offensichtlich ist, dass unser subjektiver Autopoiesisdrang eine Neigung zu kollektiven Konflikten begründet. Angst vor Fremden, Xenophobie, ist eine anthropologische Konstante (Zürcher, 2020a). Der Mensch muss sich an alles, was anders ist als er selbst, erst einmal gewöhnen. Er muss sich das Fremde vertraut machen, um sich davon nicht mehr bedroht zu fühlen. Dieses Aushalten von Differenz ist eine hochgradige Kulturleistung und bedingt eine enorme Ambiguitätstoleranz (vgl. Abschnitt 1.1). Menschen, die dies nicht wollen oder können, neigen im Umgang mit Personen ausserhalb der eigenen sozialen Gruppe zu handfesten Konflikten. Dies ist umso mehr der Fall, je dominanter System 1 regiert und vernunftbasierte, nüchterne und reflektierende Gedanken von System 2 aussen vor bleiben. Viele Emotionen entstehen nicht im isolierten Individuum, sondern im Zusammenspiel mit anderen Individuen. Gefühle wie Wut und Enttäuschung können zu Konflikten und Gewalt führen, weil Menschen ihr Überleben und ihren eigenen Vorteil im Blick haben. Aber die Autopoiesis hat, vor allem via System 2, gleichzeitig auch den Keim zu kooperativem Verhalten gelegt. Selbst einfache Lebensformen, wie beispielsweise Bakterien, sind bereits in der Lage, zu kooperieren, wenn dies für sie zu einem Vorteil führt (Damasio, 2017). Unser Körper – Emotionen sind bekanntlich nichts anderes als Körperreaktionen – kennt die Möglichkeiten der Kooperation. Unser Verstand kennt sie allemal. *Die Geschichte des Menschen zeigt ohne Zweifel, dass wir eine sehr konkurrenzorientierte, kriegerische, gleichzeitig auch rationale, raffinierte, kreative und damit zu erstaunlichsten Leistungen fähige Spezies sind.* Dies gilt in positiver wie negativer Richtung. Die tägliche Realität zeigt, dass Menschen immer wieder zu den unglaublichsten Heldentaten und gleichzeitig abscheulichsten Verbrechen fähig sind. Wir werden mit einem tribalistischen Knopf geboren, der einfach gedrückt werden kann (Bregman, 2020). Wenn Menschen eine Gruppenidentität annehmen, geschieht dies durch eine starke Aktivierung des Kooperationspotenzials. Diese Aktivierung bleibt aber auf die jeweilige Gruppe beschränkt. Abgrenzung ist ein Element, das eng mit dem Identitätserleben am Pol der egoistischen Selbstbehauptung und Macht verbunden ist: Hier bin ich und behaupte mich gegen den Rest der Welt! Abgrenzung ist ein sehr mächtiger, archaischer, allgegenwärtiger und oft auch gefährlicher Mechanismus.[1] Nur durch Abgrenzung wird Identität geschaffen. Hoffnung gibt, dass Menschen darin sehr flexibel sind: Wir können problemlos sehr enge oder aber sehr weit gefasste Kategorien mit der eigenen Identität und dem entsprechenden Gefühl sozialer Verbundenheit koppeln. Diese Fähigkeit ist Teil unseres Kooperationspotenzials, das uns die Evolution als ein Standardprogramm mitgegeben

1 Wahrscheinlich hat der Homo sapiens vor rund dreissigtausend Jahren nicht nur den Neandertaler ausgerottet (Urbaniok, 2020). Die Geschichte belegt, dass er problemlos auch Gruppen der eigenen Spezies nicht als Menschen betrachtete, wie die traurige Abfolge von Völkermorden bis ins 21. Jahrhundert hinein zeigt.

hat. Der Mensch ist sehr plastisch in der Grenzziehung, was eigene oder fremde Gruppe ist (Urbaniok, 2020).

Eine systemische Sicht – Menschen reagieren aufgrund ihrer inneren Struktur individuell auf externe Einflüsse – richtet den Fokus auf zwei Punkte: Die Entwicklung günstiger interner Strukturen und die Gestaltung positiver externer Rahmenbedingungen. Beide werden durch Bildung, Ethik und Kultur unterstützt. Systemisch ist das Primat der Kultur von höchster Bedeutung: Wie friedlich es in sozialen Strukturen wie Familie, Team, Unternehmen, Gesellschaft und Staat zugeht, wird massgeblich durch die Qualität der jeweiligen Kulturprägung bestimmt. Wir werden in Kapitel 5 zu den sozialen Systemen auf diesen Punkt vertieft eingehen.

Der zweite Fokus der Gestaltung positiver externer Rahmenbedingungen macht aus systemischer Sicht etwas deutlich, was in der Praxis häufig vergessen geht: Wenn einzelne Personen sich in ihrer Firma, im Freundeskreis, als Mitbürgerin bzw. als Mitbürger in einer bestimmten Art und Weise, zum Beispiel konstruktiv oder destruktiv, verhalten, hat dies nicht bloss mit ihrem individuellen Wesen (mit anderen Worten ihrer inneren Struktur und Verfasstheit) zu tun. Ebenso massgeblich ist der äussere Rahmen, der mit seinen Impulsen das Handeln entscheidend mitprägt. Zugespitzt lässt sich sagen: Menschen sind nicht so, wie sie sind – sie sind unter anderem so, weil ihre Umgebung so ist.[1]

Im Alltag zeigt sich immer wieder, dass der umgebende Rahmen mindestens so charakteristisch für individuelles Verhalten ist wie subjektive Persönlichkeitsmerkmale (Intelligenz, Bildungsstand usw.). Wenn die Umgebung konstruktiv ist, sind es die meisten Menschen auch. Wenn die Umwelt feindselig reagiert, werden selbst sehr pazifistisch orientierte Personen bald einmal zu Guerilla-Kämpfern.[2] Motivierte Personen, die privat vor kreativen Geistesblitzen sprühen, werden am Arbeitsplatz schnell zu angepassten Befehlsempfängern,[3] wenn ihnen der Chef einige Male zu

1 Wissenschafter gehen inzwischen davon aus, dass die Wirkung von Oxytocin vom Kontext abhängt. In Wettbewerbssituationen erhöht es die Abneigung gegenüber Fremden, während es in kooperativen Situationen die Menschen näher zusammenbringen kann (Shamay-Tsoory & Abu-Akel, 2016).

2 Menschen wie Jesus oder Gandhi, die es vermögen, dem Gegner auch die andere Backe hinzuhalten, sind eher selten anzutreffen.

3 Wenn die Umgebung wenig kompatibel zur eigenen Innenwelt ist, ist es systemisch besser, zu gehen und ein passenderes Spielfeld für seine Kompetenzen zu finden, als sich zu verbiegen. Es ist eine Ironie unseres Schicksals, dass uns unser Autopoiesis-Drang manchmal suggeriert, es sei sicherer, zu bleiben. Emotional kann dies trotz suboptimaler Umgebung günstiger erscheinen, als mutig ein neues, potenziell chancenreicheres, aber eben auch vollkommen ungewisses Kapitel aufzuschlagen. Scheint das Überleben erst einmal gesichert, suchen wir nämlich oft Stabilität und Sicherheit. Gleichzeitig können wir uns sehr schnell und umfassend selbst an enorme Veränderungen anpassen. Die «Weisheit unseres Körpers» (Cannon, 1932) liegt in seiner Fähigkeit zu erstaunlicher dynamischer Stabilität. Immer wenn wir vor schwierigen Entscheidungen stehen und dabei zögern, lohnt es sich, uns diese wunderbare Eigenschaft vor Augen zu halten. Den Mutigen gehört die Welt!

verstehen geben hat, dass er konstruktive Verbesserungsvorschläge nicht wirklich schätzt.

Die praktische Erfahrung zeigt, dass dies oft den deutlichsten Unterschied zwischen «guten» und «schlechten» Führungspersonen markiert: «Gute» Chefs sind sich bewusst, dass ihre primäre Funktion darin besteht, den eigenen Mitarbeitenden einen positiven, motivierenden und freiheitsgradfördernden Rahmen zu ermöglichen. «Schlechte» Chefs dagegen arbeiten sich an ihren Mitarbeitern ab: Diese haben aus ihrer Sicht irgendwelche individuellen Defizite und die gilt es nun, mit einem unerfreulichen Gemenge von Vorgaben, Überwachungs- und Kontrollmassnahmen möglichst auszumerzen. Die Situation hat etwas Tragisches: Obwohl dies praktisch nie gelingt, bestätigt gerade der Misserfolg, dass beim Mitarbeitenden etwas Wesentliches im Argen liegt. Der Führungsrahmen wird deshalb noch enger gezurrt. Die Medizin wirkt nicht, deshalb wird die Dosis erhöht. Tagtäglich spielen sich rund um den Globus unzählige kleinere und grössere Führungstragödien ab, weil sehr vielen Chefs die notwendige Selbstreflexion sowie das Wissen und das Verständnis grundlegender systemischer Zusammenhänge fehlt (Waibel, 2015).

Die aufgeworfene Frage – «Wenn aber der Mensch aufgrund seiner biologischen Ursprünge nicht für weiter entfernte Gruppen sorgt, kann es dann für die Menschheit überhaupt Hoffnung geben?» – harrt noch einer Antwort. Eine systemische Sicht – Menschen reagieren aufgrund ihrer inneren Struktur individuell auf externe Einflüsse – richtet bekanntlich den Fokus auf zwei Punkte: Die Entwicklung günstiger interner Strukturen und die Gestaltung positiver externer Rahmenbedingungen. Damasio (2017) betont: «Der Geist kann über seine grundlegenden Aufgaben hinauswachsen und Produkte liefern, die auf den ersten Blick nichts mit der Selbsterhaltung zu tun haben. (...) Gefühle fokussierten die Intelligenz auf bestimmte Ziele, erweiterten ihre Reichweite und verfeinerten sie so, dass daraus der kulturelle Geist der Menschen entstand.» Gefühle sind auch die grosse Motivationsquelle für kulturelle Leistungen – zusammen mit der kreativen Intelligenz. Gleiches gilt auch für den kulturellen Selektionsprozess im Verlauf der Evolution. Gefühle sind die grossen Schiedsrichter beim Entscheid über Weiterführung oder Wegfall einer kulturellen Praxis. Sie beurteilen das kreative Schaffen unter den Anforderungen der Autopoiesis. Die kreative Intelligenz bringt unter anderem Reflexion, Fantasie und Erinnerung ein. Kulturelle Errungenschaften können sich als überlegen erweisen – und werden aus diesem Grund beibehalten. *Letztlich ist es vor allem das Ausmass von System 2, das in Konfliktlösungen eingebracht wird, das darüber bestimmt, ob bei Auseinandersetzungen eine konstruktive Lösung möglich wird.* Bloom (2016) propagiert rationales Mitgefühl (System 2) anstelle von blosser Empathie (System 1). Mit dem Verstand lässt sich erkennen, dass Eskalationen letztlich Lose-lose-Strategien sind. Je mehr vernünftige, geistreiche und weitsichtige Persönlichkeiten an den Hebeln der Macht sitzen, desto eher sollte die Eindämmung von Feindseligkeiten gelingen, zugunsten einer konstruktiveren Berücksichtigung der Interessen. Gemäss Damasio (2017) ist offen, wie die Geschichte der Menschheit ausgeht. Es dürfte seiner Meinung nach eine Frage der Zivilisationsanstrengungen (und hier vor allem der Bildung) sein, ob das Autopoiesis-Prinzip mit seinem starken Fokus auf das einzelne Lebewesen immer wieder zu Zerstörung und Verlust führt oder ob es den Menschen auf seinem Weg zu einem friedlichen Miteinander begleitet.

Frieden, ein Ergebnis von Zivilisationsanstrengungen.

Die historisch vorherrschende Theorie von der menschlichen Natur ging über Jahrtausende von einem negativen Menschenbild aus: Die alten Griechen, die christlichen Kirchenväter mit ihrer Idee der Erbsünde, Macchiavelli, die Philosophie der Aufklärung von Thomas Hobbes über John Locke bis zu den Gründervätern der USA, die Evolutionstheorie Darwins, der Homo oeconomicus der Wirtschaftstheorie, Sigmund Freud – das Gros der westlichen Denktradition geht vom selbstsüchtigen, konfrontativen Menschen aus. Erst in den letzten zwanzig Jahren veränderte sich die Vorstellung des Menschen in Wissenschaften wie der Psychologie, der Archäologie oder der Wirtschaft: Schon Säuglinge ab einem Alter von sechs Monaten kennen den Unterschied zwischen Gut und Böse und bevorzugen das Gute (Hamlin, Wynn & Bloom, 2007). Bereits Kleinkinder nicht älter als 18 Monate sind klar altruistisch veranlagt (Warneken & Tomasello, 2009). Menschen neigen zum Guten und arbeiten zusammen (Bregman, 2020). Wir teilen diese Überzeugung und sind für die Zukunft hoffnungsvoll.

4.5 Quintessenz: der Mensch, viel Gefühl und etwas Verstand

Nach diesen Ausführungen zur menschlichen Autopoiesis und damit zur Funktionsweise von System 1 (Gefühle) und System 2 (Verstand) können wir ein Fazit wagen: Wer die menschliche Natur richtig beschreiben will, muss zuallererst auf die Gefühle und damit System 1 abstellen. Auch wenn System 1 von System 2 beraten werden kann, entscheidet es letztlich alleine. Zwar baut der in der Geschichte beispiellose wissenschaftliche, technologische und ökonomische Fortschritt der letzten Jahrhunderte auf dem Fundament der Aufklärung auf (Pinker, 2018): Rationalität, analytisches Denken, Mathematik und Logik, allesamt Früchte von System 2. Wir sind umgeben von beeindruckenden Werken des Verstandes: Ein BMW, unser Smartphone, Google, Alexa oder Chat-GPT. Gleichzeitig ist unsere zerebrale Ausstattung praktisch die gleiche wie die unserer Urahnen vor zehntausend Jahren: Unser Höhlenmenschen-Gehirn funktioniert hinsichtlich Verhaltenssteuerung nicht primär danach, was unserem System 2 rational einleuchtet, sondern was sich gut anfühlt, was uns positive Emotionen verschafft bzw. negative vermeiden lässt (System 1). Der Mensch ist evolutionär darauf eingestellt, erst zu handeln und dann zu denken. In der heutigen Welt wäre oft genau das Gegenteil gefragt.

Smombies, deren System 1 Opfer der raffinierten Smartphone-Verführungen sind.

In den letzten Jahren ist eine ganze Industrie entstanden, welche spannende Reize für unser leicht ablenkbares System 1 bietet: Apps, Spiele, Gadgets und das alles permanent verfügbar auf dem Wunderding Smartphone. Unser System 1 greift deshalb durchschnittlich achtundachtzig Mal pro Tag danach (Fischhaber & Hauck, 2017) und macht viele zum «Smombie», zum Smartphone-Zombie.

Ewas zugespitzt könnte man sagen, dass unser System 1 wie ein Kind im Süssigkeitenladen funktioniert, das von Verlockung zu Verlockung hüpft und immer wieder neue Köstlichkeiten entdeckt. Beispielsweise ziehen Fernsehbilder, die im Hintergrund flackern, unseren Sehsinn magisch an. Wir gucken hin, auch wenn wir das gar nicht möchten.[1]

Wie ein Kind im Süssigkeitenladen – das Internet verführt unsere Gefühle mit maliziösen Tricks.

Das Smartphone ist nun aber viel cleverer als ein Bildschirm. Es ist schlicht die bisher raffinierteste Honigfalle der Menschheit. Im Internet werden nicht einfach nur Bilder gezeigt, sondern gezielt Affektreaktionen provoziert, besonders intensive Gefühle, die deutliche körperliche Reaktionen (zum Beispiel Lächeln, Erröten, mit der Faust auf den Tisch hauen) hervorrufen. Affekte wie Freude, Scham, Ekel, Empörung, Zorn oder Hass erzeugen starke Emotionen und sind willentlich kaum zu kontrollieren. Medien und Autorinnen bzw. Autoren im Netz bedienen direkt unser Emotionsverhalten ohne reflektierte Kontrolle. Kalkül ist, dass wir sofort anspringen und aufschreien. Dueck (2018) vertritt die These, dass die bewusste Skandalisierung und Empörungsbewirtschaftung süchtig mache – nur so sei zu erklären, warum so viele Menschen so viel Zeit online (im Candy Store) mit Inhalten mit bescheidenem Erkenntnisgewinn verbringen. Offensichtlich ist, dass unser lustorientiertes System 1 immer wieder aufs Neue und in einer bisher unerreichten Raffinesse verführt wird.

1 Wenn wir zum Beispiel in einer Sportbar sind, ertappen wir uns oft dabei, dass wir auf die vielen Bildschirme schauen, obwohl wir den Ton nicht genau hören und den Infos nicht folgen können. Teilweise lassen wir uns sogar ablenken, obwohl wir die Sportart nicht mögen, die gerade gezeigt wird. Wir alle wissen: Die todsicherste Methode, Kinder ruhigzustellen, ist, sie vor einen Bildschirm zu setzen.

Gleichzeitig hat uns unsere Kultur nicht damit ausgestattet, bewusst und kompetent mit unseren (so clever gelenkten) Gefühlen umzugehen. Emotionen werden tendenziell eher unterdrückt, durch Religion, Erziehung, Bildung und unsere Arbeitsumgebungen. Wenige werden beispielsweise von sich sagen können, bewusst in der Schule einen klugen Umgang mit Emotionen gelernt zu haben. Im Netz aber werden unsere Affekte, die wir meist nicht so genau kennen, gezielt und sehr professionell manipuliert. Da muss man sich nicht wundern, dass wir oft hilflos (weil willenlos gemacht!) sind, ausgeliefert und die Verführungen nicht selbstbestimmt kontrollieren können. Klar ist: Wer diszipliniert damit umgehen will, muss System 2 aktivieren.[1]

Zu denken (ja, genau, mit System 2!) geben sollte, dass viele digitale Expertinnen bzw. Experten aus dem Silicon Valley ihre Kinder in den Waldkindergarten schicken und ihnen länger als andere Eltern den Zugang zu Handys und Tablets verbieten beziehungsweise streng reglementieren.

Die Antwort auf die eingangs gestellte Frage lautet deshalb: *Für unsere Selbststeuerung massgeblich sind viel Gefühl und etwas Verstand* (wobei die individuellen Unterschiede, je nach innerer Struktur, gross sind). Vernunft basiert auf einem klugen Umgang mit Denkfehlern und Entscheidungsregeln. Konkret heisst dies, mittels System 2 die Fehler von System 1 zu begrenzen, vor allem bei wichtigen Entscheidungen.

Wer diese Dualität der menschlichen Autopoiesis versteht – die Früchte des Fortschritts entspringen dem Verstand, unser Verhalten dagegen meist unseren Emotionen und Motivationen –, hält einen wichtigen Schlüssel zum Verständnis der Welt in der Hand.

1 Wie sagte doch schon der Philosoph und Urvater der Psychologie William James (1842 – 1910)? «Unser Leben ist nichts anderes als das, worauf wir unsere Aufmerksamkeit richten.»

Kapitel 5

Warum macht es Sinn, soziale Systeme als Lebewesen zu sehen?

Take-aways

Die *traditionelle Betriebswirtschaftslehre* sieht *Organisationen* primär als *Maschinen,* mit dem *obersten Ziel der Effizienz. Viele heutige Managementmethoden* (wie Budgets, Vorgaben, Zielvereinbarungen, Kennzahlen und Benchmarks) stammen aus der *Ära des Maschinenzeitalters.*

Das *«Management by Objectives» (MbO)* ist heute noch der *Goldstandard* der Unternehmensführung. Viele darauf basierende, behavioristische Praktiken wurden für den Instrumentenkoffer der Managerin bzw. des Managers entwickelt: Strategische Planung, Jahresbudgets, Dashboards und Scorecards, Leistungsbewertungen («Peitsche»), Prämiensysteme und Optionspläne («Zuckerbrot»).

Maschinenmanagement hat uns *enormen Fortschritt und Wohlstand* gebracht, aber auch die *Tretmühlen des Glücks:* Hamsterräder, die Glück versprechen, es aber verhindern. Dazu gehören die Anspruchs-, Status-, Multioptions- und Zeitspartretmühlen.

Der *Preis der Effizienzsteigerung ist hoch:* Wenn man Firmen als Maschinen betrachtet, erscheinen sie *technokratisch* und *seelenlos.* Selten haben sich Menschen so *fremdgesteuert* gefühlt wie heute.

Burn-outs, Depressionen oder die Midlife-Crisis, das sind bezeichnende *Symptome* des Lebens in *effizienzgetriebenen Maschinenorganisationen.* Wenn das Leben nur noch aus Zielen und Zahlen, Meilensteinen und Abgabeterminen sowie einem weiteren Change-Programm besteht, dann stellen sich viele Menschen die Frage nach dem *Sinn des Ganzen.*

Jedes soziale System (zum Beispiel eine Familie, ein Unternehmen, eine Gesamtwirtschaft oder ein Land) ist ein *hyperkomplexes Gebilde.* Gleichzeitig tickt es ähnlich wie seine Elemente, die systembildenden Menschen.

Soziale Systeme unterscheiden sich von biologischen Systemen: Ihre *Grenzen* sind deutlich *weniger erkennbar* bzw. klar als bei lebenden Systemen. Sie sind *unsichtbar,* meist subtil vernetzt und *hochgradig rückgekoppelt, schwer zu durchschauen* und in der Regel auch *schwer zu lenken.*

Wenn Menschen ihre *Firma als lebendiges System* sehen, eröffnen sich neue Möglichkeiten. Ein *Organismus* ist *fragiler* und *komplexer* als eine Maschine, gleichzeitig auch *flexibler, anpassungswilliger* und *chancenreicher.*

Kontingenz heisst, dass etwas *auch anders als erwartet* ausfallen könnte. *Firmen* besitzen, gleich wie Menschen, die Möglichkeit, unvorhergesehen, offen, variabel, also *kontingent* zu handeln und ebenso kontingent zu reagieren.

Organismen stehen *mehr Optionen* für ihr Verhalten zur Verfügung als Maschinen, wobei die *spezifische Kultur* am besten beschreibt, *wie einzelne Systeme ticken.* Lebewesen haben eine *Seele* und eine *Identität.*

Unternehmen sind *gewachsene Identitäten* und lassen sich in mechanistischer Art und Weise so wenig wie Lebewesen verändern. Wie Menschen sind sie zwar *lernfähig, aber unbelehrbar.* Sie können sich wandeln, wollen aber *nicht gewandelt werden.*

So plausibel es erscheint, dass Firmen für ihr Überleben *Kosten senken, Prozesse straffen oder Strukturen anpassen:* Unternehmen sind *weder komplizierte Maschinen noch relativ überschaubare Körper,* bei denen man mit dem *Skalpell* verhältnismässig *einfach grössere chirurgische Eingriffe* (sogenannte «Rationalisierungen», «Re-Engineering», «Sanierungen») vornehmen kann.

Tiefe Einschnitte lösen breiten Alarm aus und *aktivieren mannigfaltige, nicht vorhersehbare Abwehr- und Bewältigungsprogramme.* Das Verständnis eines *vielfach rückgekoppelten Systems* hilft, *wohlüberlegte, dosierte und ganzheitliche Lösungen* zu finden. Kluge Führungspersonen verhalten sich nicht wie die Axt im Walde.

Entlassungen haben beispielsweise oft *wenig Erfolg:* Das *Konkursrisiko betroffener Unternehmen verdoppelt sich* nach einer Schrumpfkur. Weil durch die Entlassungen *Wissen verloren* geht, werden die *verbliebenen Mitarbeitenden überfordert.* Vor allem aber *schmälern Kündigungen das Vertrauen* und die *Loyalität* zur Firma.

Kulturentwicklung dient der *Identitätsbildung* und ist eine *effektive Form der Komplexitätsreduktion.* Eine *gelebte Kultur* erleichtert die *Abgrenzung gegenüber der Umwelt* und *reguliert* gleichzeitig *die Anschlussbereitschaft* eines Systems.

Bei lebenden Systemen ist es offensichtlich, dass der *Zeitstrahl nur nach vorne* gerichtet ist und die *Autopoiesis nicht zurückgedreht* werden kann.

Entscheide und *Nicht-Entscheide haben Auswirkungen,* prägen das System, sind *unauslöschlich in die Geschichte* des sozialen Systems eingetragen und schlagen sich in der *Kultur* nieder.

Gerade für nachhaltiges Handeln in sozialen Systemen macht es Sinn, diese als *Organismen* zu sehen: *Verletzungen wirken nach,* Narben bleiben und es gibt keine Autokorrektur-Taste.

Menschen vergessen gerade *Ungerechtigkeiten, Kränkungen und Demütigungen selten. Gute Führung* ist sich bewusst, dass *soziale Systeme* ebenso wie Lebewesen ein *Gedächtnis* haben und Verletzungen, aber auch Wohltaten, speichern.

Unternehmerische Identitäten agieren sehr *pfadabhängig* aufgrund ihrer gesamten *Entstehungsgeschichte, manchmal plausibel vorhersehbar,* ab und zu *vollkommen kontraintuitiv* und überraschend.

Deshalb können immer wieder *«unerklärliche» Pannen* passieren, zum Beispiel das *brennende Smartphone Galaxy Note 7 bei Samsung* oder der *Dieselskandal bei VW.* Auch renommierte Konzerne sind, ebenso wie Menschen, *hochgradig geschlossene Systeme* mit verschlungenem Innenleben. Jede Firma ist eine *einzigartige Blackbox.*

Die *Interaktion in sozialen Systemen* läuft *analog zur Autopoiesis* lebender Organismen ab. Lebewesen nehmen nur Stoffe aus der Umwelt auf, die für ihre Selbstreproduktion relevant sind. *Menschen in einer Firma* nehmen *aus Gründen der Komplexitätsreduktion aus ihrer Umwelt nur das wahr, was zu ihrem «Thema passt».*

Teilweise sind *gerade Unternehmensriesen* so sehr damit beschäftigt, halbwegs *Herr der Binnenkomplexität* zu werden, dass sie *kaum mehr Ressourcen* dafür haben, *was ausserhalb der eigenen Grenzen* passiert. Spektakuläre Versäumnisse und *Pleiten* sind die Folge, wie zum Beispiel bei der Firma *Kodak,* welche trotz Patent auf die Digitalkamera mit der analogen Fotografie unterging.

Woher kommt diese oft *intensive Selbstbezogenheit* von sozialen Systemen? Täglich wird im Zusammenspiel von Menschen deutlich: *Kommunikation ist anspruchsvoll.* Menschen sind füreinander undurchschaubar und damit auch unberechenbar: Keine bzw. keiner kann wissen, was ein anderer denkt.

Treffen zwei *«Blackboxes»* aufeinander, herrscht damit eine Situation *«doppelter Kontingenz»:* Beide können *nicht wissen, was im jeweiligen Gegenüber vorgeht.* Entsprechend schwer ist es, das Vis-à-vis zu verstehen.

Wenn Firmen nicht sehr gezielt eine offene und direkte Kommunikationskultur fördern, werden *Kommunikationspraktiken schnell zum verminten Territorium.* Es gibt *kaum Grenzen hinsichtlich fortgeschrittenen Selbstbehinderungspraktiken.*

5.1 Warum macht für soziale Systeme die Metapher «Organisationen als Maschinen» wenig Sinn?

Luhmann unterscheidet drei Grundtypen sozialer Systeme: Interaktionssysteme, Organisationssysteme und Gesellschaftssysteme. Interaktionssysteme entstehen, wenn sich Personen gegenseitig wahrnehmen, zum Beispiel für einen Schwatz. Wird dieser Austausch nicht weiter fortgesetzt (zum Beispiel mit einer Zufallsbekanntschaft in den Ferien), hört das System auf zu existieren.

Organisationssysteme dagegen sind gekennzeichnet durch eine Mitgliedschaft, die an bestimmte Bedingungen geknüpft ist. So wird man zum Beispiel erst Angestellter eines Unternehmens, wenn der Arbeitsvertrag unterzeichnet wurde. Dieser enthält bestimmte Verpflichtungen. Solche Mitgliedschaftsregeln reduzieren massiv die Komplexität im sozialen Austausch und erlauben es Organisationen, ungeheure Mengen von Interaktionen aufeinander abzustimmen und damit Prozesse wahrscheinlich und effizient zu machen, die in der Umwelt des Systems äusserst unwahrscheinlich sind. So wird es etwa wahrscheinlich, dass Mitarbeitende pflichtgemäss zur Arbeit erscheinen, selbst wenn ihr biologisches System sich im Zustand gesteigerter Müdigkeit befindet (Schuldt, 2017).

Der dritte Typus sozialer Systeme, Gesellschaftssysteme, nimmt eine Sonderstellung ein. Es ist ein System höherer Ordnung, weil es alle Interaktions- und Organisationssysteme beinhaltet, ohne jedoch deren blosse Summe zu sein. Gesellschaftssysteme können zum Beispiel Wirtschaftsordnungen oder Nationen sein. Die nachfolgenden Ausführungen fokussieren sich primär auf Unternehmen als typische Organisationssysteme.

Ein Unternehmen in der Maschinenmetapher.

Die Betriebswirtschaftslehre (BWL) ist die Wissenschaft, die sich mit Unternehmen beschäftigt. Die traditionelle BWL sieht Organisationen immer noch primär als Maschinen. Vor mehr als hundert Jahren brachte Frederick Winslow Taylor seine Stoppuhr mit ins Büro und führte die Prinzipien der wissenschaftlichen Betriebsführung (Scientific Management) ein. Er erklärte Effizienz zum obersten Ziel der Firma. Viele Managementmethoden des aktuellen Gebrauchs stammen aus der Ära des Maschinenzeitalters, als Firmen noch Industriefabriken waren.

Zentral für das Maschinenzeitalter wurde das Management nach Zielen, das «Management by Objectives» (MbO), welches sich in den letzten Jahrzehnten rund um den Globus in den Führungsetagen etablierte und heute noch als Goldstandard die Unternehmensführung prägt. Danach formuliert das leitende Management eine allgemeine Ausrichtung und gibt die Ziele dann in der Hierarchie weiter. Den Mitarbeitenden weiter unten wird (im besten Fall) eine gewisse Freiheit gewährt, damit sie den optimalen Weg finden können, um diese Ziele zu erreichen. Viele behavioristische Praktiken wurden für den Instrumentenkoffer des Managers entwickelt, um dieses MbO zu unterstützen: Strategische Planung, Jahresbudgets, Dashboards und Scorecards, Leistungsbewertungen, Prämiensysteme und Optionspläne. Traditionellere Organisationen haben sich bisher mehr auf die Peitschentools verlassen. In sogenannten modernen Firmen arbeitet man inzwischen auch gerne mit «Zuckerbrotderivaten» wie Provisionen, Anreizmodellen oder Boni. Ihnen gemein ist das Menschenbild: Der Mensch wird als Esel gesehen, der, mit dem Stock in Bewegung gesetzt, der Rübe vor der Nase nachläuft. In ▶ Abb. 68 wird die Analogie des Fahrradfahrens in den Kontext des Maschinenmanagements gebracht.

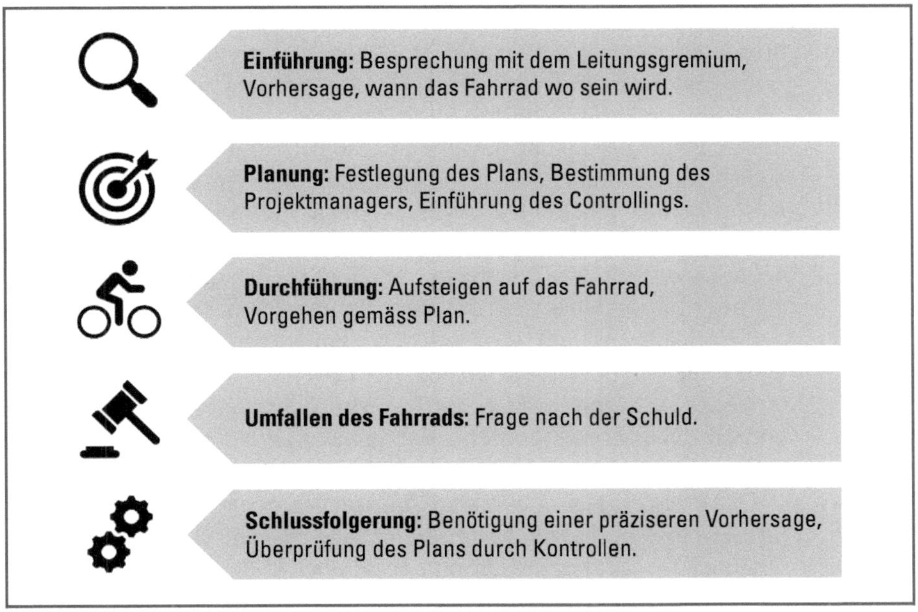

▲ Abb. 68 Analogie – Fahrradfahren mit Methoden des Maschinenmanagements.
Quelle: eigene Darstellung, basierend auf Laloux (2017)

Dabei wäre systemisches Management – mindestens beim Fahrradfahren – ziemlich einfach: «Just do it!»

Hundert Jahre Effizienzsteigerung und Industrieparadigma haben ganze Arbeit geleistet: Noch nie war das Arbeiten so organisiert und durchrationalisiert wie heute. Budgets, Vorgaben, Zielvereinbarungen, Kennzahlen, Benchmarks – quantitative Unternehmensführung, Anreizorientierung, Befehle und Kontrolle haben gesiegt.

Die maschinelle Sprache, die wir nutzen, zeigt, wie tief – wenn auch meist unbewusst – die Maschinenmetapher in unserer Welt wirksam ist: Wir sprechen von Einheiten und Schichten, Input und Output, Effizienz und Effektivität, den besten Ansatzpunkt finden, das Projekt anschieben, beschleunigen und auf die Bremse treten, Probleme anpacken und Lösungen skalieren, Informationsflüsse und Engpässe managen, Re-Engineering und Downsizing implementieren. Führungspersonen und Beratende designen Organisationen. Menschen sind Humanressourcen, die mit dem Organigramm in Übereinstimmung gebracht werden müssen, etwa so, wie Zahnräder in einer Maschine. Veränderungen müssen geplant, in Entwürfen ausgearbeitet und dann laut Plan ausgerollt werden. Die Metapher einer Maschine zeigt, dass heutige Unternehmen voller Dynamik unterwegs sind, aber sich dennoch seelenlos oder sogar unmenschlich anfühlen können (Laloux, 2017).

Scientific Management, wissenschaftliche und technologische Revolutionen haben uns enorme Freiheiten und nie dagewesenen Wohlstand gebracht. Zunehmend sehen wir jedoch auch die Schatten, die sie auf unsere Zukunft werfen. Ein Schatten ist beispielsweise die «ungezügelte Innovation» (Laloux, 2017). Weil unsere Grundbedürfnisse weitgehend erfüllt sind, schaffen Unternehmen immer neue, zusätzliche Ansprüche. Sie nähren die Illusion, dass Dinge, die wir nicht wirklich brauchen – mehr Besitz, die neuste Mode, ein jünger aussehender Körper – uns glücklich machen werden. Binswanger (2013) spricht von den Tretmühlen des Glücks: Hamsterräder, die Glück versprechen, es aber verhindern. Dazu gehören die gerade erwähnte Anspruchstretmühle, die Statustretmühle, Multioptions- und Zeitspartretmühle.[1] Wir haben eine Stufe erreicht, wo wir Wachstum nur um des Wachstums willen vorantreiben – ein solcher Zustand wird in der Medizin als Krebs bezeichnet. Das führt zu einem «Not even the sky is the limit»-Kapitalismus, der die natürlichen Ressourcen der Welt ausbeutet und die Ökosysteme bedroht, von denen das Überleben unserer Nachkommen abhängt.

Der Preis effizienz- und wachstumsgetriebener Organisationsführung ist auch für die einzelne Person hoch: Wenn man Firmen als Maschinen betrachtet, erscheinen sie technokratisch und seelenlos. Mitarbeitende sind jedenfalls keine Zahnräder, die man einfach nach einem Organigramm organisieren kann. Selten haben sich Menschen so fremdgesteuert gefühlt wie heute. Fremdsteuerung führt allerdings direkt ins Hamsterrad und zu Leidenschaftslosigkeit und Sinnleere. Abgelöschte und desillusionierte Mitarbeitende sind schlechte Quellen von Innovation und Wachstum. Übereffizienz verursacht immense unternehmenskulturelle Kollateralschäden (Waibel, 2015).

---

1 Folgendes Bonmot illustriert die Wirkung der Tretmühlen vortrefflich: «Wir geben Geld aus, das wir nicht haben, um Dinge zu kaufen, die wir nicht brauchen, um damit Menschen zu beeindrucken, die wir nicht mögen» (Binswanger, 2013).

Fremdsteuerung führt ins Hamsterrad, zu Leidenschaftslosigkeit und Sinnleere.

Ein weiterer Schatten zeigt sich, wenn der Erfolg allein in Leistung und Geld gemessen wird. Wenn ein erfolgreiches Leben bedeutet, dass man die Spitze erreicht, dann erfährt der Grossteil der Mitarbeitenden in ihrem Arbeitsleben unweigerlich ein Gefühl der Leere. Burnouts, Depressionen oder die Krise in der Lebensmitte bei vielen Menschen, das sind bezeichnende Symptome des Lebens in effizienzgetriebenen Maschinenorganisationen. Zwanzig Jahre spielen wir das Erfolgsspiel mit und laufen im Hamsterrad. Dann erkennen wir, dass wir es nicht an die Spitze schaffen oder dass diese Spitze nicht so überragend ist, wie wir es uns ausgemalt haben. Wenn das Leben nur noch aus Zielen und Zahlen, Meilensteinen und Abgabeterminen, einem weiteren Change-Programm bzw. einer nächsten bereichsübergreifenden Initiative besteht, dann stellen sich viele Menschen die Frage nach dem Sinn des Ganzen. Die bisher vorherrschende Weltsicht ist durch und durch materialistisch und unsere Sehnsucht nach Sinn, nach Verbundenheit mit etwas Grösserem als uns selbst, findet keine Resonanz (Laloux, 2017).

5.2 Warum macht für soziale Systeme eine neue Metapher (Organisationen als lebendige Systeme) Sinn?

Wenn wir in diesem Buch Systemdenken als zentrale Kompetenz zur Bewältigung der grossen Herausforderungen des 21. Jahrhunderts sehen, dann ist unser Adressat naturgegeben der einzelne Mensch bzw. eine Vielzahl von Menschen. Ziel ist ja nicht nur das Verstehen, sondern auch das nachfolgende Handeln: Wir hoffen, mit unserem Werk Impulse für sinnvolles Verhalten vermitteln zu können. Akteure zweckmässiger Massnahmen sind Menschen. Menschen stellen selbst Systeme dar, lebende Organismen. Wie wir gesehen haben, sind sie superkomplex. Gleichzeitig gestalten Menschen auch soziale Systeme, wie zum Beispiel Familien, Unternehmen und andere Organisationen, Volkswirtschaften oder Staaten. Wenn also mehrere superkomplexe Wesen gemeinsam unterwegs sind, können wir von hyperkomplexen Strukturen[1] sprechen. Soziale Systeme unterscheiden sich offensichtlich von biologischen Systemen (sie haben beispiels-

1 Deshalb gibt es nicht nur akademische Studienrichtungen zu sozialen Systemen (Soziologie, Betriebs- und Volkswirtschaftslehre), sondern auch eine unüberschaubare Fülle an Literatur, Ratgebern, Seminaren und Weiterbildungen zu Management, Leadership usw. von sozialen Systemen. Der Bedarf nach Einblick ist offensichtlich riesig und der dringliche Wunsch nach Identifikation von geeigneten Lenkbarkeiten in sozialen Systemen unstillbar. Hyperkomplexe Handlungskompetenz scheint ebenso notwendig wie anspruchsvoll zu sein.

weise keinen physiologischen Kreislauf). Zu den besonderen Eigenschaften gehört etwa, dass ihre Grenzen deutlich weniger erkennbar beziehungsweise klar sind als bei lebenden Systemen. Sie sind unsichtbar, meist subtil vernetzt und hochgradig rückgekoppelt, schwer zu durchschauen und in der Regel auch schwer zu lenken. Dabei kann dieser Einfluss nicht im technischen Sinne ein «Steuern» sein, sondern eher ein Beeinflussen von möglichen Lenkbarkeiten. Soziale Systeme weisen oft eine starke Eigendynamik auf. Das System hat also ein Eigenleben und reagiert dynamisch auf Veränderungen der Umwelt. Soziale Systeme sind adäquat nur als komplexe, lernende und damit im Prinzip unvorhersehbare Systeme angemessen zu beschreiben. Das macht ein Eingreifen sehr anspruchsvoll.

Gleichzeitig gibt es viele Gemeinsamkeiten zwischen lebenden und sozialen Systemen. Im kommenden Abschnitt möchten wir am Beispiel der Unternehmenslehre aufzeigen, warum es unseren Erachtens zweckmässiger ist, soziale Systeme als lebendige statt als maschinelle Systeme zu betrachten. Das Leben hat in all seiner evolutionären Weisheit Ökosysteme von unglaublicher Schönheit geschaffen. Sie entwickeln sich ständig zu neuen Ebenen von Ganzheit und Komplexität. Die Natur verändert sich permanent und überall. Darin zeigt sich der selbstorganisierende Drang der Autopoiesis, der jeder Zelle und jedem Lebewesen innewohnt. Es braucht dafür keine zentrale Autorität, die Entscheide trifft und anordnet. Wir alle nehmen die gesteigerte Dynamik und Komplexität unserer Welt wahr. Das Gleiche gilt für Organisationen als soziale Systeme: Sie bekommen die VUKA-Charakteristik der heutigen Zeit direkt zu spüren.

5.3 Welche Vorteile hat es konkret, Firmen als lebendige Organismen zu betrachten?

Wenn Menschen in Firmen und weiteren Organisationen ihre soziale Struktur als lebendiges System sehen, eröffnen sich neue Möglichkeiten. Die bedeutsamsten Chancen im Vergleich zur herkömmlichen Sicht einer Maschinenorganisation sind die folgenden.

Organismen sind flexibler, kontingenter und anpassungsfähiger

Ein Organismus ist fragiler und komplexer als eine Maschine, gleichzeitig auch flexibler, anpassungswilliger und chancenreicher. Lebewesen haben eine Seele und eine Identität. Sie sind einzigartig und zeigen dennoch Muster, die sie mit Verwandten der eigenen Art teilen. Organismen stehen mehr Optionen für ihr Verhalten zur Verfügung als Maschinen, wobei die spezifische Kultur am besten beschreibt, wie einzelne Systeme ticken. Der Begriff der Kontingenz bezieht sich auf die einem System in einer bestimmten Situation zur Verfügung stehenden Operationsalternativen und bezeichnet das Mass an Freiheitsgraden der Selbststeuerung (Willke, 1996). Kontingenz beinhaltet die Möglichkeit, dass etwas auch anders als erwartet ausfallen könnte. Jedes menschliche und soziale System erfährt die Kontingenz anderer Systeme als ein Problem mangelnder Erwartungssicherheit; die eigene Kontingenz dagegen erfährt das System als Freiheitsgrade und Alternativspielraum. Dies bedeutet, dass Firmen gleich wie Menschen im Prinzip die Möglichkeit besitzen, unvorhergesehen, offen, variabel, also kontingent zu handeln und ebenso kontingent zu reagieren. Das Paradigma eines Organismus macht deutlich, dass Unternehmen flexibel und wandelbar sind. Ob sie dies auch tun, steht auf einem ganz anderen Blatt. Generell gilt, dass Firmen viel weniger als Maschinen gelenkt werden können.

Die Firma sollte sich verändern? Das macht sie nur, wenn die Einsicht in den Veränderungszweck da ist. Menschen suchen grundsätzlich keine Veränderungen, sondern Sicherheit und Stabilität.[1] Warum gehen dramatisch viele sogenannte «Change Management-Projekte» schief?[2] Es gibt zwei Hauptursachen: Erstens ist meist das «Warum?», das kommunizierte Problem, zu wenig zwingend. Zweitens sind oft die projizierten Aussichten nicht attraktiv genug. Sprenger (2018) bringt dies auf den Punkt: «Der Mensch ist zwar lernfähig, aber unbelehrbar.» Für Firmen, deren Eigentümerinnen bzw. Eigentümer und Akteurinnen bzw. Akteure ebenfalls Personen sind, gilt das Gleiche. Man kann viel weniger «managen», als manche Manager denken. Im Maschinenparadigma werden Organisationen als unbelebte, statische Einheiten gesehen – eine Ansammlung von Schachteln, die in einer Pyramidenstruktur übereinandergestapelt werden.

▲ Abb. 69 Change-Management in der Maschinen-Organisation
Quelle: eigene Darstellung, basierend auf Laloux (2017)

1 Schön ausgedrückt im Bonmot: «Das einzige Wesen, das Veränderung will, ist ein Baby mit vollen Windeln.»

2 Vgl. dazu im Detail zum Beispiel Lauer (2019).

Veränderung geschieht in lebenden Systemen spontan und permanent.

Statische Einheiten haben keine innere Fähigkeit zur Veränderung. Es muss von oben Druck ausgeübt werden. Befehlen, anordnen, zwingen: Vielleicht ist das dem Buchstaben nach möglich, kleine Anpassungen werden danach an der Unternehmensoberfläche irgendwie sichtbar, aber wenn gleichzeitig nicht die Menschen überzeugt, die Ansichten verändert und die Herzen gewonnen werden können, gibt es keine substanziellen Entwicklungen. Menschen leisten Widerstand dagegen, herumgeschoben zu werden. So geht es, nach ersten Symbolhandlungen und Bonsaierfolgen, vielfach mehr oder weniger so weiter wie bisher.[1] Unternehmen sind gewachsene Identitäten und lassen sich in mechanistischer Art und Weise so wenig wie Lebewesen verändern. Sie können sich wandeln, wollen aber nicht gewandelt werden.

Organismen sind stärker rückgekoppelt

Herrscht im Umgang mit Unternehmen eine Maschinenmetapher vor, sind für technokratische Führungspersonen bei Bedarf auch massive Einschnitte oder andere radikale Massnahmen denkbar. Oft schwingt dieses mechanistische Verständnis bereits in der Wortwahl mit, wenn zum Beispiel von «Rationalisierungen», «Re-Engineering», «Downsizing» oder «Sanierung» gesprochen wird.

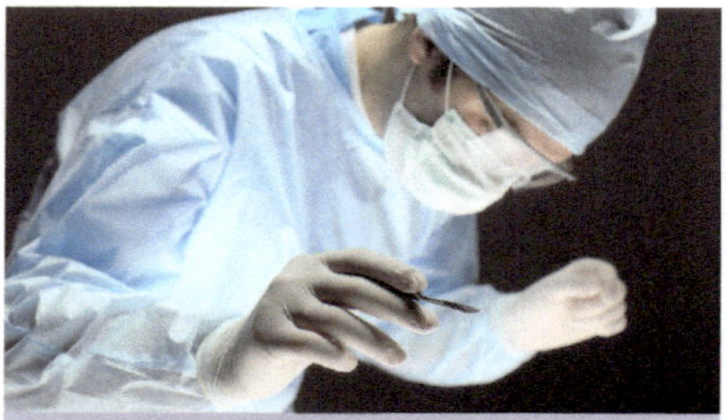

Die chirurgische Sicht massiver Firmen-Einschnitte blendet u. U. kritische Rückkoppelungen aus.

Dahinter verbirgt sich die Vorstellung einer Firma als Maschine oder allenfalls noch eine chirurgische Haltung: Danach können, ja müssen teilweise sogar bei problembehafteten Unternehmen umfangreiche Reparaturmassnahmen bzw. tiefe Einschnitte erfolgen, Amputationen (das heisst Abspaltungen, Verkäufe, Schliessungen), um gutes von schlechtem Gewebe zu befreien und die Überlebensfähigkeit der gesunden Firmenteile zu sichern. Allerdings sind manche wichtigen bzw. existenziellen unternehmerischen Probleme nicht mit dem Skalpell zu lösen, weil die Ursache nicht im Körper, sondern der Firmenseele, also der unternehmerischen Persönlichkeit, der Identität und Kultur, zu finden ist. Selbst nach auf den ersten Blick erfolgreichen Amputationen stellen sich Phantomschmerzen ein. Obwohl einige Glieder abgetrennt wurden, tun sie noch weh und verursachen Probleme (und Ratlosigkeit bei den Chirurgen).

1 Getreu dem arabischen Sprichwort: «Mögen die Hunde auch bellen, die Karawane zieht ihres Weges.»

Unternehmen sind weder komplizierte Maschinen noch relativ überschaubare Körper, bei denen man mit dem Skalpell verhältnismässig einfach grössere chirurgische Eingriffe vornehmen kann. Unternehmen sind komplexe soziale Systeme mit einer individuellen Lebensgeschichte und einem reich vernetzten Innenleben. Tiefe Einschnitte lösen vielfältigen Alarm aus und aktivieren nicht vorhersehbare Abwehr- und Bewältigungsprogramme auf allen Ebenen. Man kann es durchaus physikalisch sehen: Je grösser der Impuls, desto stärker die Gegenreaktionen. Systemische Führungspersonen sind sich der Komplexität und auch faktischen Unvorhersehbarkeit der Folgen in Abhängigkeit von der Dimension der Massnahmen bewusst. Sie wissen: Ein lebender Organismus reagiert umso heftiger und unberechenbarer, je massiver in sein Innenleben eingegriffen wird. Kluge Manager wissen, dass ein Unternehmen ähnlich komplex wie ein Lebewesen funktioniert. Systemeinwirkungen lösen Rückkoppelungen aus, je grösser, desto stärker. Und nicht immer so, wie es ursprünglich beabsichtigt war.

Dies wird auch durch die aktuelle Forschung gestützt: Beispielsweise setzten in den beiden Jahren nach der Wirtschaftskrise 2008 US-Firmen rund acht Millionen Arbeitnehmende auf die Strasse. Bei der Corona-Pandemie dürfte diese Zahl noch höher ausgefallen sein. Die Absicht der Rationalisierungen ist klar: Erträge brechen weg, also müssen Aufwände gesenkt werden, und Personalkosten sind bei vielen Unternehmen ein substanzieller Kostenblock. Eine neuere, umfassende Studie (Zorn, Norman, Butler & Bhussar, 2017) untersuchte Entlassungen bei 4'710 Unternehmen aus 83 Branchen. Die Ergebnisse zeigen auf, dass die Nachteile von Downsizing oft überwiegen und sich das Konkursrisiko betroffener Unternehmen nach einer Schrumpfkur verdoppelt. Weil durch die Entlassungen Wissen verloren geht, werden die verbliebenen Mitarbeitenden überfordert und ihnen fehlt die Zeit für Neues. Vor allem aber tragen Kündigungen dazu bei, das Vertrauen und die Loyalität zur Firma zu schmälern. Alles zusammen macht sich in einem Mangel an Innovationen bemerkbar, was die wirtschaftlichen Schieflage verstärkt. Es macht folglich Sinn, die verschiedenen Rückkoppelungsmechanismen von Entlassungen und deren Nachteile zu bedenken, bevor unkritisch nur auf die geringeren Kosten gesetzt wird. Es ist kein Zufall, dass einige nachhaltig orientierte, über lange Zeit erfolgreiche Unternehmen – wie etwa Southwest, Toyota, Swatch oder Victorinox – Entlassungen aus wirtschaftlichen Gründen ausschliessen. Die faktische Krisensicherheit für die eigenen Mitarbeitenden fördert Vertrauen, Identifikation, Loyalität und Engagement und dürfte sich in vielerlei Hinsicht positiv für diese Unternehmen auszahlen (vgl. dazu Edmondson, 2021). Auch hier wirken unzählige Rückkoppelungen.

Fazit: So plausibel es, gerade in Krisensituationen, erscheint, dass Firmen für ihr Überleben Kosten senken, Prozesse straffen, Strukturen anpassen oder sonstwie substanziell in ein Unternehmen eingreifen: Das Verständnis eines vielfach rückgekoppelten Systems wird helfen, wohlüberlegte dosierte, ganzheitliche Lösungen zu suchen und nicht mit Feuer und Schwert in den Firmenorganismus einzugreifen. Kluge Führungspersonen verhalten sich nicht wie die Axt im Walde.[1]

Organismen sind stärker identitätsbildend und pfadabhängig

Das oberste Ziel jedes Lebewesens besteht darin, das Überleben zu sichern. Kulturentwicklung dient der Identitätsbildung und ist eine effektive Form der Komplexitätsreduktion. Eine gelebte Kultur erleichtert die Abgrenzung gegenüber der Umwelt und reguliert gleichzeitig die Abschottung bzw. Anschlussbereitschaft eines Systems.

Bei lebenden Systemen ist es offensichtlich, dass – solange noch keine Zeitmaschine erfunden ist – die Autopoiesis nicht zurückgedreht werden kann. Der Zeitstrahl ist nur nach vorne gerichtet, Lebewesen leben in Richtung Zukunft. Das System ist operativ geschlossen: Die früheren Operationen sind erfolgt. Die Autopoiesis hat dafür gesorgt, dass das passiert ist, was den Organismus möglichst erfolgreich überleben liess. So bleibt das Begehren für Menschen, nochmals von vorne anzufangen, ein unerfüllter Traum.[2] Jeden Sündenfall, jede Tat und jedes Versäumnis nehmen wir im Leben mit und haben dafür auch die Verantwortung zu tragen. Wir sind die Summe unserer Handlungen und Unterlassungen.

Gerade in sozialen Systemen (wie Unternehmen oder auch Staaten) lässt sich immer wieder beobachten, dass Akteure so tun, als könnte die Vergangenheit mit einem Wisch ausgelöscht werden: Politiker vergessen ihre Wahlversprechen und externalisieren die Ergebnisse ihrer Politik,[3] sie machen «Tabula rasa». Viele Managerinnen bzw. Manager neigen zu «gnädigem Vergessen» und meinen, die Geschichte ihrer Führungsentscheide ginge im Nebel des Vergangenen unter.

Systemische Tatsache ist allerdings: Entscheide und Nicht-Entscheide haben Auswirkungen, prägen das System, wirken nach, sind unauslöschlich in die Geschichte des sozialen Systems Staat oder Firma eingetragen und schlagen sich in der politischen oder unternehmerischen Kultur nieder. Schlechte Politikerinnen bzw. Politiker und Managerinnen bzw. Manager hängen dem naiven Glauben an,

1 Beziehungsweise wie Albert Dunlap, ein berüchtigter US-Sanierer und Kostenkiller der 1990er-Jahre, dessen radikale Methoden ihm den Übernamen «Chainsaw Al» einbrachten.

2 Auch wenn immer wieder Paare genau mit diesem Wunsch zum Paartherapeuten kommen. Er muss ihnen dann schonend beibringen, was Heraklit schon vor 2500 Jahren formulierte: «Man kann nicht zweimal in denselben Fluss steigen.»

3 Beliebte Narrative zur externen Erklärung unerwünschter politischer Ergebnisse sind wahlweise die Opposition, der Wechselkurs, die Nationalbank, der Handelskrieg, die Wirtschaftskrise, Corona …

ihre missglückten Aktionen hätten eine kurze Halbwertszeit, Menschen würden schnell vergessen oder verzeihen. Gerade für nachhaltiges Handeln in sozialen Systemen macht es Sinn, diese als Organismen zu sehen: Verletzungen wirken nach, Narben bleiben und es gibt keine Autokorrektur- oder Escape-Taste. Dies sensibilisiert für reflektierte, durchdachte Entscheide ebenso wie für das bewusste Gestalten von sozialen Beziehungen auf Augenhöhe und mit ausgeprägter Wertschätzung. Menschen vergessen gerade Ungerechtigkeiten, Kränkungen und Demütigungen selten.[1] Eisbergmodelle schärfen in Organisationen beispielsweise das Bewusstsein für das Ausmass der Vorgeschichte, die Bedeutung der unsichtbaren Faktoren, das Primat der Kultur und der weichen Faktoren und Beziehungen ganz allgemein (▶ Abb. 70).

▲ Abb. 70 Eisbergmodell: Dimensionalität der unsichtbaren, teils unbewussten Kulturaspekte.
Quelle: eigene Darstellung, basierend auf Herrmann (11.04.2017).

Sieht man Firmen als gewachsenes Lebewesen mit einem inneren Wesen und einer Geschichte, dessen operative Geschlossenheit im Fokus des eigenen Handelns steht, werden manche Muster besser verständlich. Zum Beispiel, dass die Kulturen von Unternehmen – gleich wie bei Menschen – sich nicht einfach so verändern. Viele Firmen gibt es ja bereits seit einigen Jahren oder sogar Jahrzehnten. Diese sind, im Menschenjargon, «erwachsen», und ihre Persönlichkeit ist über viele Erfahrungen und Auseinandersetzungen gereift.

Zudem: Was bei Unternehmen A klappt, kann bei Unternehmen B völlig misslingen. Gleiche Massnahmen können selbst bei, auf den ersten Blick, ähn-

1 Der bekannte Satz spiegelt ein sehr systemisches Verständnis: «Sei nett zu den Menschen beim Aufstieg, du wirst ihnen beim Abstieg wieder begegnen.»

lichen Firmen dramatisch unterschiedliche Folgen hervorrufen. Eine neue Organisationsstruktur, veränderte Führungsprinzipien oder angepasste Prozesse mögen bei Unternehmen X zu deutlichen Verbesserungen führen, während bei Unternehmen Y das pure Gegenteil der Fall ist. Die Forschung bezeichnet dies als Pfadabhängigkeit: Was bei A wirkt, muss bei B überhaupt nicht funktionieren. Wer sich bewusst ist, dass Firmen spezifische und individuelle Identitäten aufweisen, wird beispielsweise besser verstehen können, warum immer wieder vorab unerklärliche Pleiten passieren.

Zwei Beispiele mögen dies illustrieren: VW und Samsung sind grosse internationale Konzerne, die in absoluten Zahlen weltweit am meisten Geld für Innovationen ausgeben. Beide haben in den letzten Jahren markante Desaster erlebt: Bei Samsung brannte das Smartphone Galaxy Note 7, VW geriet beim Dieselskandal mit manipulierten Abgaswerten weltweit in die Schlagzeilen. Bei beiden Vorfällen greift man sich reflexartig an den Kopf: Solche peinlichen Pannen dürfen grossen, renommierten Konzernen doch nicht passieren!

Doch VW und Samsung werden nicht die letzten bekannten und erfolgreichen Firmen sein, denen unerklärliche, scheinbar haarsträubende Fehler unterlaufen. Man muss sich auch sehr erfolgreiche Unternehmen als eigene Persönlichkeiten vorstellen. Sie sind, ebenso wie Menschen, hochgradig geschlossene Systeme mit verschlungenem Innenleben. Auch börsenkotierte internationale Grosskonzerne sind nur auf den ersten Blick und von aussen betrachtet global gleichgetaktete Managementvehikel. Vielmehr sind sie im Innern individuell und hochkomplex vernetzte Entitäten. In letzter Konsequenz ist jede Firma eine ebenso einzigartige Blackbox, wie dies jedes lebende Individuum ist. Zwar existiert oberflächlich gesehen ein generelles Managementdesign, doch dahinter gibt es keine uniformen Einheitsfirmen. Unternehmerische Identitäten agieren sehr pfadabhängig aufgrund ihrer gesamten Entstehungsgeschichte, manchmal plausibel vorhersehbar, ab und zu vollkommen kontraintuitiv und überraschend. Das macht systemische Unternehmensführung auch so anspruchsvoll. Wie Menschen sind letztlich auch Firmen aufgrund komplexer und individueller Innenstrukturen für ihre Umwelt inhärent unberechenbar.

Organismen sind operativ geschlossener und weniger umweltoffen

Werden Maschinen und Lebewesen unter systemischem Blickwinkel verglichen, stellt man fest, dass Maschinen viel umweltoffener sind. Sie funktionieren in der angedachten Art und Weise und lassen – im Rahmen ihrer strukturellen Möglichkeiten – maximalen Umweltaustausch zu. Wenn Maschinen zum Beispiel mit Umweltsensoren bestückt sind, dann werden diese permanent die Umgebungsvariablen (wie Lichteinfall, Temperatur, Niederschläge, Lärm oder Kontakte) messen. Es gibt keine Selbstbeschränkung.

Anders sieht dies bei lebenden Organismen aus. Auch wenn lebende Systeme gegen innen selbstorganisierend sind, sind sie ebenfalls «strukturell an ihre Umwelt gekoppelt» (Luhmann & Baecker, 2002). Systeme adaptieren und «lernen» aufgrund von Impulsen aus ihrer Umgebung. Diese Kopplung beeinträchtigt die Systemautonomie nicht. Sie bedeutet aber, dass das System nur solche Strukturen aufbaut, die mit der Umwelt irgendwie kompatibel sind. Ausserdem wird der Umweltkontakt eigenmächtig durch das System gesteuert. Die Kopplung zur Systemumwelt ist sehr selektiv: Die meisten Elemente der komplexeren Umwelt beeinflussen das System nicht. Systeme kombinieren ihre Geschlossenheit mit der Umweltoffenheit, indem sie «Sinn» verwenden. Sie lassen nur jene Umwelt zu, welche für sie eine Bedeutung hat.

Eine gut versorgte Hauskatze kann (fast) den ganzen Tag verschlafen.

Das kann man zum Beispiel gut bei der eigenen Hauskatze beobachten: Scheinbar verschläft sie den grössten Teil des Tages und ignoriert das meiste dessen, was um sie herum so läuft. Systemisch lässt sie einfach nur das aus ihrer Umwelt zu, was für sie Sinn macht. Und als gut genährter und versorgter Stubentiger ist das nicht allzu viel, weshalb sie sich den Luxus langen Schlafens und ausgedehnten Faulenzens leisten kann.

Die Wildkatze als Selbstversorger.

Anders die Wildkatze: Als Selbstversorger muss sie viel mehr für ihr Überleben tun und interagiert häufiger und intensiver mit ihrer Umwelt, etwa beim Jagen.

Luhmann beobachtete, dass die Interaktion[1] in sozialen Systemen analog abläuft wie die Autopoiesis lebender Organismen. Ähnlich wie lebende Organismen nur Stoffe aus der Umwelt aufnehmen, die für ihre Selbstreproduktion relevant sind, nehmen auch Menschen in einem sozialen System bezüglich ihrer Umwelt nur das wahr, was zu ihrem «Thema passt», was an den Sinn der bisherigen Kommunikation und Interaktion «anschlussfähig» ist. «Sinn» ist für Luhmann ein Mechanismus zur Reduktion von Komplexität: In der unendlich komplexen Umwelt wird nach bestimmten Kriterien nur ein kleiner Teil herausgefiltert; die

1 Luhmann spricht in seinem Begriffsuniversum von «Kommunikation».

Unternehmen gleichen Austern: Sie filtern nur wenig aus der Umwelt heraus.

Grenze eines sozialen Systems markiert somit eine Komplexitätsdifferenz von aussen nach innen. Die VUKA-Charakteristik der heutigen Umwelt bedeutet nun etwas sehr Zentrales für das Verständnis von sozialen Systemen: Damit komplexe Systeme überhaupt mit ihrer noch komplexeren Umwelt umgehen können, lassen sie nur einen Bruchteil dieser Umwelt an sich herankommen. Auch Unternehmen gleichen dabei geschlossenen Austern, die nur ganz wenig aus der Umwelt herausfiltern.

Wie wir in Kapitel 1 festgehalten haben, operieren soziale Systeme, indem sie kommunizieren und so interagieren. Unterschiedliche soziale Systeme verwenden allerdings unterschiedliche Kommunikationen. Jedes System bestimmt selbst darüber, welche Kommunikation es verwenden will. Das Zaubermittel, mit dem Systeme ihre Kommunikation kanalisieren, sind ihre «binären Codes»: Eine Positiv-Negativ-Codierung regelt für das System die Zugangsmöglichkeiten.

Beispielsweise verwenden gesellschaftliche Subsysteme wie Wirtschaft, Politik, Recht oder Wissenschaft differenziert Codes: Der Code des Wissenschaftssystems lautet «wahr/unwahr»[1] und definiert damit, dass in der Wissenschaft Erkenntnisse primär unter diesem Kriterium behandelt werden (Schuldt, 2017). Dagegen lautet der Code des Rechtssystems «rechtmässig/nicht rechtmässig», derjenige des Wirtschaftssystems «wertgenerierend/nicht wertgenerierend»[2]. Diese Codes definieren systeminternes Verhalten: So nimmt man im Rechtssystem ein (endgültiges) negatives Gerichtsurteil hin, selbst wenn man sich im Recht sieht.

Wir haben gesagt, dass Systeme umweltoffen sind, gleichzeitig aber in Abgrenzung zur Umwelt operieren: Sie können in all ihren Operationen allein an die eigenen, bereits erfolgten Operationen anschliessen, sind also «operativ geschlossen». Nur die systemeigene Geschichte definiert, was ein System von der Umwelt aufnehmen kann. Während der binäre Code für die Schliessung des Systems sorgt, ermöglichen sogenannte «Programme» deren Offenheit. Programme regeln also die «richtige» Zuordnung der Codewerte. In der Politik sind dies Regierungs- und Parteiprogramme, in der Wirtschaft Strategien und in der Wissenschaft Theorien. Diese Programme erzeugen offene Möglichkeitsräume und ermöglichen damit die innere Evolution aufgrund äusserer Entwicklungen. Aller-

1 Beziehungsweise, etwas weniger absolut, «neue Erkenntnisse generierend/nicht generierend».

2 Seit Rappaport (1986) steht die moderne Betriebswirtschaft auf dem Fundament der EVA-Orientierung mit dem Ziel des «Economic Value Added». Und auch alle Weiterentwicklungen sprechen stets von einem «Wertbeitrag» (vgl. Gomez, Lambertz & Meynhardt, 2019).

dings passiert immer wieder, dass die Programme zu wenig Umweltkoppelung ermöglichen.

Regelmässig staunen wir über Unternehmen, die vermeintlich sehenden Auges ins offene Messer laufen und scheinbar lernunfähig sind. Es ist, als ob eine Herde Lemminge auf die Klippen zusteuern würde und sich danach alle Tiere gemeinsam die Felsen hinunterstürzten.

Thomas Watson, früherer Chef von IBM, meinte im Jahre 1943, es gebe einen Weltmarkt für vielleicht fünf Computer. Selbst als Weltmarktführer für Mainframes (Grosscomputer) hielt das Unternehmen lange an einer rigiden Einschätzung des Marktpotenzials für PCs fest. Die Folge? Der Konkurrent Microsoft profitierte vehement von dieser Fehleinschätzung und etablierte sich unter den wertvollsten Unternehmen der Welt. Kodak patentierte eigenhändig die erste Digitalkamera und verblieb trotzdem so lange auf der analogen Schiene, bis es zu spät war. Nokia war in den 1990er-Jahren unbestrittener Marktführer in der Mobiltelefonie und schaffte es, den Trend zum Smartphone vollkommen zu verpassen.

Hohe operative Geschlossenheit und geringe Umweltkoppelung führt häufig zum Muster «Wie gewonnen, so zerronnen».

In der Wirtschaftsgeschichte wimmelt es von einst grossen und glänzenden Firmen, die scheinbar offensichtlichste Trends verschlafen haben und danach sang- und klanglos untergegangen oder in der Bedeutungslosigkeit verschwunden sind. Zugespitzt könnte man sagen, dass in der Unternehmenswelt immer wieder «kollektive Selbstmorde mit Ansage» veranstaltet werden. Und alle reiben sich die Augen und können es nicht fassen.

Etwas weniger unverständlich werden solche vermeintlichen Irrrationalitäten, wenn man sich die hohe operative Geschlossenheit und geringe Umweltkoppelung von sozialen Systemen vor Augen hält. Die Unternehmensgrösse potenziert Vernetzungen, sodass ein Koloss auch einen Moloch an Komplexität darstellt. Teilweise sind gerade Unternehmensriesen so sehr damit beschäftigt, halbwegs Herr der Binnenkomplexität zu werden, dass sie kaum mehr Ressourcen dafür haben, was ausserhalb der eigenen Grenzen passiert. In einer VUKA-Welt ist man bei intensiver Innenorientierung schnell weg vom Fenster. Zudem fördert vergangener Erfolg künftige Lernbehinderung: Wer weiss, wie's geht, muss nichts mehr lernen (leider entwickelt sich die Umwelt weiter).[1] Sprenger (2018) bezeichnet dies als «too established to change». Insgesamt gilt nicht nur für Menschen, sondern auch für Organisationen mit Menschen, dass

1 Deshalb heisst es mit Blick auf Trends und Konkurrenz treffend: «Wer nicht mehr rudert, treibt zurück.» Und auch: «Wer aufhört, besser zu werden, hat aufgehört, gut zu sein.»

sie ausgeprägt geschlossene, selbstreferenzielle Systeme bilden. Aussenorientierung ergibt sich nicht von alleine und wenn Unternehmen die permanente Marktperspektive nicht stark fördern, darf nicht überraschen, dass einzelne Firmen als Solitäre vor allem um sich selber kreisen. Und damit die Impulse von aussen verpassen und teils spektakulär scheitern. Sprenger (2018) spricht von «überall wucherndem Unternehmensautismus».

Woher kommt diese oft intensive Selbstbezogenheit von sozialen Systemen? Es ist doch in jedem Unternehmen klar, dass der Kampf gegen die Konkurrenz nur am Markt gewonnen werden kann? Ohne dass wir zu tief in die Herausforderungen gegenseitiger Interaktionen eintauchen, wird dennoch täglich im Zusammenspiel von Menschen in sozialen Systemen deutlich: Kommunikation ist anspruchsvoll. Ansatzweise haben schon die Ausführungen zur ausgeprägten operativen Geschlossenheit des Systems Mensch (vgl. Kapitel 1) aufgezeigt, wie wenig selbstverständlich es ist, dass Personen sich gegenseitig verstehen. Menschen sind füreinander undurchschaubar und damit auch unberechenbar: Keiner kann wissen, was ein anderer denkt. Treffen zwei dieser «Blackboxes» aufeinander, herrscht damit nach Luhmann (1987) eine Situation «doppelter Kontingenz»: Beide können nicht wissen, was im jeweiligen Gegenüber vorgeht (▶ Abb. 71).

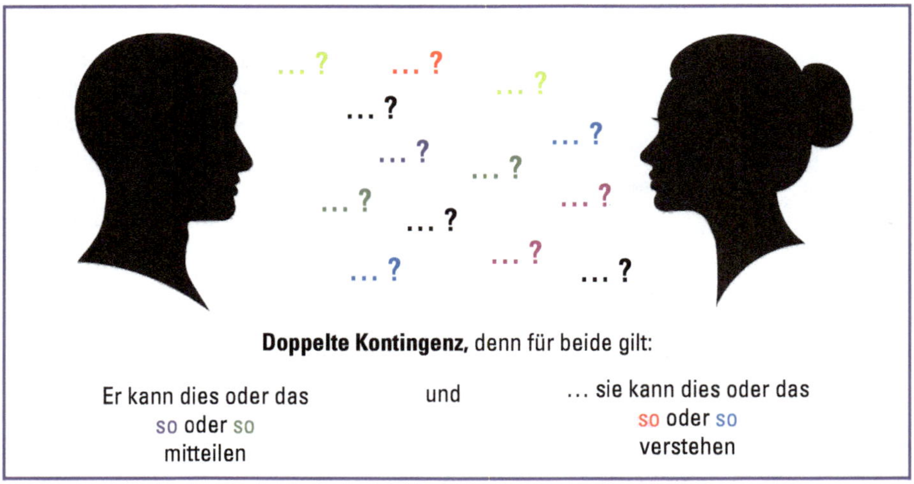

▲ Abb. 71 Doppelte Kontingenz.
Quelle: eigene Darstellung, basierend auf Anderegg (o.D.); Ludewig (2017).

Entsprechend schwer ist es, das Vis-à-vis zu verstehen, weil das Verstehen auf drei Ebenen stattfindet: Erstens müssen wir den akustischen oder syntaktischen Inhalt der Botschaft erfassen. Zweitens gilt es herauszufinden, was der andere meint. Und drittens geht es darum, Motive und die tieferliegenden Gründe für sein Verhalten zu begreifen (die sogenannte «theory of mind»). Alle drei Dinge gleichzeitig zu bewältigen, ist oft sehr anspruchsvoll (Roth, 2019).[1] Damit wird deutlich, dass gerade in grossen Unternehmen, welche nicht sehr gezielt eine offene und direkte Kommunikationskultur fördern, die Kommunikationsoperationen – potenziert durch wuchernde Firmenbürokratie – zum verminten Territorium werden können und dann das gegenseitige Verständnis und schnelles sowie unkompliziertes Handeln im Alltag faktisch verunmöglichen. Wie die Realität immer wieder zeigt, gibt es in Firmen kaum Grenzen hinsichtlich fortgeschrittenen Selbstbehinderungspraktiken.

5.4 Quintessenz: Firmen als Organismen statt als Maschinen zu sehen ermöglicht vertieftes systemisches Verständnis

Oberflächlich gleiches Managementdesign, dahinter einzigartiges System.

Noch immer herrscht in Unternehmen oft ein technokratisches, auf dem Maschinenparadigma des Scientific Management basierendes Organisationsverständnis vor. Der heute weit verbreitete ergebnisorientierte Führungsstil ist schlicht nicht am Menschen ausgerichtet. Der Konformitätsdruck der Legitimation gegenüber der Gesellschaft führt zu immer ähnlicher geschalteten, quantitativ ausgerichteten Unternehmen mit vergleichbarem Managementdesign. Ein generelles, angelsächsisch geprägtes, an Börsenkursen orientiertes und technokratisches Managementverhalten ignoriert, dass es hinter der Hochglanzoberfläche keine gleichgetakteten Einheitsfirmen gibt, son-

1 Unwesentlich einfacher ist es übrigens, sich selbst zu verstehen. Viele Motive unseres Handelns kommen aus dem unbewussten System 1 und bleiben dem bewussten System 2 verborgen (vgl. Kapitel 4). Noch vertrackter wird es, weil System 1 System 2 dazu anstiftet, Erlebnisse umzuinterpretieren. System 2 kann zwar nicht entscheiden, nur Argumente liefern, wird aber von System 1 nach dem Entscheid in den Dienst genommen, diesen zu rationalisieren und damit nachvollziehbar zu machen. Und so wird zum Beispiel Versagen im Job oder im privaten Umfeld so lange umgedeutet, bis das emotionale, unbewusste System 1 sowie das rationale, bewusste System 2 mit der neuen Version zufrieden sind und man selbst damit leben kann. Roth (2019) kommt deshalb zu einem auf den ersten Blick bemerkenswerten Fazit: «Jeder Versuch, die wahren eigenen Motive zu ergründen, führt meist zu nichts.» Nicht nur andere zu verstehen, ist schwierig – auch sich selbst zu durchschauen, ist fast nicht möglich. Oder in den Worten des Vaters der Systemtheorie selbst: «Ob ich meine, was ich sage, weiss ich nicht. Und wenn ich es wüsste, müsste ich es für mich behalten» (Luhmann, 1988).

dern nur einzigartige Persönlichkeiten mit eigener Geschichte und individueller Kultur: pfadabhängige, letztlich unvorhersehbar operierende Organismen.

Die Fokussierung auf vergleichbare Effizienz, Zahlen und Daten («Benchmarking») brachte das fatale Bestreben mit sich, Nichtmessbares messbar zu machen. Dabei geht die Überzeugung, über sicheres, verwertbares Wissen zu verfügen, einher mit der Fehleinschätzung, dass Zahlen Klarheit und Objektivität liefern. Der Makel aller Vergleiche ist, dass sie bei allem Bemühen der konkreten Situation kaum jemals gerecht werden. Nach Deming lässt sich nur 3% dessen messen, was in Unternehmen wichtig ist. Die beste Zahlenkunst erfasst immer nur den zahlenmässig abbildbaren Teil der Realität. Das Relevante liegt meist hinter der Oberfläche des Zählens und Erhebens. Albert Einstein meinte dazu: *«Nicht alles, was zählt, kann gezählt werden. Und nicht alles, was gezählt werden kann, zählt.»* Zahlen bedienen das (leider weitverbreitete) Verlangen nach Eindeutigkeit. Viele Firmen geben sich der unrealistischen Vorstellung hin, dass Leistung, Qualität, Kreativität, Begeisterung verordnet und effizient organisiert werden können. Der Machbarkeitswahn ist auf Managerebene weit verbreitet: «Unternehmen agieren zunehmend als Umerziehungsheime, Business-Sekten und säkularisierte Kirchen» (Sprenger, 2015). Diese unsystemische Sicht unterliegt einer *Kontroll- und Steuerungsillusion.* Die wichtigsten Fähigkeiten des 21. Jahrhunderts – Einfallsreichtum, Initiative, Durchhaltevermögen, vernetztes Denken, Kooperation, Leidenschaft – sind personengebunden und nicht von aussen abrufbar. Menschen werden einer Firma ihre wertvollsten Kompetenzen nur dann grosszügig erschliessen, wenn sie diese wohlwollend und potenzialfördernd erleben (Waibel, 2015). Unternehmerische Organismen werden darauf nur zugreifen können, wenn sie es schaffen, ein systemisches Führungsverständnis zu entwickeln und zu leben.

Eine der grossen Leistungen Luhmanns ist es, dass er in seine (soziologische) Welttheorie systemtheoretische Erkenntnisse aus Biologie, Kybernetik und Anthropologie integriert hat. Die Entwicklung von sozialen Systemen bezeichnet er als Evolution: «Evolution ist immer und überall» (Luhmann, 1997).

So operiert beispielsweise schon das Pantoffeltierchen in Abgrenzung zu seiner Umwelt, bezieht daraus Informationen – zum Beispiel über Temperaturen, Beute und Feinde – und evoluiert im Rahmen seiner Möglichkeiten, indem es neues Verhalten ausbildet (Berghaus, 2011).

Innovation passiert nicht zentral oder nach Plan, sondern ständig an den Rändern, wenn ein Organismus Veränderungen in der Umgebung wahrnimmt und durch Experimentieren nach einer angemessenen Antwort sucht. Einige Versuche setzen sich nicht durch; andere verbreiten sich schnell in alle Winkel des Ökosystems. Im gleichen Sinne verfügen Systeme im allgemeinen und soziale Systeme im Besonderen über eine Art «dynamische Stabilität»: Solange die Autopoiesis nicht unterbrochen wird, sind soziale Systeme ausgesprochen wandlungsfähig (aber viel weniger wandlungswillig).[1] Die Veränderungen der Umwelt schlagen sich grundsätzlich in Entwicklungen der Systeme nieder: «Nur die Differenz von System und Umwelt ermöglicht Evolution» (Luhmann, 1997).

Gegenüber unbeseelten Maschinen als komplizierte Systeme unterscheiden sich Unternehmen als komplexe soziale Systeme zusammenfassend wie folgt: Sie sind

- flexibler, kontingenter und anpassungsfähiger,
- stärker rückgekoppelt,
- stärker identitätsbildend und pfadabhängig,
- operativ geschlossener und weniger umweltoffen.

Evolutionäre Organisationen müssen nicht permanent in Form geschnitten werden.
(Quelle: unverändert aus Laloux 2017)

In einer zeitgemässen Weltsicht werden soziale Systeme demnach mit der Metapher eines lebendigen Wesens versehen und *als evolutionäre Organisationen* betrachtet (vgl. Laloux, 2015; Robertson, 2016). Dieses Verständnis liegt bereits dem *St. Galler Ansatz des Systemorientierten Managements* (Gomez, Malik & Oeller, 1975; Krieg, 1971; Ulrich, 1968) zugrunde, der Erkenntnisse der Systemtheorie und Kybernetik auf die Führung von Unternehmen anwendet. Morgan (1997), der acht Metaphern zur Abbildung von Organisationen vorschlägt, schreibt dazu: «Bei der Metapher des Organismus (...) wurde die Bedeutung von kreativen Organisationen hervorgehoben, die zur Innovation und Evolution fähig sind, um die Herausforderungen einer sich verändernden Umwelt anzunehmen.» Eine organische Sicht auf Unternehmen betont folglich insbesondere auch deren Potenziale zu einer lernenden Organisation.

Intuitiv gehen Menschen mit Lebewesen anders um als mit Maschinen oder anderen unbeseelten Dingen.[2] Gute Führung ist sich bewusst, dass soziale Systeme ebenso wie Lebewesen ein Gedächtnis haben und Verletzungen, aber auch Wohltaten speichern. Sie handeln entsprechend sehr mit Blick nicht nur auf die unmittelbaren Auswirkungen, sondern beziehen mögliche Effekte in der weiteren Zukunft mit ein.

1 Genau dies hat die Coronapandemie gezeigt. So waren die meisten Mitarbeitenden im Büro- und Unterrichtsalltag durch die Kontaktverbote zu Veränderung genötigt und haben diese auch gemeistert. Viele von uns hatten vor der Pandemie die digitalen Hilfsmittel für Remote-Sitzungen oder auch Remote-Unterricht weder gekannt noch genutzt. Durch Corona haben wir alle praktisch über Nacht unseren Arbeitsalltag mit diesen Tools (beispielsweise Microsoft Teams, Skype, Cisco Webex, Zoom) bewältigt.

2 Der Respekt vor dem Lebendigen und die Behutsamkeit im Umgang damit lässt sich schon bei ganz kleinen Kindern mit Tieren beobachten.

Kapitel 6

Welcher Problemlöseprozess ist für komplexe Probleme gut geeignet?

Take-aways

Die *westliche Denk- und Wissenschaftstradition* ist *analytisch-kartesianisch* geprägt. Aufgliedern und differenzieren hat bei uns mehr Gewicht als kombinieren und integrieren.

Die grossen Probleme des 21. Jahrhunderts verlangen nach einem *ganzheitlichen Ansatz*. Dazu werden Prozesse der *Synthese* einbezogen, ohne auf die Stärke analytischer Prozesse zu verzichten.

Ein zweckmässiger *systemischer Problemlöseprozess* umfasst sieben Schritte:

1. Problemabgrenzung
2. Mapping (Netzwerk)
3. Situationsanalyse (zum Beispiel mittels SWOT-Analyse)
4. Ziele und Entscheidungskriterien
5. Lösungssuche (zum Beispiel mittels morphologischen Kastens)
6. Beurteilung (zum Beispiel mittels Nutzwert-Analyse)
7. Entscheidung

Erfüllen die gefundenen Lösungen unsere Anforderungen, können wir uns an die praktische Umsetzung machen. Andernfalls *iterieren* wir den Prozess, bis wir zufriedenstellende Ergebnisse erreichen. Während des ganzen Ablaufs achten wir auf die *kontinuierliche Kommunikation* mit allen wesentlichen Anspruchsgruppen.

Der systemische Problemlöseprozess integriert *analytische* und *synthetische* Kompetenzen, *konvergentes* und *divergentes* Vorgehen in einem holistischen Ansatz.

6.1 Wie sieht ein zweckmässiger systemischer Problemlöseprozess mit Problem- und Lösungsraum aus?

Die Entwicklung des westlichen Kulturraums wurde während Jahrhunderten mehrheitlich analytisch geprägt. Aufgliedern, unterscheiden, sezieren und differenzieren hat im Westen mehr Tradition als zusammenfassen, entwerfen, kombinieren und integrieren.

So weit uns die kartesianische Analysetradition auch gebracht hat, im angebrochenen 21. Jahrhundert stehen wir vor massiven Herausforderungen, die wir nur ganzheitlich lösen können. Systemdenken ist ein holistischer Ansatz, der auf die effektive und effiziente Behandlung von komplexen Problemen ausgerichtet ist. Dabei soll das Problem umfassend (zum Beispiel über den gesamten Lebenszyklus) angegangen und die ökologischen, technologischen, ökonomischen und sozialen Rahmenbedingungen sollen integriert werden. Prozesse der Synthese sollen einbezogen werden, ohne auf die Stärke analytischer Prozesse zu verzichten (▶ Abb. 72). Nachfolgend wird ein zweckmässiger holistischer Problemlöseprozess skizziert (Lewrick, Link & Leifer, 2018).

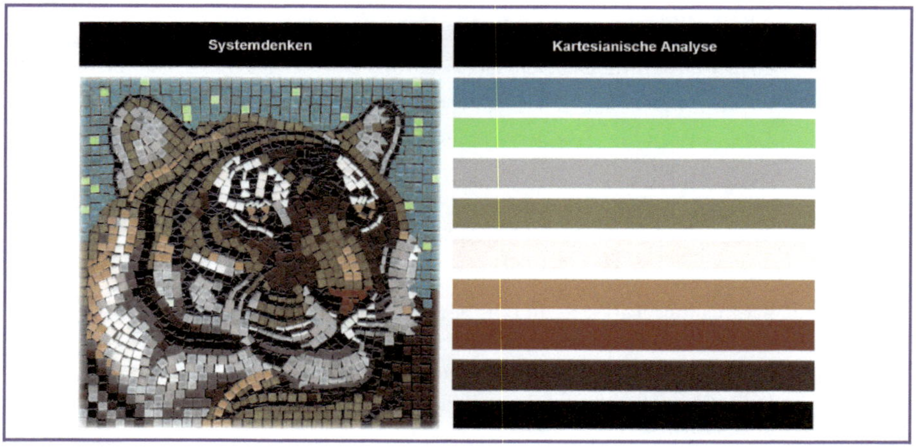

▲ Abb. 72 Systemdenken vs. Kartesianische Analyse.

Beim Systemdenken steht zu Beginn ein bestimmtes initiales Problem der realen Welt, welches abzugrenzen ist (vgl. nachfolgend 1 innerhalb des *Problemraums;* ▶ Abb. 76). Die reale Welt ist bei komplexen Problemen meistens multidimensional und weist VUKA-Charakteristiken auf (vgl. Abschnitt 1.1). Zuerst versuchen wir, das System mit den wesentlichen Komponenten zu erfassen und mittels eines Netzwerks oder einer Map grafisch abzubilden (2). Dieses Netzwerk hilft uns, die Situation zu verstehen (3). Dabei geht es in der Situationsanalyse darum, das System und die aktuelle Situation schrittweise nachzuvollziehen. Wir gehen dabei vom Groben, dem grossen Ganzen, ins Detail. Wir können verschiedene Methoden dafür nutzen, wie zum Beispiel Befragungen, Literaturanalyse, mathematische Modelle, Simulationen oder Experimente. Die Erkenntnisse der Situationsanalyse fassen wir zum Beispiel in einer SWOT-Analyse zusammen (▶ Abb. 73).

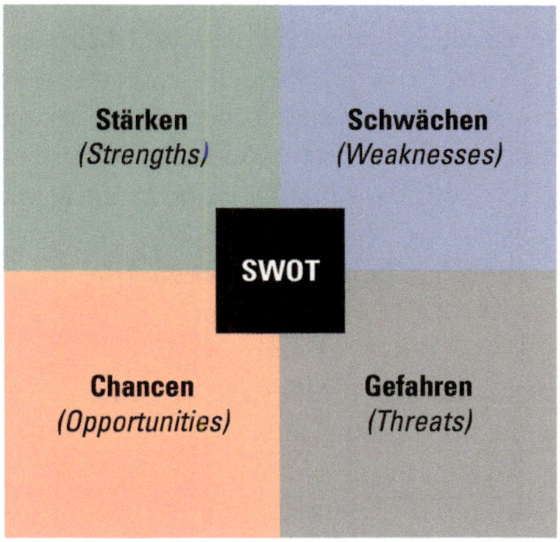

▲ Abb. 73 SWOT-Analyse (Externe Chancen-Gefahren- und interne Stärken-Schwächen-Analyse).

Nun können wir den Problemraum hinter uns lassen und in den *Lösungsraum* eintreten (natürlich bestehen zwischen beiden Rückkopplungen) (▶ Abb. 76), indem wir auf der Basis der Situationsanalyse die Zielsetzungen im folgenden Prozess formulieren (4). Auf diese Weise erhalten wir die Entscheidungskriterien für die Beurteilung der Lösung. Die Situationsanalyse ist wichtig, um festzustellen, bei welchen Erfolgsindikatoren es Lücken zum Zielzustand hat. Erst wenn das Problem und die Situation wirklich bekannt sind, macht es Sinn, mit der Lösungssuche (5) zu beginnen. Dabei ist es wichtig, Lösungen zu identifizieren, die in den Lösungsraum passen. Es ist relevant, in dieser Phase mehrere Lösungsoptionen einzubeziehen und in Alternativen zu denken. Ein nützliches Instrument hierzu kann ein morphologischer Kasten sein (▶ Abb. 74).

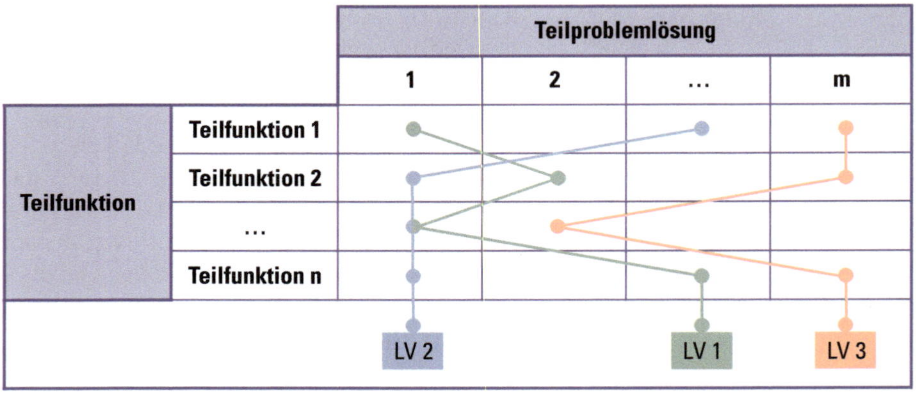

▲ Abb. 74 Morphologischer Kasten und denkbare Lösungsoptionen

Durch Synthese und Analyse werden dabei verschiedene Lösungsmöglichkeiten generiert, die im nächsten Schritt bewertet werden (6), etwa mit Hilfe einer Nutzwertanalyse (NWA); andere Hilfsinstrumente können Quellenanalysen bzw. Studien, Experimente, Simulationen oder weitere nützliche Werkzeuge und Methoden sein. Die NWA (▶ Abb. 75) definiert eine generelle Kriterienstruktur zum Vergleich von komplexen Lösungen.

Aus unserer Erfahrung ergeben sich beim praktischen Einsatz einer NWA nebst anderen Fehlern immer wieder zwei Hauptmängel: Zum einen werden zu viele und oft nicht die richtigen Kriterien verwendet, welche den Blick auf die beste Lösung eher verstellen denn erhellen. Dabei ist die Güte von Problemlösungen im Kern eine einfache Sache: Erstens muss sich das zugrundeliegende Problem beheben lassen, der Ansatz muss also wirksam sein (Effektivität). Zweitens sollte der Ansatz in einer Welt knapper Mittel ein günstiges Kosten-Nutzen-Verhältnis aufweisen (Effizienz). Und drittens sollte die Implementation gelingen, genauer:

- Die relevanten Anspruchsgruppen akzeptieren die Lösung.
- Die Umsetzbarkeit ist gegeben (das heisst, die Lösung lässt sich in der Realität möglichst risikolos implementieren).
- Die Implementationsgeschwindigkeit ist hoch (das heisst, es gibt keine oder nur geringe Time-Lags).

Zum anderen sind die verwendeten Kriterien oft nicht wirklich trennscharf. Diese Anforderung ist nicht absolut zu verstehen. In den Sozialwissenschaften lassen sich kaum vollkommen unabhängige Kriterien aufstellen. Beispielsweise haben Effektivität und Effizienz einen Parallelraum, da ja die Effizienz die Effektivität, also den Nutzen, den Kosten gegenüberstellt. Da die Anwendung dieser beiden Hauptkriterien allerdings alternativlos erscheint, muss eine gewisse Überschneidung in Kauf genommen werden.

			Alternative Lösungen		
Beurteilungskriterien		G*	E** x G	E x G	E x G
Effektivität 40 %		40			
Effizienz 30 %		30			
Umsetzbarkeit 30%	Stakeholder-Akzeptanz 50 %	15			
	Umsetzungswahrscheinlichkeit 30 %	9			
	Implementierungsgeschwindigkeit 20 %	6			
	Ergebnis	100			
	Rang				
* G = Gewichtung; ** E = Erfüllungsgrad (1-5)					

▲ Abb. 75 Nutzwertanalyse mit genereller Kriterienstruktur zur Bewertung komplexer Lösungen.
Quelle: eigene Darstellung.

Wir sind überzeugt, mit dieser einfachen Kriterienstruktur ein praktikables Instrument zur Hand zu haben, um die systemischen Lösungsvorschläge zu komplexen Problemstellungen zweckmässig beurteilen zu können. Da die Gewichtung ganz grundsätzlich normativ ist und nicht objektiviert werden kann, schlagen wir hier eine Standardgewichtung vor, die der Effektivität etwas mehr Bedeutung einräumt und innerhalb der Umsetzbarkeit der Akzeptanz der relevanten Anspruchsgruppen. Folglich sieht unsere beispielhafte NWA folgende Kriterien und Gewichtungen vor:

- Effektivität (Zielerreichungsgrad): 40 %
- Effizienz (Kosten-Nutzen-Verhältnis): 30 %
- Umsetzbarkeit: 30 %
  - Stakeholder-Akzeptanz: 50 %
  - Umsetzungswahrscheinlichkeit (tiefes Implementationsrisiko): 30 %
  - Implementationsgeschwindigkeit (geringe Time-Lags): 20 %

Kahnemann (2012) hat überzeugend dargelegt, dass selbst einfache, aber systematisch angewandte Beurteilungsinstrumente mit wenigen expliziten Kriterien oft deutlich bessere Lösungen bringen als die intuitive bzw. praktische Erfahrung ausgewiesener Experten. Folglich ist es empfehlenswert, zur Beurteilung von Lösungsvorschlägen auf diese NWA mit ihrer genereller Kriterienstruktur oder ein ähnliches Instrument zurückgreifen.

Aus der Bewertung (6) folgt eine Entscheidung (7) sowie Empfehlungen.

Erfüllen die gefundenen Lösungen die Anforderungen und helfen sie, das Problem zu lösen, können wir uns an die praktische Umsetzung machen. Andernfalls iterieren wir den Prozess, bis wir zufriedenstellende Ergebnisse erreichen. Während des ganzen Ablaufs setzen wir einen starken Fokus auf die kontinuierliche Kommunikation mit allen wesentlichen Stakeholdern. Dies hilft uns, in kritischen Schritten frühzeitig Feedback zur geplanten Entwicklung einzuholen.

Lewrick, Link und Leifer (2018) zeigen den gesamten Problemlöseprozess wie in ▶ Abb. 76 auf.

▲ Abb. 76 Problemlöseprozess
Quelle: eigene Darstellung, basierend auf Lewrick, Link & Leifer (2018)

6.2 Quintessenz: ein systemischer Problemlöseprozess in vier Phasen

Es macht Sinn, komplexe Probleme nicht nur systemisch, sondern auch systematisch anzugehen. Eine gegliederte Vorgehensweise (Frischknecht, Kunz & Nagel, 2008; Lewrick, Link & Leifer, 2018) lässt sich wie in ▶ Abb. 77 zusammenfassen.

<table>
<tr><th></th><th>Praktische Tipps</th><th>Phase</th><th>Raum</th></tr>
<tr><td>1</td><td>Problemabgrenzung
▪ Definiere das Problem sowie die Systemgrenzen (Aus welcher Perspektive wird das Problem betrachtet? Was ist «Erfolg» in diesem System? Was gehört nicht zum System?)
▪ Auch ein VUKA-Problem kann modelliert und in den wichtigsten Zusammenhängen abgebildet werden</td><td rowspan="2">I Modellierung</td><td rowspan="3">Problemraum</td></tr>
<tr><td>2</td><td>Mapping / Netzwerk
▪ Ein grafisches Netzwerk hilft, das Problem zu verstehen (und danach die Lösungen zu kommunizieren)
▪ Zeichne die Beziehungen auf (innerhalb und ausserhalb der Systemgrenzen)
▪ Starte einfach und gehe vom Groben ins Detail
▪ Ein guter Startpunkt ist der zentrale Kreislauf, der die Grunddynamik des Systems definiert
▪ Betrachte das Problem ganzheitlich (geh davon aus, dass es per se komplex ist)
▪ Integriere verschiedene Perspektiven – achte darauf, dass die Interessen der relevanten Stakeholder berücksichtigt und abgebildet sind</td></tr>
<tr><td>3</td><td>Situationsanalyse
▪ Klassifiziere die zentralen Systemvariablen (Rahmenbedingungen, Hebel, Indikatoren)
▪ Denk über Wirkungen, die kurz, und solche, die länger andauern, nach
▪ Prüfe, ob die wesentlichen Rückkopplungen enthalten sind
▪ Betrachte das erste Netzwerk als Prototyp, der kontinuierlich getestet und entwickelt wird
▪ Fasse das Ergebnis zusammen (zum Beispiel in Form einer SWOT-Analyse)</td><td rowspan="2">II Problemanalyse und Ziele</td></tr>
<tr><td>4</td><td>Ziele und Entscheidungskriterien
▪ Bestimme passende KPI als Messgrössen für den Erfolg
▪ Überlege dir, welche der Indikatoren sich für die Früherkennung eignen</td><td rowspan="4">Lösungsraum</td></tr>
<tr><td>5</td><td>Lösungssuche
▪ Beginne mit der Lösungssuche, wenn du das Problem (oder Aspekte davon) verstanden hast
▪ Untersuche, was Handlungen und Massnahmen bewirken können
▪ Denke bei der Lösungssuche immer in Varianten
▪ Suche nach Wegen, wie das System besser funktionieren kann
▪ Nutze eine grosse Spannbreite an Konzepten, Methoden und Tools</td><td>III Lösungsvarianten</td></tr>
<tr><td>6</td><td>Beurteilung
▪ Nutze das grundsätzliche Bewertungstool Nutzwertanalyse mit generell gültigen Kriterien und Gewichtungen (um die Vergleichbarkeit zwischen Themen zu erhöhen)
▪ Begründe Abweichungen von Kriterien und Gewichtungen sorgfältig
▪ Prüfe weitere methodische Hilfen bei der Bewertung (zum Beispiel Modell, Simulation, Experiment, ...)</td><td rowspan="2">IV Beurteilung und Entscheidung</td></tr>
<tr><td>7</td><td>Entscheidung
▪ Empfehle konkrete Massnahmen zur Umsetzung der «besten» Lösung
▪ Überprüfe die Wirkungen und passe wenn nötig die Massnahmen an
▪ Prüfe, ob sich Zusammenhänge mit der Zeit ändern</td></tr>
</table>

▲ Abb. 77 Detaillierter Problemlöseprozess

Quelle: eigene Darstellung.

Während die Phasen II und IV primär analytische Fähigkeiten erfordern, kommen in der Phase I beim Mapping und danach vor allem in der Phase III beim Entwurf von Lösungsoptionen kreatives und divergentes Denken zum Einsatz. Der systemische Problemlöseprozess integriert analytische *und* synthetische Kompetenzen sowie konvergentes *und* divergentes Vorgehen in einem holistischen Ansatz.

Kapitel 7
Fazit

Es gibt ein spanisches Sprichwort, das schön aufzeigt, was die heutige Welt so anspruchsvoll macht: *«Mach, was du willst, sagte Gott – und zahle den Preis dafür.» «Mach, was du willst»,* klingt wunderbar und suggeriert einen praktisch unbegrenzten Optionsraum. Tatsächlich ist dies ein wesentlicher Fortschritt der vergangenen Jahrzehnte und unserer Wettbewerbswirtschaft, während noch sämtliche unserer Ahnen an einem «Zuwenig» litten. Wahlfreiheit ist das Mantra der westlichen Welt und heute ist sie in vielen Ländern und Lebensbereichen erfüllt. Wir leben in einer Multioptionsgesellschaft (Gross, 1994), wie die Grafik in ▶ Abb. 78 gut illustriert.

In unserer heutigen Zeit verfügen wir über unzählige potenzielle Hebel und Indikatoren, allerdings setzt die Auswahl der zweckmässigsten in der Regel vertieftes Systemverständnis voraus. Umzingelt von Werbebotschaften, die uns permanent suggerieren, wie unglaublich faszinierend und glücksbringend der Entscheid für die richtige Wahl in vielen einzelnen Lebensbereichen (etwa das probiotischste Joghurt, das genialste Kaffeekapselsystem, die ultimativen In-Ear-Headphones) ist, sagen uns unser Geist und die vergangene Erfahrung, dass es so einfach nicht ist. Wir ertrinken im Meer der Möglichkeiten: «Was wollen wir womit bzw. auf welche Weise erreichen?», ist auf vielen unserer Spielfelder keine triviale Frage.

Dazu kommt: Unsere VUKA-Umgebung ist unendlich herausfordernd und schwer zu durchschauen. Mit Brecht gesprochen, kommt es erstens anders und zweitens als man denkt. Prognosen stellen sich immer wieder als unbrauchbar heraus, felsenfeste Überzeugungen als Sandburgen, von der ersten überraschenden Welle davongetragen. Das dicke Ende kommt gefühlt ziemlich oft. Der Hirnforscher Peters (2018) hat Stress verursachende Unsicherheit denn auch treffend als «*das* Gefühl unserer Zeit» bezeichnet.

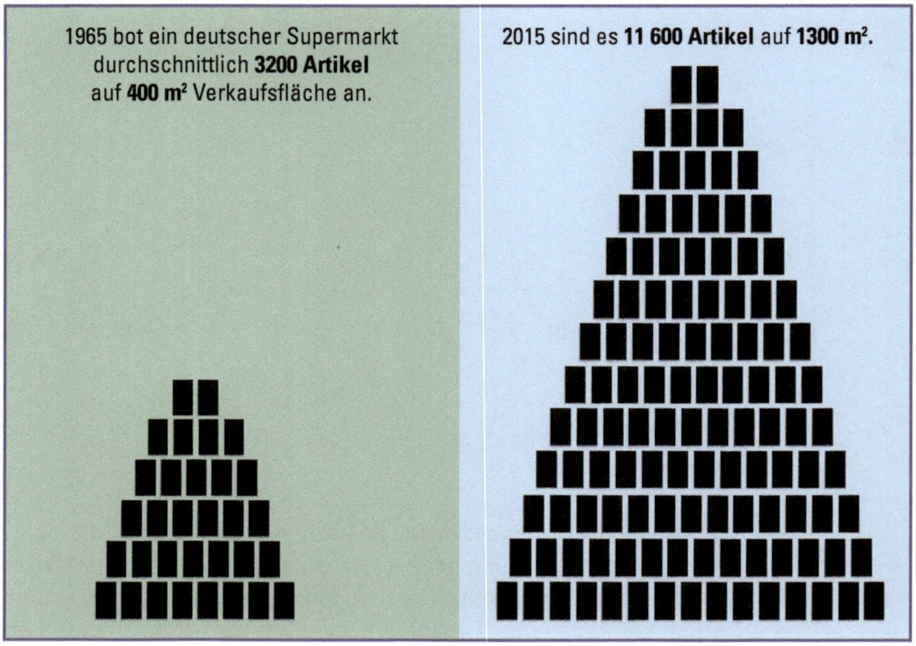

▲ Abb. 78 Marktwirtschaft führt zu deutlich mehr Optionen
Quelle: eigene Darstellung, basierend auf Mingels (2018a)

Häufig bezahlen wir den Preis für Entscheidungen, die sich, im Nachgang erst, als unvorteilhaft herausstellen. Aber anders als Goethes Zauberlehrling gibt es keinen Meister, der mit einem «Besen, Besen, sei's gewesen» unsere drängendsten Probleme auf einen Streich löst. *«Zahle den Preis dafür»*, mahnt der deistische Gott. Hätten wir es im Vornherein besser wissen sollen? Oft können wir nicht einmal das genau sagen. Viele werden deswegen zu «Entscheidungsträgern» und tragen wichtige Entscheide lieber lange vor sich her (was es auch nicht besser macht), als zu einem Entschluss zu kommen. Wer zu den entschlossenen «Entscheidungsfällern» (Frick, 2016) gehört, wird später nicht immer glücklich mit seinem Entschluss werden. Laut Experten müssen wir tagtäglich zwischen zehn- und hunderttausend Entscheide fällen. Selbst wenn wir uns nur auf die zentralsten Entscheidungen fokussieren, sind es viele, immer mal wieder zu viele. Wir fühlen uns von der Komplexität der Welt überfordert.[1] Das zugehö-

1 Wahrscheinlich ein Hauptgrund dafür, dass strenge Orden und Klöster mehr Nachwuchs finden als liberale. Ideologien werden nicht unbedingt wegen ihrer Lebensdienlichkeit gewählt, sondern manchmal auch wegen ihrer konkurrenzlosen Einfachheit beziehungsweise systemischen Unterkomplexität: Es ist verführerisch, alle Probleme der Welt als Nägel zu sehen, weil dann ein Hammer genügt. Die vielen europäischen IS-Jihad-Reisenden im zweiten Jahrzehnt des aktuellen Jahrtausends sind ein trauriges Beispiel dafür.

rige Problem (um das uns unsere Urgrosseltern beneidet hätten) heisst bezeichnenderweise «Choice-Paradoxon» (Iyengar & Lepper, 2000; Schwartz, 2009). Dafür gibt es leider keine simple Lösung. Ob uns das passt oder nicht.

Einstein brachte es auf den Punkt: Komplexe Probleme können nicht einfach gelöst werden. Der Stier ist bei den Hörnern zu packen. Mit dem richtigen Werkzeugkasten können Systemdenkende gute, ausgewogene und nachhaltige Ergebnisse erzielen. Wir haben in diesem Buch aufgezeigt,

- warum komplexe Probleme besser aus einer systemischen Perspektive angegangen werden (Kapitel 1),
- was Systemdenkende auszeichnet (und über welchen Instrumentenkoffer sie verfügen) (Kapitel 2),
- welche umfassenden Systemmuster als Archetypen an unterschiedlichen Orten immer wieder auftauchen und wie deren Kerndynamik funktioniert (Kapitel 3),
- wie der Mensch als superkomplexes System grundsätzlich tickt (Kapitel 4),
- warum es sehr sinnvoll ist, gerade soziale Systeme ebenfalls als lebende Organismen zu sehen (Kapitel 5),
- wie ein zweckmässiger systemischer Problemlöseprozess aussieht, den wir auf unsere grossen Herausforderungen anwenden können, seien es persönliche, berufliche, unternehmerische oder auch politische (Kapitel 6).

Dergestalt gut gerüstet, können wir nun die praktischen Probleme angehen und unser systemisches Wissen und Prozesse in unserer subjektiven Realität testen.

Literaturverzeichnis

Ariely, D. (2008). *Denken hilft zwar, nützt aber nichts. Warum wir immer wieder unvernünftige Entscheidungen treffen.* München: Droemer/Knaur.
Ayan, S. (2020). Fünf Säulen der Vernunft. *Gehirn + Geist,* 05, 12–18.
Bandura, A. (1989). Human Agency in Social Cognitive Theory. *American Psychologist,* 44(9), 1175–1184.
Banerjee, A. & Duflo, E. (2020). *Gute Ökonomie für harte Zeiten.* München: Penguin.
Bauer, T. (2018). *Die Vereindeutigung der Welt: Über den Verlust an Mehrdeutigkeit und Vielfalt.* Stuttgart: Reclam.
Beck, E., Guldimann, T. & Zutavern, M. (1996). Eigenständig lernende Schülerinnen und Schüler. In: E. Beck, T. Guldimann & M. Zutavern (Hrsg.): *Eigenständig lernen,* 15–58. St. Gallen: UVK Verlag.
Berghaus, M. (2011). *Luhmann leicht gemacht.* Köln: Böhlau.
Bertolero, M. & Bassett, D. (2020). Das Netzwerk des Geistes. *Gehirn + Geist,* 07, 42–49.
Binswanger, H. C. (2009). *Die Wachstumsspirale: Geld, Energie und Imagination in der Dynamik des Marktprozesses (3., durchges. Aufl.).* Marburg: Metropolis-Verlag.
Binswanger, M. (2013). *Die Tretmühlen des Glücks.* Freiburg: Herder.
Binswanger, M. (2019). *Der Wachstumszwang: Warum die Volkswirtschaft immer weiter wachsen muss, selbst wenn wir genug haben.* Weinheim: Wiley-VCH Verlag.
Bloom, P. (2016). *Against Empathy. The Case for Rational Compassion.* New York: Random House.
Bollmann, B. & Kunz, P. (2008), Ist systemisches Denken lehr- und lernbar? In U. Frischknecht-Tobler, U. Nagel & H. Seybold (Hrsg.): *Systemdenken. Wie Kinder und Jugendliche komplexe Systeme verstehen lernen.* Zürich: Verlag Pestalozzianum.
Böning, U. (2010). Übernahmen und Fusionen – Psychologie ist nicht alles, aber ohne Psychologie ist alles nichts, in: Günter Müller-Stewens et al. (Hrsg.), *Mergers & Acquisitions – Analysen, Trends und Best Practices,* 346–358.
Borck, C. (2014). Die Weisheit der Homöostase und die Freiheit des Körpers. Walter B. Cannons integrierte Theorie des Organismus. *Zeithistorische Forschungen/Studies in Contemporary History,* 11, H. 3, 472–477.
Bregman, L. (2020). *Im Grunde gut.* Reinbek: Rowohlt.
Cannon, W. C. (1932). *The Wisdom of the Body.* New York: Norton & Co.

Cappelli, P. (2020). Mitarbeiter sind keine Maschinen. *Harvard Business manager,* Dezember, 34–41.

Collins, J. (2011). *Der Weg zu den Besten: Die sieben Management-Prinzipien für dauerhaften Unternehmenserfolg.* Frankfurt: Campus.

Collins, J. & Porras, C. (2005). *Immer erfolgreich: Die Strategien der Top-Unternehmen.* München: Deutscher Taschenbuch Verlag.

Conant, R. C. & Ashby, W. R. (1970): Every Good Regulator of a System Must be a Model of that System. *International Journal of System Science,* Vol. 1, No. 2, 89–97.

Dalai Lama & Hougaard, R. (2019). Mitfühlend führen. *Harvard Business manager,* Mai, 88–89.

Damasio, A. (2017). *Im Anfang war das Gefühl. Der biologische Ursprung menschlicher Kultur.* München: Siedler.

Dammann, G. (2007). *Narzissten, Egomanen, Psychopathen in der Führungsetage: Fallbeispiele und Lösungswege für ein wirksames Management.* Bern: Haupt.

Dörner D. (2004): *Die Logik des Misslingens. Strategisches Denken in komplexen Situationen.* Reinbek: Rowohlt.

Dueck, G. (2018). *Schwarmdumm. So blöd sind wir nur gemeinsam.* München: Goldmann.

Dunning, D. (2005). *Self-insight: Roadblocks and detours on the path to knowing thyself.* New York: Psychology Press.

Edmondson, A. C. (2021). *Die angstfreie Organisation: Wie Sie psychologische Sicherheit am Arbeitsplatz für mehr Entwicklung, Lernen und Innovation schaffen.* München: Vahlen.

Ehrlinger, J., Johnson, K., Banner, M., Dunning, D. & Kruger, D. (2008). Why the unskilled are unaware: Further explorations of (absent) self-insight among the incompetent. *Organizational Behavior and Human Decision Processes,* 105, 98–121.

Ehrlinger, J., Mitchum, A. L. & Dweck, C. (2016). Understanding overconfidence: Theories of intelligence, preferential attention, and distorted self-assessment. *Journal of Experimental Social Psychology,* 63, 94–100.

Eisenhut, P. (2020). *Aktuelle Volkswirtschaftslehre 2020/2021.* Chur: Rüegger.

Elias, N. (1993). *Was ist Soziologie?* München: Juventa.

Fischhaber, A. & Hauck, M. (17.01.2017). Täglich 88-mal aufs Smartphone gucken. *Tages-Anzeiger.* Abgerufen von https://www.tagesanzeiger.ch/digital/mobil/smartphonenutzer-schauen-taeglich-88mal-auf-ihr-geraet/story/24730680

Frick, W. (2016). *Die neue Lust am Entscheiden: Wie Sie mit dem täglichen Überangebot an Möglichkeiten besser zurechtkommen.* Freiburg: Haufe.

Frischknecht, U., Kunz, P. & Nagel, U. (2008). Systemdenken – Begriffe, Konzepte und Definitionen. In U. Frischknecht, U. Nagel & H. Seybold (Hrsg.): *Systemdenken. Wie Kinder und Jugendliche komplexe Systeme verstehen lernen.* Zürich: Pestalozzianum.

Fukuyama, F. (1992). *Das Ende der Geschichte. Wo stehen wir?* Hamburg: Kindler.

Gomez, P., Lambertz, M. & Meynhardt, T. (2019). *Verantwortungsvoll führen in einer komplexen Welt. Denkmuster – Werkzeuge – Praxisbeispiele.* Bern: Haupt.

Gomez, P., Malik, F. & Oeller, K. (1975). *Systemmethodik.* Bern: Haupt.

Gross, P. (1994). *Die Multioptionsgesellschaft.* Berlin: Suhrkamp.

Groth, A. (2013). *Führungsstark im Wandel. Change Leadership für das mittlere Management.* Frankfurt: Campus.

Hamlin, J., Wynn, K. & Bloom, P. (2007). Social Evaluation by Preverbal Infants. *Nature,* Vol. 450, 22. November. 7. DOI: 10.1038/nature06288

Harari, Y. N. (2015). *Eine kurze Geschichte der Menschheit.* München: Pantheon.

Hartmann, C. (2019). Eine untrennbare Einheit. *Gehirn + Geist,* 07, 60–65.

Hitze, B., Hubold, C., van Dyken, R., Schlichting, K., Lehnert, H., Entringer, S. & Peters, A. (2010). How the Selfish Brain Organizes its «Supply and Demand». *Front Neuroenergetics,* 2, 1–7.

Hoppmann, J. (2021). Weit weg, unsicher, komplex? *Gehirn + Geist,* 04, 28-33.
Hug, B. (2013). Menschenbilder. In: T. Steiger & E. Lippman. (Hrsg.), *Handbuch Angewandte Psychologie für Führungskräfte* (3–16). Berlin: Springer.
Ingram, P. (2021). Die Vergessenen. *Harvard Business Manager,* April, 56-64.
Iyengar, S. & Lepper, M. (2000). When choice is demotivating: Can one desire too much of a good thing? *Journal of Personality and Social Psychology,* 79, 995–1006.
Kaduk, S., Osmetz, D., Wüthrich, H. A. & Hammer, D. (2013). *Musterbrecher. Die Kunst, das Spiel zu drehen.* Hamburg: Murmann.
Kahneman, D. (2012). *Schnelles Denken, langsames Denken.* München: Siedler.
Kahneman, D. & Tversky, A. (1979). Prospect theory: An analysis of decision under risk. *Econometrica,* Band 47, Nr. 2, 263–291.
Krieg, W. (1971). *Kybernetische Grundlagen der Unternehmensorganisation.* Bern: Haupt.
Kruger, J. & Dunning, D. (1999). Unskilled and unaware of it: How difficulties in recognizing one's own incompetence lead to inflated self-assessments. *Journal of Personality and Social Psychology,* 77, 1121–1134.
Laloux, F. (2015). *Reinventing Organizations. Ein Leitfaden zur Gestaltung sinnstiftender Formen der Zusammenarbeit.* München: Vahlen.
Laloux, F. (2017). *Reinventing Organizations. Ein illustrierter Leitfaden sinnstiftender Formen der Zusammenarbeit.* München: Vahlen.
Langer, E. (1975). The illusion of control. *Journal of Personality and Social Psychology,* Vol. 32, 2, 311–328.
Lauer, T. (2019). *Change Management. Grundlagen und Erfolgsfaktoren.* Berlin: SpringerGabler.
Layard, P. R. G. & Layard, R. (2011). *Happiness: Lessons from a new science.* London: Penguin UK.
Leach, L. P. (2004). *Critical Chain Project Management.* Boston: Artech House.
Lewrick, M., Link, P. & Leifer, L. (2018). *Das Design Thinking Playbook.* Zürich: Versus.
Luhmann, N. (1987). *Soziale Systeme: Grundriss einer allgemeinen Theorie.* Berlin: Suhrkamp.
Luhmann, N. (1988). Wie ist Bewusstsein an Kommunikation beteiligt? In H. Gumbrecht & K. Pfeiffer (Hrsg.), *Materialität der Kommunikation* (884–905). Frankfurt: Campus.
Luhmann, N. (1995). *Soziologische Aufklärung 6. Die Soziologie und der Mensch.* Opladen: Westdeutscher Verlag.
Luhmann, N. (1997). *Die Gesellschaft der Gesellschaft.* Frankfurt: Campus.
Luhmann, N. & Baecker, D. (2002). *Einführung in die Systemtheorie.* Heidelberg: Carl-Auer.
Luhmann, N. & Fuchs, P. (1989). *Reden und Schweigen.* Frankfurt: Campus.
Marti, L., Mussak, P. & Zaugg, J. (2016). *Das Entscheidungsverhalten in der privaten Altersvorsorge. Handlungsempfehlungen für die Vorsorgeberatung von Banken und Versicherungen.* Winterthur: ZHAW.
Martin, R. (2019). Die Grenzen der Effizienz. *Harvard Business manager,* 3, 18–31.
McClelland, D. (1987). *Human motivation.* New York: Cambridge University Press.
McKinsey. (2017). *The digital future of work: What skills will be needed?* [Video]. Abgerufen von https://www.mckinsey.com/featured-insights/future-of-work/the-digital-future-of-work-what-skills-will-be-needed
Meadows, D. (1972). *Die Grenzen des Wachstums. Bericht des Club of Rome zur Lage der Menschheit.* Gütersloh: Bertelsmann.
Mehrabian, A. & Wiener, M. (1967). Decoding of Inconsistent Communications. *Journal of Personality and Social Psychology,* 6 (1), 109–114.
Mesenhöller, M. (2019). Die Sache mit der Moral. *GEO Wissen Nr. 64, Richtig entscheiden,* 38-49.
Mingels, G. (2018a). *Früher war alles schlechter.* München: Deutsche Verlags-Anstalt.
Mingels, G. (2018b). *Früher war alles schlechter 2.* München: Deutsche Verlags-Anstalt.
Morgan, G. (1997). *Images of Organization.* London: Sage.

OECD (2018). *The Future of Education and Skills: Education 2030.* Abgerufen von http://www.oecd.org/education/2030-project/teaching-and-learning/learning/learning-compass-2030/OECD_Learning_Compass_2030_Concept_Note_Series.pdf

Peters, A. (2018). *Unsicherheit. Das Gefühl unserer Zeit – und was uns gegen Stress und gezielte Verunsicherung hilft.* München: Bertelsmann.

Pinker, S. (2018). *Aufklärung jetzt. Für Vernunft, Wissenschaft, Humanismus und Fortschritt.* Frankfurt: S. Fischer.

Prahalad, C. K. (2010). Der verantwortungsbewusste Manager. *Harvard Business manager,* 3, 26–27.

Precht, R. D. (2007). *Wer bin ich und wenn ja, wie viele?* München: Goldmann.

Pruessner, J., Baldwin, M. W., Dedovic, K., Renwick, R., Khalili Mahani, N., Lord, C., Meaney, M. & Lupien, S. (2005). Self-esteem, locus of control, hippocampal volume, and cortisol regulation in young and old adulthood. *Neuroimage,* 28, 815–826.

Rappaport, A. (1986). *Creating Shareholder Value. A Guide for Managers and Investors.* New York: Free Press.

Riedl, T. (31.05.2017). Der 500-Mrd.-$-Fluch. *Finanz und Wirtschaft.* Abgerufen von https://www.fuw.ch/article/der-500-mrd-fluch/

Robertson, B. J. (2016). *Holacracy: Ein revolutionäres Management-System für eine volatile Welt.* München: Vahlen.

Rosling Rönnlund, A., Rosling, H. & Rosling, O. (2018). *Factfulness: Wie wir lernen, die Welt so zu sehen, wie sie wirklich ist.* Berlin: Ullstein.

Ross, L. (1977). The intuitive psychologist and his shortcomings: Distortions in the attribution process. In L. Berkowitz (Hrsg.), *Advances in Experimental Social Psychology.* New York: Academic Press.

Roth, G. (2019). *Persönlichkeit, Entscheidung und Verhalten: Warum es so schwierig ist, sich und andere zu ändern.* Stuttgart: Klett-Cotta.

Sadun, R., Bloom, N. & van Reenen, J. (2017). Why Do We Undervalue Competent Management? *Harvard Business Review,* 95, 5, 120–127.

Schuldt, C. (2017). *Systemtheorie. Theorie für die vernetzte Gesellschaft.* Hamburg: Europäische Verlagsanstalt.

Schulz von Thun, F. (1981). *Miteinander reden 1. Störungen und Klärungen. Allgemeine Psychologie der Kommunikation.* Reinbek: Rowohlt.

Schwartz, B. (2009). *The Paradox of Choice: Why More Is Less.* New York: Harper Collins.

Seabright, P. B. (2010). *The Company of Strangers: A Natural History of Economic Life.* Princeton: University Press.

Seligman, M. E. (2012). *Flourish – Wie Menschen aufblühen.* München: Kösel.

Senge, P. (2017). *Die fünfte Disziplin. Kunst und Praxis der lernenden Organisation.* Stuttgart: Schäffer-Poeschel.

Shamay-Tsoory, S. & Abu-Akel A. (2016). The Social Salience Hypothesis of Oxytocin. *Biological Psychiatry,* Vol. 79, 3, 194-202.

Siegenthaler, H. (2019). Warum ist die Schweiz so reich geworden? *NZZ Geschichte,* 22, 24–28.

SKBF (2018). *Bildungsbericht Schweiz 2018.* Aarau: Schweizerische Koordinationsstelle für Bildungsforschung.

Sprenger, R. K. (2007). *Vertrauen führt. Worauf es im Unternehmen wirklich ankommt.* Frankfurt: Campus.

Sprenger, R. K. (2010). *Mythos Motivation – Wege aus der Sackgasse.* Frankfurt: Campus.

Sprenger, R. K. (2014). Vom Wollen zum Sollen: Motivation als Sinnzerstörung. *Controlling & Management Review,* 1/2014, 8–13.

Sprenger, R. K. (2015). *Das anständige Unternehmen.* München: Deutsche Verlags-Anstalt.

Sprenger, R. K. (2018). *Radikal digital. Weil der Mensch den Unterschied macht.* München: Deutsche Verlags-Anstalt.

Sprenger, R. K. (2020). *Magie des Konflikts: Warum ihn jeder braucht und wie er uns weiterbringt.* München: Deutsche Verlags-Anstalt.

Stangl, W. (1989). *Das neue Paradigma der Psychologie. Die Psychologie im Diskurs des Radikalen Konstruktivismus.* Braunschweig: Friedr. Vieweg & Sohn.

Stangl, W. (2019). Stichwort ‹*Autopoiese*›. Online Lexikon für Psychologie und Pädagogik. Abgerufen von https://lexikon.stangl.eu/2312/autopoiese/

Stanovich, K., West, R. & Topak, M. (2016). *The rationality quotient. Toward a test of rational thinking.* Cambridge: MIT Press.

Straumann, T. (08.06.2019). In der heutigen unsicheren Zeit sind Konjunkturprognosen weitgehend wertlos. *NZZ am Sonntag.* Abgerufen von https://nzzas.nzz.ch/meinungen/konjunkturprognosen-wertlos-in-unseren-unsicheren-zeiten-ld.1487844?reduced=true

Swiss export (2020). *Auswirkungen der Corona-Pandemie auf Schweizer KMU-Exporteure.* Umfrage April 2020.

Thaler, R. (2015). *Misbehaving – The Making of Behavioral Economics.* New York: Norton & Co.

The World Economic Forum [WEF]. (2016). *The Future of Jobs Report.* WEF.

Ulrich, H. (1968). *Die Unternehmung als produktives soziales System.* Bern: Haupt.

Urbaniok, F. (2020). *Darwin schlägt Kant. Über die Schwächen menschlicher Vernunft und ihre fatalen Folgen.* Zürich: Orell Füssli.

Varela, F. J., Maturana, H. R. & Uribe, R. (1974). Autopoiesis: The organization of living systems, its characterization and a model. In: *Biosystems,* 5, 187–196.

von Glasersfeld, E. (1997). *Wege des Wissens. Konstruktivistische Erkundungen durch unser Denken.* Heidelberg: Carl-Auer-Systeme.

von Glasersfeld, E. & von Foerster, H. (2007). *Wie wir uns erfinden. Eine Autobiographie des radikalen Konstruktivismus.* Heidelberg: Carl-Auer-Verlag.

von Neumann, J. & Morgenstern, O. (1947). *Theory of Games and Economic Behavior.* Princeton: University Press.

Vosoughi S., Roy D. & Aral, S. (2018). The spread of true and false news online. *Science Vol. 359,* 6380, 1146–115.

Waibel, R. (2015). *Die 7 Prinzipien zum Unternehmenserfolg.* München: Hanser.

Waibel, R., Käppeli, M., Hauser, M., Metzger, T., Minder Hochreutener, S., Tietz, R. & Willi, D. (2019). *Betriebswirtschaft für Führungskräfte. Die Erfolgslogik des unternehmerischen Denkens und Handelns.* Zürich: Versus.

Waibel, R. & Mauchle, U. (2023). *Das Ganze verstehen – vernetztes Denken und BWL und VWL.* Zürich: Versus.

Waibel, R., Weis, F., Metzger, T., Minder Hochreutener S. & Pfister, K. (2020). Evidenz von Dunning-Kruger-Effekten bei Schweizer Hochschulstudierenden. *Empirische Pädagogik,* 34(2), 157-178.

Warneken, F. & Tomasello, M. (2009). The roots of human altruism. *British Journal of Psychology,* 100, 455–471.

Weick, K. (1995). *Sensemaking in Organizations. Foundations for Organizational Science.* London: Sage Publications.

Willke, H. (1996). Wissensbasierung und Wissensmanagement als Elemente reflektierter Modernität sozialer Systeme. In L. Clausen (Hrsg.), *Gesellschaften im Umbruch: Verhandlungen des 27. Kongresses der Deutschen Gesellschaft für Soziologie in Halle an der Saale 1995* (191–209). Frankfurt am Main: Campus.

Zak, P. (2020). Wem wir vertrauen. *Harvard Business manager,* Oktober, 54-57.

Zorn, M. L., Norman, P. M., Butler, F. C. & Bhussar, M. S. (2017). Cure or curse: Does downsizing increase the likelihood of bankruptcy? *Journal of Business Research,* 76, 24–33.

Zulauf, F. W. (28.11.2018). Abkehr von der Globalisierung. *Finanz und Wirtschaft.* Abgerufen von https://www.fuw.ch/article/abkehr-von-der-globalisierung/
Zürcher, C. (2020a). Rassismus ist nicht das Problem. *NZZ am Sonntag Magazin,* 4, 43/2020.
Zürcher, C. (2020b). Von Sitzungen und Identitätspolitik. *NZZ am Sonntag Magazin,* 4, 35/2020.

Bildnachweis

S. 14: Our World in Data (2018). S. 17: links: © Wolfgang Beyer: https://commons.wikimedia.org/wiki/File:Stromboli_Eruption.jpg (29.11.2024); rechts: https://de.m.wikipedia.org/wiki/Datei:Eyjafjallaj%C3%B6kull_volcanic_ash_composite.png (29.11.2024). S. 18: Hände: Shchus, Shutterstock; Erdöl: Kirill Gorshkov Shutterstock; Coronavirus: oxinoxi, Shutterstock; Schmetterling: Nikki Zalewski Shutterstock. S. 21: eigene Darstellung. S. 30: Andrii Iemelianenko Shutterstock. S. 32: Lorena Schneeberger. S. 34: chaiyo12, Shutterstock. S. 35: links: Katerina Maksymenko, Shutterstock; rechts: shuttertim82, Shutterstock. S. 44: Flotsam, Shutterstock. S. 47: Travis Potter, Shutterstock. S. 49: Ann Kosolapova, Shutterstock. S. 50: Ewa Studio, Shutterstock. S. 51: VladyslaV Travel photo, Shutterstock. S. 53: Seerosen: Yimsup Song, Shutterstock; Covid: Our World in Data (2024). S. 54: Our World in Data (2020). S. 57: iconomix (2018). S. 78: laponpat maliwan, Shutterstock. S. 88: Our World in Data/Roser (2016). S. 91: Pax Americana: Our World in Data/Roser (2016); Wallstreet: Matej Kastelic, Shutterstock. S. 92: Demokratien: Our World in Data/Roser (2013c); Welt-BIP: Our World in Data (2020). S. 97: New Reformation (2019). S. 105: Triff, Shutterstock. S. 106: Jezper, Shutterstock. S. 107: Anstrengung: Gorodenkoff, Shutterstock; Schwitzen: Yaroslav Astakhov, Shutterstock. S. 109: Galyna Syngaievska, Shutterstock. S. 110: DGANAKI, Shutterstock. S. 112: sergey kolesnikov, Shutterstock. S. 113: oben: Drazen Zigic, Shutterstock; unten: Tatevosian Yana, Shutterstock. S. 114: oben: Jezper, Shutterstock; unten: Thom Wang, Shutterstock. S. 115: oben: Zdan Ivan, Shutterstock; unten: bokan, Shutterstock. S. 116: oben: Evan El-Amin, Shutterstock; unten links: PeopleImages.com - Yuri A, Shutterstock; unten Mitte: Zwiebackesser, Shutterstock; unten rechts: PeopleImages.com - Yuri A, Shutterstock. S. 118: Jezper, Shutterstock. S. 119: Esteban De Armas, Shutterstock. S. 121: oben: afotostock, Shutterstock; unten: fast-stock, Shutterstock. S. 122: ibrahim kavus, Shutterstock. S. 127: PeopleImages.com - Yuri A, Shutterstock. S. 132: Drakuliren, Shutterstock. S. 133: oben: Stokkete, Shutterstock; unten: gemphoto, Shutterstock. S. 138: Sergei Domashenko, Shutterstock. S. 141: dore art, Shutterstock. S. 144: oben: Esich Elena, Shutterstock; unten: Micolas, Shutterstock. S. 147: Romolo Tavani, Shutterstock. S. 149: oben: OlhaTsiplyar, Shutterstock; unten: Michael Ninger, Shutterstock. S. 150: Pix Box, Shutterstock. S. 151: Lumen Photos, Shutterstock. S. 152: Maman Suryaman, Shutterstock. S. 153: grosses Bild: TierneyMJ, Shutterstock; kleines Bild: Song_about_summer, Shutterstock.

Die Autoren

Roland Waibel

PD Dr. oec. HSG, lehrte von 2002 bis 2021 an der OST Ostschweizer Fachhochschule als Professor für Betriebswirtschaft und Unternehmensführung und leitete 2006 bis 2021 das Institut für Unternehmensführung (IFU-OST). Zuvor während elf Jahren Lehrbeauftragter und Projektleiter an der Universität St. Gallen (HSG), 2003 Habilitation an der Universität St. Gallen. Durch seine umsichtige, wertschätzende Führung, seine Fachexpertise und sein leidenschaftliches Engagement als Hochschullehrer hatte er das Departement Wirtschaft der OST Ostschweizer Fachhochschule massgeblich mitgeprägt.

Urs Mauchle

Dr. rer. soc. HSG, lehrt seit 2011 an der OST Ostschweizer Fachhochschule als Dozent für Volkswirtschaft, Finanzen und Systemisches Management. Seine Forschungsinteressen und Lehrschwerpunkte liegen in den Bereichen Makroökonomie, Finanzen, Systemdenken und den Interdependenzen zwischen diesen Themen. Er hat an der Universität St. Gallen zum Thema «Neutrality of Money: An Integrative Economic Ethics and Post-Keynesian Perspective» promoviert. Neben seiner Tätigkeit als Dozent ist er Verwaltungsratspräsident und Mitinhaber der Erich Keller AG.

Andreas Löhrer

BSc BA, eidg. dipl. Experte in Rechnungslegung und Controlling, MAS in Corporate Finance CFO, arbeitet seit 2009 an der OST Ostschweizer Fachhochschule und ist als Professor am Institut für Finance und Law tätig. Er leitet die Studiengänge Executive MBA und MAS Business Administration. Zudem ist er für den Campus Rapperswil-Jona Standortleiter für die Bachelor-Studiengänge Betriebsökonomie und Wirtschaftsinformatik. Seine Dozententätigkeit ist ausgerichtet auf Finanzmanagement, Corporate Finance und Entscheidungsfindung. Vor seiner Tätigkeit an der Hochschule nahm er verschiedene Funktionen im Finanz- und Rechnungswesen wahr, zuletzt während zehn Jahren als selbständiger Unternehmensberater (Corporate Finance, Interim-Management).